王溢然 束炳如 主编

中学生物理思维方法丛书

11 求异

王溢然 徐达林 施 坚 编著

中国科学技术大学出版社

图书在版编目(CIP)数据

求异/王溢然,徐达林,施坚编著.—合肥:中国科学技术大学出版社,2016.5(2024.11重印)
ISBN 978-7-312-03941-6

Ⅰ.求… Ⅱ.①王… ②徐… ③施… Ⅲ.中学物理课—高中—教学参考资料 Ⅳ.G634.73

中国版本图书馆 CIP 数据核字(2016)第 073743 号

出版	中国科学技术大学出版社 安徽省合肥市金寨路 96 号,230026 http://press.ustc.edu.cn https://zgkxjsdxcbs.tmall.com
印刷	安徽省瑞隆印务有限公司
发行	中国科学技术大学出版社
开本	880 mm×1230 mm 1/32
印张	11.25
字数	292 千
版次	2016 年 5 月第 1 版
印次	2024 年 11 月第 5 次印刷
印数	13001—17000 册
定价	30.00 元

一个正确陈述的反面是假的陈述，而一个深刻的真理的反面可能是另一条深刻的真理.

——玻尔

序 1

在中学物理学习过程中,学生在获取知识的同时,还要重视从科学宝库中汲取思维营养,加强科学思维方法的训练.

思维方法的范畴很大,包括抽象思维、形象思维、直觉思维等.以抽象思维而言,又有众多的方法,在逻辑学中都有较严格的定义.对于以广大中学生为主的读者群,就思维科学意义上按照严格定义的方式去介绍这众多的思维方法,显然是没有必要的.由王溢然、束炳如同志主编的这套丛书,不追求思维科学意义上的完整,仅选取了在物理科学中最有影响、中学物理教学中最常见的思维方法(包括研究方法)为对象,在较为宽泛的意义上去展开,立意新颖,构思巧妙.全套丛书各册彼此独立,都以某一类或两三类思维方法为主线,在物理学史的恢宏长卷中,撷取若干生动典型的事例,先把读者引入饶有兴趣的科学氛围中,向读者展示这种思维方法对人类在认识客观规律上的作用.然后,围绕这种思维方法,就其在中学物理教学中的功能和表现,以及其在具体问题中的应用做了较为深入、全面的开掘,使读者能从物理学史和中学物理教学现实两方面较宽广的视野中,逐步领悟到众多思维方法的真谛.

这套丛书既不同于那些浩繁的物理学史典籍,也有别于那些艰深的科学研究方法论的专著,它融合了历史和方法,兼顾了一般与提高,联系了教学与实际,突出了对中学物理教学的指导作用,文笔生

动、图文并茂,称得上是一套融史料性、科学性、实用性、趣味性于一体的优秀课外读物.无论对广大中学生(包括中等文化程度的读者)还是对中学物理教师以及高等师范院校物理专业的学生,都不无裨益.

科学研究是一项艰巨的创造性劳动.任何科学发现和科学理论的诞生都是在一定的背景下,科学家精心的实验观测、复杂的思维活动的产物.在攀登道路上充满着坎坷和危机,并不是一帆风顺、一蹴而就的.科学家常常需及时地(有时甚至是痛苦地)调整自己的思维航向,才能顺利抵达成功的彼岸.因此,任何一项科学新发现、一种科学新理论的诞生,绝不会仅是某种单一思维活动的结果.这也就决定了丛书各册在史料的选用上必然存在某些重复和交叉.虽然这是一个不足之处,却也可以使读者的思维层次"多元化".不过,作为整套丛书来说,如果在史料的选用上搭配得更精细一些、在思维活动的开掘上更深刻一些,将会使全书更臻完美.

我把这套丛书介绍给读者,首先希望引起广大中学生的兴趣,能从前辈科学家思维活动中汲取智慧,活化自己的思维,开发潜在的智能;其次希望中学物理教师在此基础上继续开展对学生思维方法训练的研究,致力于提高学生的素质,以适应新时期的需要;最后我也真诚地希望这套丛书能成为图书百花园中一朵惹人喜爱的花朵.

阎金铎

序 2

"中学生物理思维方法"是一个很诱人的课题.如果从我比较自觉地关注这个课题算起,要追溯到20世纪80年代.开始时,朴素的动因就是激发学生兴趣,丰富上课内容;后来,通过对许多科学研究方法论著作、思维学著作等的学习和教学实践,认识上逐步从传授知识层面提高到了对学生的学习能力乃至思维品质进行培养的高度.于是,在90年代中期,经过比较充分的积累,策划编写了这套思维方法丛书.

《中学生物理思维方法丛书》问世后,受到了广泛的关注,被列入国家新闻出版总署"八五"规划重点图书,还被推介到台湾出版了繁体字版(中国台湾新竹"凡异出版社").因此,作者受到了很大的鼓舞.

光阴荏苒,如今已进入21世纪.科学技术飞速发展,教学理念不断更新,教学的要求也随着时代前进的脚步有了很大的变化.当前,国际教育界大力提倡"科学的历史、哲学和科学"教育,希望借此更好地提高学生的科学素质.我国从新世纪开始试行的《高中物理课程标准》也明确提出同样的要求.中外教育家一致的认识——结合物理教学内容,回顾前辈科学家创造足迹,无疑是了解科学本质、培养科学精神的一个重要途径.

本丛书的新一版继续坚持"科学史料、思维方法、中学教学"三结合的内容特色,并补充了反映科学技术方面的新成果、新思想,尤其在结合中学物理教学方面有了很大的进展——删去或淡化了与当前中学物理教学联系不够紧密的某些枝叶,突出了主干知识;撤换了相对陈旧的某些问题,彰显了时代风貌;调整了某些内容,强化了服务对象.值得说明的是,在新一版中还选入了相当数量的近年高考题,这些问题集中反射了各地专家、学者的智慧,格外显得光彩熠熠、耐人寻味.因此,新一版内容更为丰满多彩,也更为贴近中学教学和学生实际,更好地体现了科学性、方法性、应用性、趣味性.希望能够继续被广大读者喜欢,也希望能够更好地使读者受到启发,有所得益,有所进步!

今后,随着时代的发展和中学物理教学要求的不断更新,新思想、新成果和教学中的新问题势必会层出不穷,但前辈科学家崇高的科研精神、深邃的思想和创造性思维方法的光辉,必将永远照耀着人们前进的道路!

在新一版问世之际,首先要衷心感谢我的良师益友、苏州大学物理系束炳如教授.从萌发编写丛书的想法开始,束先生就给予作者极大的鼓励、支持.编写过程中,作者与先生进行了难以计次的深夜长谈,他开阔的思路、活跃的创见和对具体问题深刻的分析指导,都给了作者极为有益的启发和帮助,让作者从中得到了强大的精神力量,也给作者留下了永不磨灭的记忆.借此机会,同时衷心感谢两位德高望重的原顾问周培源先生*和于光远先生**以往对本丛书的关爱;衷心感谢为本丛书作序的阎金铎教授***对作者的鼓励;衷心感谢吴保让先生、倪汉彬先生、贾广善先生、刘国钧先生等曾为丛书审读初稿

---

* 周培源(1902~1993),著名物理学家,中国科学院院士,曾任中国物理学会理事长、中国科学技术协会主席、北京大学校长等.

** 于光远(1915~2013),著名经济学家,中国社会科学院哲学社会科学学部委员,曾任国家计划委员会经济研究所所长、中国社会科学院副院长等.

*** 阎金铎,著名物理教育家,北京师范大学物理系教授、教科所所长,曾任中国教育学会物理教学研究会理事长等.

并提出了宝贵的修改意见；衷心感谢曾为丛书绘制精美插图的朱然先生；衷心感谢被引用为参考资料的原作者们；衷心感谢曾经对丛书大力支持的大象出版社；衷心感谢广大读者朋友对本丛书的厚爱.

本丛书相当于一个"系统工程"，编辑、出版需要花费大量的人力、物力. 新一版的问世，跟中国科学技术大学出版社的鼎力支持是分不开的. 在此，也代表所有作者对中国科学技术大学出版社和有关编辑室表示衷心的感谢.

不知哪位作家说过这样的话：写作的最大乐趣首先是在写作的过程中，作者与读者心灵交流；其次是作品出版后，能够被读者认可. 虽然这套丛书不是文学创作的作品，我们也只是站立三尺讲台的中学老师，但是在编写过程中，内心时时有着一种极为强烈的冲动，有一个声音呼唤着：把我们在长期教学实践中所积累和思考的有关中学物理教与学的点滴认识、心得与中学物理教学界同行，尤其是广大的中学生朋友们进行交流、分享与探讨. 实际上，书中有许多地方都包含着从以往学生的思维火花中演绎的方法.

本丛书的新一版，尽管我们思考了比较长的时间，编写中也都作了努力，但仍然难免会有疏漏乃至错误的地方，请读者发现后予以指正.

王溢然
2014 年 2 月于苏州庆秀斋

前　　言

求异思维是指对某个研究对象通过多起点、多方位、多层次、多结局的思考和分析，寻求解决问题的一种思维方法。它常常不落俗套，标新立异，是创造发明中的一个宝贵的要素。

我国著名数学家、教育家王梓坤教授在归纳总结了一些科学发现的思维过程后，曾精辟地指出："不少伟大的划时代的科学发现，往往都不是按旧的思想体系，以一般的逻辑推理方法所获得的，需要的是出奇制胜的高招。特别是当我们工作已久，各种方法都一一试过而仍无希望时，更要打破常规，另创新路。"这里的"打破常规，另创新路"，就是对求异思维形式和方法的高度形象概括。

本书中，我们先通过一些小故事，阐释求异思维的含义，介绍其最基本最常见的一些形式。接着，以较为翔实的若干资料，从科学发现、发明的思维线索中体会求异思维的力量。然后，结合中学物理教学实践，概述教学中求异思维的表现。最后，对求异思维的教学功能及其在分析研究中学物理问题中的具体应用进行较详细的介绍。

希望同学们通过阅读本书，能进一步拓宽自己的思路，更好地提高自己的思维素质。我们深信，以坚实的知识为基础，并不断地坚定求异的信念，明天一定可以泛舟科技大海，共创祖国美丽宏图，创造出新的成果。

作　者

2015 年 1 月

目 录

序 1 ··· (i)

序 2 ··· (iii)

前言 ··· (vii)

1 什么叫求异思维 ·· (001)
　1.1 从圆珠笔不漏油谈起——逆向思维 ················· (001)
　1.2 人们是怎样走上自动扶梯的——转换角度 ········ (007)
　1.3 国王与画家——克弱求异 ····························· (012)
　1.4 一个中学生的发现——反常求异 ··················· (017)
　1.5 三王子的蜡烛——发散联想 ·························· (024)

2 求异思维在科学认识中的作用 ····························· (032)
　2.1 托里拆利实验 ·· (032)
　2.2 光谱分析法 ··· (035)
　2.3 质子衰变实验 ·· (040)
　2.4 从宇宙膨胀到宇宙起源 ································· (043)
　2.5 光纤通信的突破 ··· (045)
　2.6 泊松亮斑与激光的预言 ································· (050)
　2.7 氟利昂的产物哪里去了 ································· (057)

　　2.8　一个经久不衰的实验 ……………………………………(068)
　　2.9　热机的发展之路 ………………………………………(076)
　　2.10　加速器的演变 …………………………………………(087)
3　中学物理中几种典型的求异思维形式 ………………………(098)
　　3.1　逆向思维 ………………………………………………(098)
　　3.2　转换角度 ………………………………………………(105)
　　3.3　发散联想 ………………………………………………(121)
　　3.4　反常求异 ………………………………………………(150)
　　3.5　似中求异 ………………………………………………(165)
　　3.6　反证归谬 ………………………………………………(177)
4　求异思维对学习和运用物理知识的指导作用 ………………(187)
　　4.1　孕育批判的火种——思维的批判性 …………………(187)
　　4.2　张开灵活的风帆——思维的灵活性 …………………(196)
　　4.3　探求深刻的底蕴——思维的深刻性 …………………(205)
5　求异思维在研究和解决中学物理问题中的应用 ……………(213)
　　5.1　逆向探索 ………………………………………………(213)
　　5.2　一题多解 ………………………………………………(237)
　　5.3　一题多变 ………………………………………………(262)
　　5.4　指导实验 ………………………………………………(301)
结束语 ……………………………………………………………(341)
参考文献 …………………………………………………………(343)

1 什么叫求异思维

求异思维有很多不同的形式和方法.广义地说,凡是与常规思维不同的过程都属于求异的范畴.因此,可以通过逻辑推理的方法去标新立异,也可以通过直觉的顿悟独辟蹊径.其中,逆向、转换、克弱、反常、发散等更是求异中典型而又独具特效的思维方式.用这些方法处理问题,不落俗套,能出奇制胜地得出结论,令人拍案叫绝.它们与其他思维形式的渗透和补充,能使思维力量更显神威.

下面,我们先通过一些具体的小故事,阐释求异思维的多种表现,初步领略一下求异思维的风采.

1.1 从圆珠笔不漏油谈起——逆向思维

圆珠笔是我们常用的书写工具.它小巧轻便,结构简单.然而,令人意想不到的是,就在它显得十分简单的笔尖结构上却有着一段耐人寻味、颇有启发的发明史.

用很小的圆珠作笔尖的设想,可以追溯到1938年匈牙利人拉德依斯拉奥·J·拜罗的发明.拜罗的圆珠笔专利中采用的是活塞式笔芯,虽然书写流利,但因为有油墨经常外漏的缺点,这个曾一度风行世界的"拜罗笔",在20世纪40年代几乎被消费者所抛弃.

1945年,美国企业家米鲁多思·雷诺兹为回避拜罗的专利,设计出了靠重力输送油墨的圆珠笔,并将其投入市场.但是,这种笔仍

然没有解决油墨外漏的难题,所以也未能受到消费者的青睐.于是,许多人都在研究着如何解决圆珠笔的漏油问题.

说起来,漏油的原因是很明白的——书写日久,笔珠磨损而蹦出一点,油墨就随之外流了.因此,许多人都循着这样的思路,首先想到的是增强笔珠的耐磨性.依据这个思路,许多国家的圆珠笔厂商都投入力量开展笔珠耐磨性的研究.人们试用耐磨性好的宝石和不锈钢做笔珠,但这样又产生了新问题:不仅价格昂贵,不适宜大众消费,而且笔芯头部内侧与笔珠接触的部分被磨损,书写一阵后仍然会使笔珠蹦出,漏油问题依然得不到解决.

直到1950年,正当人们对解决漏油问题感到一筹莫展的时候,日本发明家中田滕三郎变换了以往从磨损角度研究的思路,产生了一个绝妙的构思.他想:既然圆珠笔写到约2万字就因漏油而不得不抛弃,那么,控制圆珠笔中的油量,使它在写到约1.5万字左右时刚好用完,便也弃之不用,不就可以解决漏油问题了吗?基于这种想法,中田经过一系列试验,很快就试制成功了不漏油的圆珠笔.以往困扰人们多年的圆珠笔漏油的难题也就不复存在了.

常规思路是解决漏油的技术问题,而中田想到的是既然要抛弃漏油的笔,那么不如抛弃还未开始漏油的笔.中田的思路可以简要地概括如下:

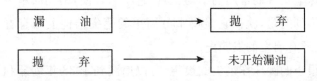

中田的这种独到的发明思路和方法,说穿了很简单.可贵的是他能首先挣脱常规思维的桎梏,"反其道而行之",并获得了成功.日本发明学会会长丰泽丰雄曾赞叹道:真是一个绝妙的"逆向思维方法".

所谓逆向思维,可以认为包含着这样两层含义:其一,是指为达到目标,将人们通常思考问题的思路反转过来,以背逆常规现象或常规解决问题的方法为前提,去寻找解决问题的新途径、新方法.它的特点是往往不针对方法而直接针对目标.其二,是指对常见的事实或已经发现的现象,作反方向的思考与探究,从中去发现新的事实或新的研究线索.例如,1820年奥斯特发现了电流的磁效应(电生磁),促使人们想到它的逆效应(磁生电),从而在1831年法拉第发现了电磁感应现象;1821年,塞贝克发现了"温差电"现象,促使13年后帕尔帖发现它的逆效应*……

下面请再看几则事例,进一步了解逆向思维的一些具体表现形式和方法.

(1) 长毛的球

在日本,有一位热衷于高尔夫球的业余爱好者滨里,可是他家里没有一块可供练习打高尔夫球的草坪.怎么办呢? 是种植一块草坪,还是买羊毛地毯来代替草坪? 前者不是朝夕就可办成的,后者花费的代价也不菲.有什么办法既可以练球又少花钱呢? 在滨里举棋不定的时候,便转而从打球的物理原理考虑.滨里想:为什么打高尔夫球要在草坪上进行呢? 这是因为草坪(或代用品地毯)具有给球施加摩擦力的作用.那么,如果把这种施加摩擦力的条件逆转,即通过把地毯上的毛安在球上,不就同样可以在一般地面上产生类似草坪效果的摩擦力,达到在草坪上进行训练的同样效果了吗?

滨里把事物结构反转,即从已有事物的相反结构形式去设想解决问题的思路,也是逆向思维的一种方式.滨里的思路可以表示如下:

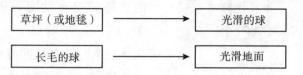

---

* 如果将两种不同的导体连接成回路,使两个接头保持不同的温度时,回路中会产生电动势的现象,称为温差电现象.其逆效应为当电流通过不同导体组成的回路时,在不同导体的接头处随着电流方向的不同会分别出现吸热、放热现象.

(2) 风洞实验

大家知道,空气对飞机来说具有两重性:既对飞机的飞行产生阻力,又依靠气流在机翼上下方形成的压强差产生升力.因此,研究气流对飞机(或飞行器)的作用,是飞机(或飞行器)设计中具有决定性意义的大事.飞机设计师在设计新的机型或某些机件(如机翼)时,除了进行复杂的理论计算外,还需要进行实验测量.但是,让一个新的机型(或某些新的机件)贸然上天试飞,简直是用飞行员的生命开玩笑,实在是太危险了.

那么,怎样才能检测新的机型或机件在高速飞行时的性能呢?根据逆向思维设计的"风洞"就可以助工程师们一臂之力了.

所谓"风洞",就是用人工的方式产生并控制气流的一种装置,可以模拟飞机、汽车等高速运动物体在空气中运动时周围气流的情况,并可以比较和量度气流对高速运动的实际物体所产生的作用效果.显然,风洞的设计思路就是一种很典型的逆向思维,它把物体在空气里的运动"颠倒"一下:

物体在空气中的高速运动 → 空气以高速吹向静止的物体

图 1.1 在风洞中做实验的飞机

大约在 1870 年,英国首先制成了第一个风洞,用于测量物体与空气相对运动时的阻力.美国的莱特兄弟在发明飞机的过程中,于 1900 年制成了一个风洞,为他们第一架飞机的成功飞行奠定了基础.后来,随着航空业的发展,在 20 世纪中叶,风洞大量出现,并分为低速、高速、超高速和激波等可满足不同要求的各种类型的风洞.早期的风洞主要用于对飞行器的实验,如今,它不仅是飞机(和其他飞行器)设计、研究和制造中不可缺少的装置,也成为交通运输、房屋建筑和风能的利用、开发中一个重要的研究设备.

(3) 爱迪生与留声机

偶然事件的联想

美国的发明大王爱迪生一生拥有多达 1093 项发明专利,如白炽灯、电影放映机、碳粒话筒等都是他的重要发明.不过,这些发明前人多多少少已有些技术基础,爱迪生只是作出了重大改进.然而,留声机的发明却不同,在爱迪生以前的人类发展的历史长河中,没有人考虑过要"把声音储存起来".因此,留声机称得上是爱迪生的一项最大发明.

说起这项发明,也是在一个偶然事件启发下获得成功的.当时,30岁的爱迪生充满活力,正在从事电报的研究,尤其热衷于研究自动收发报机.他在圆纸板上用刻纹把电文记录下来,圆纸板一转,刻纹就使得划针上下移动,划针又连接着电磁开关,这样就能自动拍发电报了.

在试验中,当用划针接触圆板时,声音引起的振动传到了他的手指上.这本来是件很平常的事,也许发明家的伟大就在于此,爱迪生马上捕捉到一个思维火花,直觉地产生了逆向联想:如果事先按照人说话发出的声音记录下刻纹,再让划针沿着刻纹运动而上下振动,使声音再现,岂不就能造出一架"会说话的机器"了吗?

爱迪生的最大发明

于是他从 1877 年的夏天开始就反复钻研,紧张地连续工作了 4 个多月,终于成功地发明了世界上第一台留声机.图 1.2 就是爱迪生画的第一台留声机的图样.他使覆盖着锡箔的

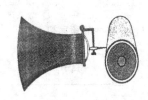

图 1.2 第一台留声机的图样

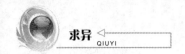

圆筒沿水平方向旋转，把装在振动膜上的划针压在圆筒上，对着振动膜大声讲话，划针就会在锡箔上刻出划纹．然后，使圆筒旋转，让划针相对于圆筒一点一点地横向移动，就可以把刚才记录的声音放出来了．

爱迪生兴奋地对着振动膜尽情高唱儿童歌曲《玛丽的绵羊》，划针徐徐地在大圆筒的锡箔上刻下划纹，录制了人类有史以来第一张唱片．当把划针放回圆筒上原来的位置，再次转动圆筒时，空中就响起了与爱迪生的一模一样的声音．爱迪生与他的同伴们又喜又惊．在爱迪生奇迹般的一生中，据说“他从没有那样大吃一惊过”．

逆向的启发

爱迪生发明留声机的伟大创造，在思维方法上可以看成是成功地运用了逆向思维的结果：

声音带动划针振动，同时刻录出声音的痕迹

↓ 逆向

划针沿着振动痕迹移动还原振动，进而还原成声音

图 1.3　早期的留声机

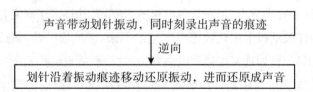

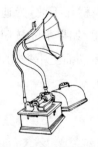

爱迪生在逆向思维的启发下，找到了还原声音的金钥匙，终于打开了录音世界的大门（图 1.3）．

从上述几则事例可以看到，逆向思维（或推理）与常规思维（或推理）处理方法之间的一般关系，可以表示如下：

事物甲 —常规思维→ 事物乙

事物甲 ←逆向思维— 事物乙

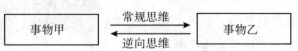

人们是怎样走上自动扶梯的——转换角度

20世纪初,英国首都伦敦地下铁道的站台入口处安装了世界上第一部电动扶梯(图1.4).这本来是件极好的事情,乘客在上下楼梯时又省时间又省力气.可是出乎设计者的意料,人们对此发明的态度异常冷淡.电动扶梯开动之后,看热闹的人在入口处围了个里三层

图1.4 自动扶梯

外三层,个个流露出惊奇和不信任的神情,只有几个胆量大的人上去试了一试.虽然试乘者都安然无恙地到达顶端,然而,一向以谨慎稳健著称的伦敦人依然对电动扶梯的可靠性持怀疑态度,很少有人再敢启足.一连数日,尽管电动扶梯始终运行不停,搭乘者却寥寥无几.员工们做了许多宣传,但情况仍不见好转.最后还是管理处的一名工作人员想出了一个办法,才很快摆脱了窘境.

他的这个办法说来很好笑,竟是雇用一位装着木制假腿的残疾人,让他在众目睽睽之下不停地乘电动扶梯上下.残疾人上下自如的表演,等于无声地向大家宣告:一条腿的人都安然无恙,两腿健全的人还担心什么呢?于是,人们纷纷踏上电动扶梯,扶梯上立即挤满了乘客.

这个工作人员使用的方法,从思维方法的角度来说,称为转换角度求异.所谓转换角度求异,就是从原来的思维角度考虑问题不能解决时,转换一个角度,就可以很顺利地使问题得以解决.这也是人们常用的一种思维方法.实际使用中,有的问题只要转换一次角度就能解决,也有的问题需要转换两次、三次,甚至更多次才能解决.它的表现形式也是有多个方面的.请继续看下面的一些事例.

(1) 千代小姐的提案

在日本一个味精公司里曾发生过这样的事.一天,社长对全体员

工下达了"为了成倍地增加味精销售量,不论什么意见都可以提,每人必须提一个以上建议"的命令.于是,各个部门都忙开了.营业部门考虑改进柜台服务,宣传部门琢磨宣传广告的更新,生产部门打算增加品种,提高质量……大家提出了"销售奖励政策,设计引人注目的广告,改变瓶装的形状"等许多方案.然而,千代小姐却苦于拿不出什么建议.她本来想以"无论如何也想不出"为由搪塞过去,但又想到这是社长的命令,并且言明不拘什么建议都可以,所以她觉得提不出建议有些不合适,只能陷入冥思苦想之中.

一天傍晚用餐时,她想往菜上撒调味粉,由于调味粉受潮而撒不出,千代不自觉地将筷子尖端捅进袋口的窟窿里,用力一搅,把窟窿开大,于是调味粉立即撒下不少.这时,千代豁然开朗,她立即回到公司,提出把味精瓶口扩大1倍的提案.最后审核的结果是,千代的建议进入15个获奖提案之中.而且,将此提案实施后,销售量确实倍增.

增加销售量的方法很多,改进经营、提高质量、宣传广告、更新包装等都是直接思维指导下的常规方法,而扩大瓶口却是从增加消费者的使用量这个角度出发来增加销售量的.这条思路与常规思路不在同一方向,它转换了一个角度,因此也就能出奇制胜.由此可见,转换角度可以大大拓宽我们解决问题的思路*.

(2) 爱迪生智测容积

有这样一个有趣的小故事:爱迪生在发明电灯的过程中,需要了解圆形、椭圆形等各种灯泡的容积,于是他的助手——数学家厄普顿就画了各种图样,运用公式进行复杂的计算.爱迪生看到后就对他说:"不应该把才华和时间放在这里","要是我,就把水倒进玻璃泡

---

* 味精的学名叫谷氨酸钠.它所含的谷氨酸,虽是人体所需的氨基酸之一,但只宜少量食用.对于用化学方法合成的味精,比较普遍的意见是有害无益.文中旨在对区别于常规的思维的介绍,与味精的食用无关.

里,再把水倒进量杯,这样不就直接得出了它的容积了吗?"虽然厄普顿所采用的数学计算方法是很严谨的,但可能并非是发明家实际需要的.爱迪生所采用的就是一次转换角度的方法——不是直接去计算灯泡的容积,而是借助于灯泡中水的体积,间接地得到了灯泡的容积(图1.5).

图1.5 爱迪生智测容积

科学发明必须根据实际的需要,冲破传统的思路,灵活地转换思考角度去解决问题.爱迪生的成功显然跟他的勤奋工作是分不开的,同时,也得益于他不拘泥于刻板模式的思维方法,这样他才能有这么多别出心裁的创造发明.

(3) 从研究死光到发明雷达

一串亮点的启示

自从1887年德国物理学家赫兹用实验证实电磁波后,许多国家纷纷展开了研究.后来,人们又知道,某些波长很短的电磁波能损害人的肌体.于是,很自然地又对电磁波产生了一些似乎不无根据的设想——希望用它来消灭远处的敌人,甚至幻想用它来攻击或击毁远处敌人的装甲车和飞机.当时,正值第二次世界大战前夕,英国、美

国、法国、德国、日本等许多国家都投入大量的人力、物力,希望研制这种被称为"死光"的武器.仅美国麻省理工学院就有500多位科学家和工程师致力于电磁波应用的研究.

1931年,英国航空部授命建立由蒂泽德等三位科学家组成的委员会,开始对这一课题的研究.1934年,课题组的罗伯特·沃森·瓦特(1892～1973)在一次实验中发现荧光屏上出现一连串明亮的光点.从光点及其距离分析,这些光点不同于通常被电离层反射回来的无线电信号.他经过仔细研究后终于搞清楚了,原来这些光点所显示的是被实验室附近一座大楼所反射的无线电回波信号.这下,瓦特非常兴奋.他从这个实验中立即敏锐地认识到,荧光屏上既然可以清楚地显示被建筑物所反射的无线电信号,那么,对于空中的飞机等活动目标,应该也可以显示.看来,想要依靠某种电磁波击毁远处的飞机或击毙飞行员是困难的,但利用无线电波早早地发现远处敌人的飞机,应该是完全可能的.

雷达的发明与应用

从希望击毁飞机转变到极早发现飞机,瓦特就这样转变了研究问题的方向.他沿着这个思路,在委员会的支持下,终于在1935年发明了一种既能发射无线电波,又能接收反射波的装置.利用它能在很远的距离就探测到飞机,这就是世界上第一台雷达.这台雷达能发出波长为1.5 cm的微波(微波比中波、短波的方向性好,遇到障碍后反射回来的能量大),开始试验时,它能成功地探测到27 km外飞行的飞机.一个月后,经过瓦特对这台雷达的改进,探测距离达到了65 km,后来又达到88 km.接着,他又成功地提高了雷达的输出功率,于是雷达就开始用于实践.为了方便,当时称这种雷达为CH系统.

在第二次世界大战中,英国凭借雷达网,及时地把敌机的数量、航向、速度和抵达英国领空的时间十分准确地测出来,牢牢地把握着制空权.1940年9月间,希特勒命令500架战斗机对英国伦敦进行突然袭击,妄图给英国以毁灭性的打击.令人意想不到的是,德国的飞机刚刚飞抵英国领空,就遭受到英国空军的炮火拦截,185架飞机被击落,损失惨重……英国依靠雷达这个"千里眼",给希特勒造成极大的威胁.随后,英国海军又将雷达安装在军舰上,这些雷达在海战中同样发挥了重要作用.

雷达发展至今,种类越来越多,技术性能越来越完善.现在,雷达的应用除了在军事方面外,还大大扩展到其他许多应用领域.例如,利用雷达对飞机导航,测定人造卫星、宇宙飞船等飞行物的速度和轨道,测定水面舰船、陆上目标以及大气中的云雾团等.此外,雷达技术还应用于精密跟踪、导航、测绘摄影、空中交通管制、港口监视、气象预报、资源勘探、天文学、宇宙航行等领域.雷达还可用于查找地下的古墓、空洞、蚁穴等.随着科学技术的进步,雷达的运用也越来越广泛(图1.6).

图1.6 倒车雷达

倒车雷达,是汽车泊车或者倒车时的一种安全辅助装置.当车辆与障碍物达到某一定距离时,警笛会发出声音,可以帮助驾驶员扫除视野死角和视线模糊的缺陷,提高驾驶的安全性

雷达是外来语,英文全称为"Radio Detection and Ranging",意思是"利用无线电波探测物体并判断它的距离或范围".它的英文缩写"RADAR"音译为"雷达",其字母排列从左到右,或从右到左恰好都是相同的,似乎象征着这种无线电探测装置不仅能发出电磁波,同

时还具有接收被目标反射回的波的特性,真是一种绝妙的巧合.

1.3 国王与画家——克弱求异

相传,从前有一个国王,只有一只好眼睛,一条好腿,另一只眼睛是瞎的,另一条腿是瘸的.有一天,他召来三个画家,命令画家给他画像.国王对画家说,画得好有奖,画得不好要杀头.第一个画家把国王画得很像:国王有一只瞎眼,一条瘸腿.国王一看,气得直叫,说是有意出他的丑,于是把第一个画家杀了.第二个画家把国王画得很美:好眼好腿,精神饱满.国王一看,气得更厉害,说是画家讽刺了他,结果把第二个画家也杀了.第三个画家看见前两个画家都被杀掉了,便灵机一动,他画的是国王在山上打猎的姿态:国王神气活现地张弓搭箭,一只瞎眼闭着,一只好眼瞄准;一条瘸腿拖着撑在地上,一条好腿弓在旁边(图1.7).画家真实地画了国王,却没有暴露国王的弱点,还把国王的弱点转移了.所以国王很高兴,给了画家很多赏钱.

图1.7 神气活现的国王

在这个故事里,第一个画家完全暴露了国王的弱点;第二个画家完全掩盖了国王的弱点,失去了国王的真实性;第三个画家则通过闭眼、撑地,把国王的弱点恰到好处地转移了,所以取得了成功.我们把第三个画家所采用的方法叫做克弱转换求异.

所谓克弱转换求异,就是以寻觅事物的弱点作为新的研究和思维的起点,通过转换,将弱点加以弥补或克服.在弥补或克服弱点的过程中,常常会给人们以新的启发,帮助人们作出新的发现.

著名美籍华人物理学家李政道教授曾这样说过:"你们想要在研究工作中赶上、超过人家吗?你一定要摸清楚在别人的工作里,哪些地方是他们不懂的.看准了这一点,钻下去,一旦有新突破,就能超过人家,跑到前头去."李政道教授这里讲的"他们不懂的",指的就是别人研究工作里的弱点和缺点,克服了这个弱点或缺点,或以此为突破口,也就可能在某些方面作出超越别人的成绩了.

从古到今、从日常生活到科技领域,有许多克弱求异的生动事例.

(1) 鬼冢的运动鞋

20世纪50年代,日本有个叫鬼冢喜八郎的人,预测到体育运动一定会有大发展,决心投身生产运动鞋的行业.他想,要在运动鞋制造业中站住脚,一定要标新立异,研制出其他厂家没有的新型运动鞋.那么,从何处着手呢?鬼冢喜八郎认为,只要能抓住其中的某个弱点或缺点进行改造,就可能研制出新的产品来.为此,他首先选择一种篮球运动鞋进行研究.通过对许多篮球运动员的调查,他发现了"球鞋打滑"是篮球运动鞋的一个致命弱点,会严重影响运动员球技的发挥.于是,他就以攻克球鞋打滑这一目标进行革新.

但是,究竟应该采用什么办法才能防止球鞋打滑呢?他苦苦思索着,开始时一直不得要领.一次,他在吃鱿鱼时,从鱿鱼触足上长着的一个个吸盘猛然受到启发,促使他提出了把运动鞋的底做成吸盘状的设想.就这样,鬼冢把原来的平底运动鞋改成凹形底,利用凹底与地面间的吸力作用,有效地克服了运动鞋打滑的缺点,在与其他生产运动鞋厂家的竞争中脱颖而出,获得了巨大的成功.

(2) 毕昇的活字印刷

雕版的缺陷

我国古代人读的书都是用手抄写的.到了五代(约公元907~960年)才由冯道发明了雕版印刷.不过,用这种方法雕一本书不仅需要数年之久,而且倘若雕错了一个字,就会前功尽弃,报废整个版子.宋朝时,平民毕昇看到了这个弱点,下决心进行改革.那么,从何着手

呢?毕昇仔细地思考着,并寻找文章中的用字规律.他发现,各种书中不少字都有重复性,例如其中的"之""乎""者""也"等字样特别多.他琢磨着,如果能预先把这些字单独刻好,用的时候再拼在一起,不是同样可以构成一篇文章吗?于是他花费了一年多的时间,在木板上刻好了最常用的 3000 多个字.毕昇用这些字印刷文章,开始时很清楚,但印得较多时,木刻的笔画就变粗,字迹也模糊起来了,一年多的心血以失败而告终.

不过,毕昇并没有从这条路上退却下来,他又一次仔细地思考着木活字的弱点——大概是木头的纹理疏密不同,遇水后有伸胀性而产生变形的缘故.

活字印刷

因此,针对着木活字的弱点毕昇陷入了深思:怎样才能找到一种不吸水变形又能刻字的材料呢?一天,毕昇在思考中不自觉地念着:"不吸水,能刻字……"他的妻子听到后指着瓦罐说:"这不就是不吸水的东西吗?"毕昇立即受到启发,抱着瓦罐仔细端详起来.这真是"踏破铁鞋无觅处,得来全不费工夫".后来,毕昇亲自学习了煅烧的技术和土坯的配制,接着他花费一个多月时间,刻成了 5000 多块泥活字坯,经过煅烧后变成了不吸水、笔画清晰的泥活字,排版试印,一次就印了 300 多张,活字印刷终于成功了.

在毕昇的时代,虽然人们对思维科学还没有什么概念,但是在实现一项新的发明过程中,同样会自觉地先去寻找原有事物的弱点,然后想方设法克服这些弱点,提出更合理优越的方案,从而取代原来陈旧、有缺陷的事物.

活字印刷是我国古代的四大发明之一,欧洲直到 1450 年,德国人谷登堡在我国印刷术的影响下,才发明了铅活字印刷,比毕昇晚了约 400 年.

(3) 从键盘、鼠标到触摸屏

鼠标的发明

自从有了计算机,键盘就一直陪伴着它,也一直扮演着实现主要输入功能的角色.用键盘打字固然不错,但光标的移动却有着相当的局限性.如果发现输入文字中间某一处有了错误需要修改,就得通过键盘的方向键把光标移到相应的位置处,这样非常不方便.

那么,是不是可以有一种东西,通过它的操作能一下子把光标移到想要的位置呢？1968 年,美国斯坦福大学的道格拉斯·恩格尔巴特(Douglas Englebart)博士针对方向键移动不方便的弱点,希望使计算机的输入操作变得更简单、容易,发明了鼠标器.

第一只鼠标器的外壳是用木头精心雕刻而成的,整个鼠标器只有一个按键,在底部安装有金属滚轮带动枢轴转动,继而带动变阻器改变阻值来产生位移信号,并将信号传至主机用以控制光标的移动(图 1.8).后来,经其他科学家改进,接着又发明了光电机械式鼠标等不同性能的鼠标.

图 1.8　第一只鼠标

1983 年 1 月,苹果电脑公司推出的"莉萨"个人电脑上,首先配置了鼠标.在专利证书上,鼠标的正式名称叫"显示系统纵横位置指示器".由于原始鼠标的尾部拖着一条数据连线,外形看起来很像一只小老鼠,后来人们干脆就直接将它称为"Mouse",这也就是"鼠标"名称的由来.

触摸屏的诞生

自从有了鼠标,对电脑的控制与操作变得方便了不少,可是毕竟还是得有个鼠标并进行操作才行,有许多场合也不甚方便.

1971 年,当时正在美国肯尼迪大学当教师的山姆·赫斯特

(Samuel Hurst),为了准备学生的毕业考试每天不得不阅读许多资料,处理大量的图形数据,感觉不胜其烦.于是,他就开始琢磨怎样提高工作效率.后来他设想,如果把图形放在平板上或者用笔在平板上施加压力就能将图像、数据保存起来,这样就可以更方便地搞定这些该死的资料了.有了这个想法后,他立即付诸行动,把自己的三间地下室改造成了车间,自己设计、加工,苍天不负有心人,他终于制造出了最早的触摸屏,他命名为"Accu Touch".

触摸屏技术的发明,很快在社会上得到重视.1973年它跟硬盘和鼠标一起被美国《工业研究》杂志列入100项最重要的新技术产品.不久,这项技术就被美国军方所采用.直到1982年,赫斯特的公司在美国的一次科技展览会上展出了33台安装着触摸屏的电视机,平民百姓才有幸第一次亲手"摸"到神奇的触摸屏.

随处可见的触摸屏

随后,触摸屏技术便迅速得到发展和进一步的完善.如今电脑的触摸屏已经在各个领域中得到广泛的应用,如手机、车站的自动售票机(图1.9)、图书馆和展览会的资料图像显示屏等.现在已经很难想象,如果没有鼠标,没有触摸屏,人们将怎样操作手机与电脑了.

图1.9 自动售票机

如果说,鼠标的发明把电脑操作带入了一个新的时代,那么触摸屏的出现,则使图形化的人机交互界面变得更为直观和容易.

从键盘需要方向键移位,到鼠标对纵横位置的直接操纵,到触摸屏"一点显示",人们不断地克服原来设备的弱点,逐渐完善其性能,并进一步地提升了应用功能,这是一个不断克弱求异的过程.由此带动了电脑技术的飞速发展,也推动了人们学习、生活与工作水平的不断提高.

触摸屏的小知识

触摸屏实际上就是一套透明的定位系统.用手指或其他物体接触透明的触摸屏时,所触摸的位置(坐标)通过触摸屏控制器检测和发送到 CPU,确认输入的信号.CPU 根据输入信号,就可以显示对应坐标的有关信息.

触摸屏通常有电阻式触摸屏、电容式触摸屏和表面声波触摸屏等几类.

电阻式触摸屏比较简单,工作时每次只能判断一个触控点,如果触控点超过一个,就不能做出正确的判断了,所以仅适用于点击、拖拽等一些简单动作的判断.

电容式触摸屏为多点触控,可以将用户的触摸分解为采集多点信号及判断信号意义两个工作,完成对复杂动作的判断.因此用户使用两根手指拉伸、换位,即可在屏幕上完成如放大、旋转等复杂的操作.

表面声波触摸屏在左上角和右下角分别配有水平方向和垂直方向的超声波发射器,右上角配备了两个相应的超声波接收器.人们触摸屏幕的时候,手指阻止和吸收了部分超声波,使其能量有所衰减.这时,超声波接收器就能据此算出手指的坐标值,从而得到手指的准确位置并作出反应.它较多应用于如车站售票机等大型的设备上.

1.4 一个中学生的发现——反常求异

坦桑尼亚的马干巴中学初三年级的学生姆潘巴平时经常与同学们一起做冰淇淋吃,他们总是先把牛奶煮沸,加入糖,等冷却后放进冰箱的冷冻室冷冻.1963年的一天,当姆潘巴做冰淇淋时,冰箱冷冻室内的空位已经所剩无几了,一位同学为了抢在他前面,竟把生牛奶放入糖后立即放进冰箱的冷冻室,姆潘巴只得急急忙忙把牛奶煮沸,放入糖,等不得冷却,立即把滚烫的牛奶倒入冰格,送入冰箱的冷冻

室内.过了一个半小时后,姆潘巴发现他的热牛奶已经结成冰,而其他同学的冷牛奶还是很稠的液体,没有冻结.这个现象使姆潘巴惊愕不已!他去请教物理老师,为什么热牛奶先冻结?老师的回答是:"你一定弄错了,这样的事是不可能发生的."

进了高中,他又去请教物理老师:"为什么热牛奶和冷牛奶同时放进冰箱,热牛奶先冻结?"可是,仍未得到满意的回答.

不久,一个极好的机会终于来到了,达累斯萨拉姆大学物理系主任奥斯玻恩博士访问该校,作完学术报告后回答同学的问题.姆潘巴鼓足勇气向他提出问题:"如果你取两个相似的容器,放入等容积的水,一个处于35 ℃,另一个处于100 ℃,把它们同时放进冰箱,100 ℃的先结冰,为什么?"奥斯玻恩博士的回答是:"我不知道,不过我保证在我回到达累斯萨拉姆之后,亲自做一做这个实验."后来,他和他的助手做了这个实验,证明了姆潘巴说的现象是事实.

这就是初中学生姆潘巴发现的问题.

1969年,由姆潘巴和奥斯玻恩两人撰写的一篇文章发表在英国《物理教师》杂志上,对上述问题作了第一次尝试性的解释.

后来,许多人在这方面作了大量的研究,发现这个看来似乎很简单的问题,实际上比我们的设想要复杂得多.它不仅涉及物理上的原因,而且还涉及微生物作为结晶中心的生物作用问题.

直到现在,对姆潘巴问题尚未能够作出全面定量的令人满意的结论,还有待于进一步地探索.如果读者有兴趣进行探究,说不定彻底揭开这个历时半个多世纪的奥秘的人就是你!

类似于姆潘巴的偶然发现,在科学研究和创造发明中也是屡见不鲜.这种反常现象,往往与人们现有的经验、熟悉的现象、常规的理论相悖.它的出现常会破坏原来理论体系或技术系统的稳定性,使之受到严峻的考验.因此,一些对经典观念过分眷恋的人,常常会在这种新的反常现象面前显得特别迷茫、彷徨,甚至痛不欲生.在19世纪与20世纪交接之际,物理学天空出现的两朵乌云,曾使荷兰经典物理学大师洛伦兹叹息说:"在这样的年代,真理已经没有标准了,也不知道科学是什么了.我很悔恨,我没有在这些矛盾出现的5年前死去."

实际上,这种反常现象往往又是科学技术实践中一种特别珍贵的信息.放弃它,也许就错过了一次千载难逢的好机会.真正的科学勇士,应该以十倍的热情去欢迎它,以百倍的勇气去迎接它的挑战.在反常现象后面经常隐藏着喷薄欲出的一轮红日.

下面,我们先撇开读者比较熟悉的迈克耳孙-莫雷实验的"零结果",伦琴射线和天然放射现象等这些重大的反常现象和偶然发现*,另外介绍几则通过对偶然发现、反常现象的深入求异得到的科学发现和发明的成果.

(1) 不锈钢的发明

不锈钢的发明是世界冶金史上的一项重大成就,不过,人们喜欢把它称为一项歪打正着的发明,或者说是一项从垃圾堆里发现反常现象捡回来的产物.

垃圾堆中的反常现象

当时,正值第一次世界大战期间,英国的著名金属专家亨利·布雷尔利(Harry Brearley)被政府聘请去研制一种耐磨、耐高温的枪管钢材.我们知道,冶炼钢铁时需要加入一定比例的其他元素,才能获得所需要的硬度、强度、耐磨、耐热等各种机械特性.布雷尔利带领助手进行了多种配方的冶炼试验,但是,工作进行得并不顺利.根据配方冶炼出来的钢材,经过检验都未能达到制造枪管材料所规定的要求.每次试验失败后,布雷尔利都十分无奈地将这些试验的碎片扔进试验场旁边的墙角里.随着时间的推移,一次次试验失败扔掉的废钢

---

* 参见本丛书中的《猜想与假设》《归纳与演绎》等册.

材也堆得越来越多,经过日晒雨淋,变得锈迹斑斑.一天,试验人员决定对这些废钢材进行清理,搬运的时候布雷尔利偶然发现有几块碎片却在闪闪发光.他非常好奇地捡起了这几块碎片仔细端详,一时也大感不解,于是就带回了实验室.

布雷尔利非常清楚,这几块碎片都是他们试验中失败的产物,究竟使用的是哪一个配方呢?这时已经无法查证了.布雷尔利不愧为金属专家,他通过对这几块碎片的化验,很快确定这是一块铁铬合金,含碳量为0.24%,含铬量为12.8%,可见是一块含铬量很高的合金钢.接着,布雷尔利就对它进行浸水和酸、碱等腐蚀性试验.布雷尔利经过反复的试验后发现,根据这样比例得到的铬合金钢,具有任何时候都不会生锈的特点.

就这样,布雷尔利在进行枪管材料试验时,歪打正着,无意中从垃圾堆里捡回了一个重大的新发现——1912年不锈钢诞生了.

成功的启示

实际上,在布雷尔利之前,法国有两位工程师居耶和波鲁兹就曾发现铁掺入铬后特别光亮和具有抗腐蚀性,几乎在布雷尔利进行试验的同一时期,美国和德国的冶金专家都发现了掺铬的钢材不会生锈.可惜的是,他们对这种不同于平时所见的反常现象轻易放弃了,没有对它追问一个"为什么",自然也就只能止步于现象的表面,无法揭示其真谛,发明不锈钢的荣誉也只能落到布雷尔利的头上了.

如今,不锈钢已发展为铬不锈钢和镍铬不锈钢等多个品种,在日常生活用品和化工设备、医疗、国防乃至航天飞船及尖端科技等各个领域都得到了广泛的应用.

(2)宇宙射线的发现

验电器的难题

用金箔验电器检验物体的带电情况,这是中学物理中常做的实验.科学家发现,用它也可以探测射线.因为放射线会使空气电离,产生正离子和带负电的电子,它们能中和验电器上所带的电荷.因此,一个带电验电器放在放射性物质附近,原先张开的金箔会慢慢下垂,而且还可以从金箔下垂的快慢,定性比较射线的强弱.在20世纪初科学家曾广泛使用验电器研究放射现象.

1903年,英国物理学家卢瑟福等人发现,一个带电的验电器,在周围并没有放射性物质的情况下,也会慢慢地自行放电.他们曾经尽量设法提高仪器的绝缘程度,还把它装在密封的铅盒内屏蔽起来,努力减少外界的影响,但验电器的漏电情况并未根本消除.一个小小的验电器,难倒了当时的大科学家.后来他们猜测,似乎只有靠近地面的整个大气层都处于微弱的电离状态中,验电器才会产生这样的反常现象.整个大气层的这种电离状态可能是由于散布在地壳中的微量天然放射性元素产生了类似于γ射线的辐射从外面射进验电器造成的.

为了检测这种猜测,许多国家的科学家在不同条件下做了实验,也都发现了同样的现象,似乎这种猜测得到了验证.

1910~1911年,瑞士物理学家格克尔(A. Gockel)让气球带着电离室升到高空去做了一次实验,结果又出现了与这种猜测"反常"的现象:从地面上升约1000 m内,空气的电离程度确实随着离开地面的高度增加而减少,但继续升高时,发现电离程度更大,也就是说这种未知辐射的强度更大.看来,认为验电器的放电是由于地壳中微量放射性元素的说法也站不住脚了!

高空气球探索真相

为了弄清事情的真相,从1911年到1919年的近10年时间里,奥地利物理学家海斯(V. F. Hess)将密闭的电离室吊在气球下,他乘坐气球升到更高的空中进行试验(图1.10).结果发现,在5000 m的高空,这种未知辐射的强度竟为地面附近的9倍.显然,引起空气电离的辐射不可能来自地下,而只能是源于"天外".于是,海斯提出了

图1.10 海斯将乘气球做实验

一种新的假设:"这种迄今为止尚不为人知的东西主要在高空发现……它可能是来自太空的穿透辐射."

后来,德国物理学家科尔霍斯特(W. Kolhorster)等人进一步的研究证实了海斯的假设,这种射线来源于整个宇宙空间.美国物理学家密立根把它命名为"宇宙射线"(简称"宇宙线").

宇宙射线是一种高能的粒子流.它随着离开地面高度的不同,有着极为复杂的分布.在进入地球大气层之前或大气顶部的射线,基本成分是质子、α粒子和一些重原子核,称为初级宇宙线.初级宇宙线在穿越大气层时又会产生新的射线束,称为次级宇宙射线,包含有高能的电子、正电子和光子、介子等.实验室里带电验电器的漏电,原来是这些天外小客人光临的结果.

宇宙射线的发现,把微观世界与宇观世界联结了起来,是一次对反常现象深入探究的结果,在人类科学史上具有重大的意义.

(3) 射电波的发现

来自天外的信号

1931年,美国贝尔电话实验室的一个研究无线电通信的工程师卡尔·央斯基正承担着研究无线电噪声起因的任务.一次,他转动一架T形回转天线,想了解一下无线电通信中天线干扰的方向问题,突然在接收机中听到一个出乎意料的干扰信号.这一反常的信号,央斯基非但毫不厌恶,反而很感兴趣,决心查个水落石出.

开始,央斯基认为这可能是人为的干扰,但经过一年多时间的连续跟踪接收,发现这个干扰信号的强度有周期性的变化,其变化周期恰好等于地球相对于恒星的自转周期,即23 h 56 min 4 s.每当天线指向恒星中的人马星座时,这个干扰信号最强.

由此可见,这个信号绝不会是人为的干扰,也不是来自地球或太阳,而是来自遥远的宇宙天体.

射电波的意义

天体会发射无线电波,这是一个重大的发现.以前,人们只能依靠天文望远镜根据观察天体的光信号去研究天体.由于光辐射频段较狭窄,强度衰减快(按温度的 5 次方衰减),对天体的研究受到很多限制,进展缓慢.因此,央斯基这一惊人的发现,立即引起各国天文学家的浓厚兴趣,他们纷纷投入研究,进一步证实了央斯基的发现,并由此创立了一门新的边缘科学——射电天文学.

如今,天文学家可以利用射电望远镜,根据天体发射(或反射)的无线电波进行对天体的研究,仿佛有了一双神奇的眼睛.图 1.11 就是现代射电天文望远镜的示意图.从遥远天体发射的无线电波(或从地面发射出无线电波,经天体反射后的回波),被射电望远镜巨大的抛物面接收天线接收后,经电子计算机处理,结果就很快被记录或显示出来了.

图 1.11 射电望远镜示意图

利用天体发射的无线电波,不仅可以获得遥远天体表面的资料,还能探测其内部的信息.它的观测距离可达百亿光年,分辨能力可达到明辨位于 300 km 以外的头发丝粗细的尺度.20 世纪 60 年代中的四大天文发现:类星体、脉冲星、星际分子和微波背景辐射,都是利用射电天文手

段获得的.银河系空间星际尘埃遮蔽的广阔世界,也是在射电天文学诞生以后,才第一次为人们所认识的.

在1994年7月发生的"太空之吻"——彗星与木星相撞,由于碰撞点在木星背向地球的一侧,除了用光学望远镜观察离木星最近的卫星(木卫一)的亮度变化来推测碰撞情况外,另一个重要的方法就是利用射电望远镜根据接收到的木星的射电波加以分析并作出判断.

射电天文学为天文的研究开拓了新的园地,极大地推动了天文学的发展.显然,这与央斯基当年对反常现象的敏感性和坚持不懈的努力追踪是分不开的.

我国继2012年在上海佘山建设一座口径为65 m、亚洲最大的可转动射电天文望远镜(图1.12)后,2013年又在贵州省平塘县开始建造一座世界最大的单口径射电天文望远镜(简称FAST),被称为"中国天眼".它的球面口径达500 m,可以帮助人们看到更远的太空,并将在未来20~30年内保持世界领先地位.

图1.12 上海佘山的射电望远镜

1.5 三王子的蜡烛——发散联想

有一个古老的传说:一个国王为了评判他的三个王子的智慧,给三个王子同样多的一点钱,要求他们去买尽可能多的东西装满一个房间.几天后,国王去检查了.大王子买来了一堆木柴,只堆放在房间的一个角落,国王摇了摇头;二王子买来了许多桶水,倒在地上也只有浅浅的一层,国王皱了皱眉;三王子只买来一根蜡烛,他点燃蜡烛照亮了房间的每个角落,国王满意地笑了(图 1.13).

图 1.13　三王子的蜡烛

三王子的成功就在于他能够不落俗套,不拘一格,这就是一种发散性思维.

下面,我们再介绍两则科学发明中发散思维的事例,同样会使你感到震撼.

(1) 全息照相

三种信息

照相机的原理在初中物理中早已学习过:从外界景物发出(反射)的光,经照相机镜头(相对于一个凸透镜),在底片上形成一个倒立缩小的实像.

不过,如果进一步问你:这样拍摄的照片究竟反映了被摄对象的哪些信息? 你可能就不容易回答了.

物理学的研究指出,从物体表面反射的光都包含着三种信息,即光的明暗强度(与振幅有关)、光的颜色(与频率或波长有关)和光的方向(或者更严格地说是光的相位).早期的黑白照片只能记录下光的明暗变化,而彩色照片除此之外还能通过记录光的波长变化,反映出物体的颜色.但是,它们形成的都是一种平面图像.因此,一个高明的摄影师往往需要利用正面光、侧面光等不同方向光的效果,使照片能够显示出较强的立体感和丰富的层次感.不过,仅仅依靠光的明暗和颜色,要求能显示立体感也难免差强人意.

全息摄影

那么能否在摄影中同时捕捉到这三种信息呢?1948年由英籍匈牙利物理学家丹尼斯·伽柏首创的全息摄影,就是唯一能同时捕捉到光的三种信息的一种摄影技术.全息的英文名是Holography,这里的"Holo"表示"完全"的意思,我国的科技图书中就把它译为"全息",意思是全部信息.

伽柏原来一直从事电子显微镜的研究工作.他从如何提高电子显微镜分辨本领的研究中提出了一种设想——通过利用被摄物体表面反射的光(简称物光)与另外一束参考光发生的干涉,可以达到记录物体表面反射光全部信息的目的.

伽柏的这个设想,把原来在人们意识中"风马牛不相及"的两个不同研究领域——摄影与光的干涉,巧妙地结合在一起,形成一种新的摄影方法.这真是一次别具匠心的发散思维,不得不让人惊叹!

不过,由于从物体表面反射的光往往是由多种频率(或颜色)的光极为复杂地混合起来的,无法找到某一种光能够跟它发生干涉.所以,伽柏这个绝妙的设想被搁置了10多年,直到60年代出现了激光后,才使他提出的全息摄影技术有了用武之地.1962年,美国密歇根大学从事雷达研究工作的利斯(Leith)和乌帕特尼斯克(Upatnieks)两人提出采用倾斜参考光束形成一个均匀的相干底衬的方法,于1963年成功地做出了第一张全息相片.

用激光进行摄影的基本过程(图1.14):先把来自激光器的激光束分成两束,一束激光直接(或通过反光镜)投射在感光底片(称为全息干板)上,称为参考光束;另一束激光投射在物体上,经物体反射

(或者透射),就携带着被摄物体的有关信息,称为物光束.然后,使物光束也投射到感光底片的同一区域上,并与参考光束叠加,产生干涉,在感光底片上就会形成干涉条纹.这些条纹里就包含着来自被摄物体反射光的全部

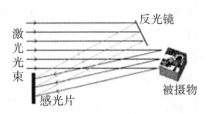

图 1.14　全息照相的拍摄过程

信息(强度信息和相位信息),这样就完成了一张全息图像(照片).

特点与应用

　　用全息技术拍摄到的照片,实际上只是光的干涉条纹,跟普通的照片是两个概念.观察时(也就是使物体再现时),同样需要利用激光照射.用于观察的这束激光应该与拍摄时的参考光束完全一样,经过感光底片(全息干板)上的干涉条纹的衍射,就能逼真地再现物体在三维空间中的真实景象.人眼从不同角度可以看到物体不同的侧面,就好像看到真实的物体一样,只是无法触摸到真实的物体,真可谓"可望而不可即".

　　全息照相除了有逼真的立体感外,还有着普通照片所没有的其他特点:人眼利用激光束进行观察时,不仅可以通过全息干板看到一个与原来物体形状一样的像(虚像),同时在以干板为对称面的地方还可以看到一个与原来物体完全相同的像(实像).并且,所观察到的像的亮度和大小都可以随意调节.尤其令人感到神奇的是,全息摄影具有可分散性,即使把一块全息干板打碎,它的每一块碎片仍然都可以再现原来物体的像.

　　由于全息照片具有所展示的景物立体感强、形象逼真、干板储存容量大等许多特点,因此在很多领域都得到了应用.例如:将一些珍贵的历史文物和艺术品用全息技术拍摄下来,展出时可以真实地再现文物的原貌,供参观者欣赏.这样原物就可以妥善保存,防止失窃

和损坏.运用发展不久的模压彩虹新技术,可以在银行信用卡、个人证件卡、图书甚至钞票上印制全息图像,作为防伪标识.可以利用全息技术制作生动的卡通片、贺卡、立体邮票等.目前,全息技术已被广泛地应用于立体电影、电视、广告、超声全息术、全息显微术、军事侦察监视、水下探测、金属内部探测等方面.

因此,全息摄影也称得上是信息储存和激光技术的智慧结晶,它依托着激光开辟了物理学中一个新的研究领域.

(2) 空中帝国王冠的发明

我们知道,无线电技术发展史上的第一代产品是电子管(玻璃真空管),它以三极管的发明为标志.这个被称为"空中帝国王冠"的三极管,就是在真空二极管的基础上通过发散联想形成的.

热电子发射与二极管

让我们先作一段简单的回顾——1883年,美国"发明大王"爱迪生发现了热电子发射的效应:放在真空中加热的灯丝会发射电子,并且会单方向地向另一个金属板流动(后来称为爱迪生效应)."智者千虑,必有一失",这一次爱迪生没有想到利用自己发现的这个效应,而被英国物理学家J·A·弗莱明捷足先登,于1904年发明了真空二极管.它是由在抽成真空的玻璃泡内封的两个金属电极——阳极和阴极构成的(图1.15),并很快在检波、整流等方面得到应用.

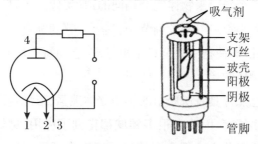

图1.15 电子二极管的结构与工作原理

1,2.灯丝;3.阴极;4.阳极

二极管的工作原理:阴极受热后发射的电子密集在阴极附近,如果阳极接电源正极,阴极接电源负极,电子就被吸向阳极,形成阳极电流;反之,如果阳极接电源负极,阴极接电源正极,就不能形成电流.二极电子管的这种特性,称为单向导电性.它可以用于整流、检波.

三极管的发明

当时,年轻的德福雷斯特受到马可尼的影响,辞去了工作,在纽约的泰晤士街租了一间破旧的小屋,用他给富家子弟补习功课和到饭店洗碗、扫地的菲薄所得,买了一些简易的器材,也正在全力以赴地投入到改进检波器的研究之中.弗莱明发明二极管的消息使他感到功亏一篑.不过,德福雷斯特并没有灰心.他认真研究了弗莱明的真空二极管,认为它虽然有了进步,但仍然只能起检波作用,对电信号没有放大作用.那么,自己何不在弗莱明的基础上进一步扩大成果呢?于是,他就在二极管内的阴极和阳极之间加了一个网状的小电极(图1.16),并对它的作用进行了试验.

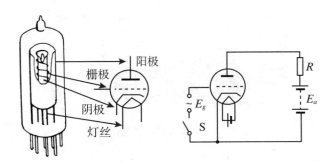

图1.16 三极管的结构与控制作用

德福雷斯特真幸运,看起来很简单地加进的这个小电极却产生了意想不到的奇妙作用:在这个电极上加一个微弱的信号,就可以引起阳极电流较大的变化,而且变化规律跟所加信号的规律一致,意味着把信号放大了.

这不就是包括马可尼在内的许多无线电发明家多少年来梦寐以求的目标吗？德福雷斯特非常清醒地看到了这个发现的前景，心中无比激动，但他并不急于公开这个消息，而是毫不声张地继续进行试验．为了提高对阳极电流控制的灵敏度，他多次改变这个小电极在两极之间的位置和形状．最后，他发现用金属丝效果最好，于是就用一根铂丝扭成网状，封装在灯丝和屏极之间．德福雷斯特把它称为"栅极"，它像一个非常灵敏的控制闸一样，按照施加信号的变化，改变着阳极电流的大小．世界上第一个真空三极管就这样在一间破旧的小屋内诞生了．

三极管的发明使电子管的性能发生了质的飞跃，在电子技术发展史上是一次革命性的转变，极大地推动了无线电技术的发展．日本的一位科技传记作家指出："真空三极管的发明，像升起了一颗信号弹，使全世界科学家都争先恐后地朝这个方向去研究．"不多时，四极管、五极管、七极管、大功率管等各种用途的电子管相继出现，很快就形成了一个系列（图 1.17）．

图 1.17 各种各样的真空电子管

磨难与成功

不过，真空三极管从发明到获得社会承认，也像科技史上的许许多多发明一样，发明者经历了许多曲折和磨难，还曾经险些被抓去坐牢．

当时，德福雷斯特没有钱进一步做实验，曾带着自己的发明找到几家大公司,想说服那些老板给他资助.由于他不修边幅,穿得破旧,有两家公司连大门都不让进,门卫怀疑他是一个行为不轨的人.还有一家公司的门卫把他当作流浪汉,德福雷斯特只好拿出三极管详细地解释它的新结构、放大特性和应用前景,试图打动门卫势利的心.不料,门卫见他把一个玻璃泡说得神乎其神,反而产生疑心,以为他是个骗子,就进去报告了经理.岂知这个经理也生有一双势利眼,看到他落魄的模样,竟然不由分说就叫来了几个彪形大汉把他扭送到警察局.几天后,法院开庭审判.在法庭上,德福雷斯特不仅没有丝毫畏惧,相反十分机智地利用这个公开的讲坛,大力宣传自己这个发明的重要意义.他充满信心地指着真空三极管说:"历史将证明,我发明了这个'空中帝国的王冠'."最后,他终于被宣判无罪释放.

经过了这样一场官司,无异于给德福雷斯特做了一次免费广告,使他出了名.1906年6月26日,他发明的真空三极管获得了专利,后来人们就把这一天当作真空三极管的诞生纪念日.

美国著名物理学家、诺贝尔奖得主 I·I·拉比曾评价说,在电子管的发明中,三极管"具有像空前的最大发明那样的影响",它不愧为"空中帝国的王冠".

也许有人会认为,真空二极管发明后,在二极管内再加一个电极很简单,弗莱明和当时的其他许多发明家怎么就想不到呢?这就像哥伦布竖蛋的故事那样,可能就是发明的魅力!因为发明本身就是一种前所未有的经历,只能垂青于长期思索、刻苦追求的幸运儿!

2 求异思维在科学认识中的作用

科学的发现和发明是一种创新.它不仅要求科学家、发明家有非常丰富的实践基础和高度抽象的逻辑思维能力,还要求具备充分的勇气和胆识,既敢于闯入前人没有走过的地方,披荆斩棘,也敢于在前人已走过的地方,探索新路,或者在前人已十分熟悉的地方,改造修缮.科学家、发明家不断地追求着从无到有、变新变好——无论是思想、观念还是成果、产物,刻意追求的都是变化、创新.换句话说,就是不断地求异.尤其需要在一片赞美、歌颂声中寻找不足和瑕疵;在众所否定、批判声中挖掘闪光点和合理成分.这就是科学的实事求是的态度;也是求异思维最难能可贵的地方.可以这么说,一旦科学家和发明家丧失了继续求异探索的活力,他们的创造性灵感也就枯竭了.

在第1章中,已经通过一些小故事和科学发现、发明的某些事例,认识了常见的几种求异思维.实际上,求异的形式是非常灵活的,多种多样,而且在实践中往往会交叉运用多种形式的求异思维.下面,我们再选取若干与物理学关系密切的史料,进一步认识一下求异思维在科学发现和发明中的启示作用.

2.1 托里拆利实验

伽利略的遗愿

17世纪,随着采矿业的发展,矿井开得越来越深.许多矿井为了排水,都使用了早在古希腊时代就有的吸水泵(图 2.1).不过,对于水泵为什么能把水抽上来,抽水高度为什么不能超过 10.36 m,像这样一些如今的初中生都能够解释清楚的问题,当时的人们是不明白的.人们沿袭着从亚里士多德那里流传下来的说法,即所谓"自然界厌恶真空",也就是说,自然界会尽力去占领没有空气的空间.因此,当水泵的活塞上升时,水必然要

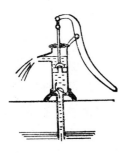

图 2.1 吸水泵

跟着上升去占领这个空间,这样就不致出现没有空气的空间——真空.

1640 年,曾有人就这个问题去请教意大利物理学家伽利略.当时,伽利略也认为"自然界厌恶真空",只是他认为这种惧怕真空是一种力,应该有一定的限度,且可以能够测量这个力.后来,他曾试图设计一个实验去量度这个力.可惜,"上帝"没有给他足够的时间,他还来不及进行这个实验便逝世了.

于是,伽利略的遗愿就历史性地落到他晚年的学生托里拆利肩上了.

托里拆利实验

难道水泵把水抽上来真的是"自然界厌恶真空"的作用吗?为什么这种厌恶又有一个限度呢?托里拆利开始思考这个问题.他多么希望能有一根长长的、粗细均匀的管子来进行实验,并且最好是透明的玻璃管子,以便看清楚活塞运动时水被吸上来的过程.然而,要制造这么一根长直玻璃管在当时简直是异想天开.托里拆利意识到这个困难后,就把问题反过来考虑:如果水跟着活塞上升确实是"自然界厌恶真空",那么,当将管子的一端封闭,装满水后再倒过来,水就不应该降落,否则上部不就又形成真空了吗?如果水降落的话,也必然会有一个界限.但是,即使真的有了一根 10 m 多长的玻璃管,要把

它装满水,再倒过来,像孙悟空舞金箍棒一样,恐怕非得爬到比萨斜塔的顶上去不可,做起来也绝非易事.

围绕这个问题,托里拆利进行了长时间的思索.他从伽利略认为这种惧怕是一种力的猜测中得到启发:既然这种力只能使水在10 m多的高度上停下来,那么改用比水密度大的其他液体,必然只能使它停留在较低的地方.于是,托里拆利就改用海水、蜂蜜等进行实验,效果都不理想.后来他想到了用比水的密度大得多的水银做实验.

1643年,托里拆利用一根长约1.2 m的玻璃管,灌满水银后,用手指堵住开口的一端,竖直倒立在水银槽里,松开手指后,看到水银柱开始下降,最后停留在比槽中水银面高出约76 cm的地方.水银柱上部的一段空间,托里拆利认为是真空,直到今天人们还把它称为"托里拆利真空"*.

后来,托里拆利又在不同的日子里多次重复这个实验,发现停留在玻璃管中的水银柱高度会有微小的变化.他幽默地写道:"自然界是不会像一个轻佻的姑娘,在不同的日子里有不同的惧怕的."风趣地批驳了亚里士多德的谬论**.

大气的力量

那么,究竟是什么力量托住玻璃管中这段水银柱的呢?托里拆利坚定地说:"空气.在我们周围的空气压迫着水银的表面,其力量使水银柱停留在76 cm的高度上.如果用其他液体,则液柱高度随着液体本身的密度而变化."托里拆利在倒插有玻璃管的水银槽里加进一些水,然后把玻璃管慢慢向上提,当玻璃管口提高到水银和水的界面以上时,管内水银立即全部流出,同时水趁势进入管中,并充满全管

---

* 托里拆利真空中实际上还包含有水银的饱和蒸气压,只是这个压强很小,在20 ℃时仅约 0.0012 mmHg,通常情况下可忽略不计.

** 托里拆利的这个实验写在1644年6月11日给朋友的信中.伽利略晚年的另一位学生维维尼安也参与了此实验的研究.

(图 2.2).这个实验,充分说明了他的判断.

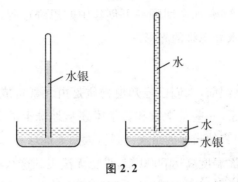

图 2.2

托里拆利实验使人们首次认识到大气压的作用,直接否定了"自然界厌恶真空"的传统错误观点,这是对中世纪教会哲学的一次大胆挑战,从而导致了人们对大气压、对真空的深入研究.

求异的成功

托里拆利完成的实验,在思想方法上表现为求异的成功.实验的基本思路可以表示如下:

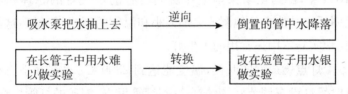

在托里拆利的研究过程中,通过一次逆向思维、一次转换角度,终于顺利地克服了困难,向人们展示了大气所蕴藏的力量.

2.2 光谱分析法

俗话说:"不入虎穴,焉得虎子."指的是需要实地经历的意思.不过,对遥远的天体而言,实地考察显然是不现实的,利用现代光谱分析方法,只需通过对遥远天体光谱的研究,就可以探测它们的物质结构了.

光谱分析法是德国化学家本生和物理学家基尔霍夫在100多年前珠联璧合的产物.如今回顾一下创建中的思维过程,可以看到,其中多处闪烁着求异思维的光彩.

孔德断言

早在18世纪前,人们已经知道物质是由元素构成的,并知道了某些常见的元素.一些科学家和哲学家还从地球上的元素想到太阳的组成、宇宙中其他天体的组成.但是,太阳离地球有1.5亿km(1.5×10^8 km),表面温度高达6000 ℃,谁也无法飞到这么远的太阳上去取一些物质回来分析,对其他比太阳还遥远的恒星的组成似乎更没有办法了.所以,在1825年,有一位法国哲学家孔德曾这样说过:"恒星的化学组成是人类绝不能得到的知识."

然而,就在孔德死后不到3年的时间,他的断言就被两位德国科学家的智慧粉碎了.

火焰的颜色

1854年,德国化学家本生在研究已有的煤气灯的原理和弱点后,发明了一种能方便地调节火焰大小和温度的新式煤气灯.这就是如今化学实验室中还常用的本生灯.

本生灯点燃最好的时候,温度能达到2300 ℃,火焰几乎没有颜色.有时候灯没有调节好,火焰会缩到灯管里去,铜质的灯管烧红后,火焰就变成了蓝绿色.在火焰上弯玻璃管时,玻璃管烧红后,火焰又变成了黄色.这些许多人在化学实验中司空见惯的现象,却引起了本生的注意,启发他研究物质性质与其燃烧时火焰颜色的关系.

本生用铂镊子夹了一粒普通的食盐放到火焰中烧,火焰立即变成亮黄色,同时食盐因高温分解,还能闻到一股呛人的氯气气味.那么,火焰变黄究竟是氯的作用还是钠的作用呢?于是,本生又用其他含钠的化合物反复进行实验,结果都能使火焰变黄.后来,本生把金属钠放在火焰中烧,火焰立即变成黄色,这样就确认了使火焰变黄是钠的作用.

2 求异思维在科学认识中的作用

这一结果使本生极为兴奋,他的思想也立即像明灯一样光芒四射,迅速地作了发散联想:如果其他金属能使火焰变成不同的颜色,那么只要找出它们之间一一对应的关系,岂不就有了一种简单而有效的新的分析方法了吗?

本生继续实验,他发现:钾和钾的化合物产生紫色火焰;钡是绿色火焰;钙是砖红色火焰;锶是亮红色火焰……看来,不同的金属的火焰颜色的确是不同的.然而,进一步的实验却出现了问题——钠盐溶液出现的是黄色火焰,混有钾盐的钠盐溶液和混有锂盐的钠盐溶液出现的也都是黄色火焰.他企图用各种不同颜色的玻璃片来观察区分,可是效果很不理想.本生在探索中陷入了困境.

从颜色到光谱

本生有个搞物理的朋友,叫基尔霍夫,他们两人常一起散步、聊天.1859年初秋的一个傍晚,本生跟基尔霍夫一起散步时详细讲述了自己的实验和遇到的困难.基尔霍夫沉思了好一会儿后,对本生说,应该换一个方法试试.从物理学的角度来看,可以不去观察火焰的颜色,而应该去观察火焰的光谱.

接着,基尔霍夫就在本生的实验室里装配了世界上第一台"分光镜"(图2.3).他在一个雪茄烟盒内糊上了一层黑纸,把一块石英三棱镜安放在烟盒中间.在对着三棱镜

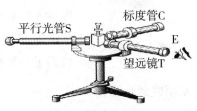

图2.3 分光镜

的两个面的位置上,将烟盒开两个洞,一个洞装上被锯成两截的直筒望远镜的目镜那半截(现在被称为夫琅和费窥镜),另一个洞装上望远镜的物镜那半截,并在物镜外再覆盖一个有细缝的圆铁片(现在被称为平行光管).实验时,使光线通过铁片的狭缝射到三棱镜上,使它色散成光谱,然后通过目镜进行观察.

分光镜中各部分的主要作用:

平行光管——从狭缝射入的光经透镜后获得一束平行光;

三棱镜——使光束色散形成光谱;

标度管——在目镜中生成一个标尺,以便对光谱进行定量测量;

望远镜——通过一组透镜能够把光谱"拉"成长的带子,便于从目镜 E 观察(或用照相机拍摄).

基尔霍夫调试好分光镜后,他们拉上黑窗帘,点着了本生灯,将本生精心提纯的几种盐逐一放在火焰里燃烧,然后通过分光镜进行观察.经过他们的反复实验和观察,奇迹出现了——各种不同的盐会产生具有不同特征的光谱线:

所有钠盐都产生两条靠近的黄线;

所有锂盐都产生一条明亮的红线和一条较暗的橙线;

所有锶盐都产生一条明亮的蓝线和几条红线、橙线和黄线;

……

总之,每一种元素都产生几条特有的光谱线.这种光谱线都有它们自己固定的位置,就好像每人都有不同的指纹一样(图 2.4).这样,在化学家和物理学家珠联璧合的努力下,他们就找到了一种新的分析方法——光谱分析法.

图 2.4 指纹

从明线到暗线

在他们取得巨大成功之后,两位科学家向着各自感兴趣的方向继续探索.本生的兴奋点在于对物质的鉴定,后来他利用光谱分析方法发现了两种新元素铷和铯.基尔霍夫则从他们观察的明线,反过来想到夫琅和费暗线(黑线).

早在本生和基尔霍夫的实验之前,德国物理学家夫琅和费在对太阳光谱观察时,发现在太阳光谱从红到紫的背景上,还分布着大约有 700 多条黑线(现代科学家已经能看到 1 万多条).其中,最明显的较粗的黑线有8条.他利用自己发明的衍射光栅测出了它们的波长,并用A、B、C、D、E、F、G、H 8个字母来表示.后来,他将太阳光谱跟灯光光谱进行对照,又惊奇地发现太阳光谱中用字母D表示的两根黑线的位置,正好跟灯光中指示着钠盐的两条明亮的黄线位置重合.这是什么道理呢?当时夫琅和费百思不得其解.可惜,等不到夫琅和费进一步去研究,他就被肺结核夺去了年轻的生命.后人为了纪念夫琅和费对太阳光谱的研究,把这些暗线称为夫琅和费暗线.

基尔霍夫想揭开这些暗线之谜.开始他猜测可能太阳上缺少钠.为此,他让太阳光穿过本生灯的火焰进入分光镜,并在火焰上燃烧钠,希望让钠的亮黄线去填补太阳光谱中的D黑线.结果却出乎意料,从分光镜中看到太阳光谱中的两条D黑线(D_1、D_2)非但没有亮起来,反而变得更黑了.

基尔霍夫仔细思索后,就对原先的猜测作逆向考虑——莫非是太阳上含有钠,只是它的两条亮黄线被什么遮挡住了才形成了黑线?

于是,他想了一个很巧妙的方法:模拟太阳光.他用纯度很高的氢氧焰产生的高温使石灰棒燃烧,这个石灰棒就像一个"人造太阳",能够发出非常耀眼的光.它的光谱跟太阳光谱很相像,其中包含着从红到紫的各种色光,只是没有那些"夫琅和费黑线".

接着,他先用分光镜观察石灰棒的光谱,然后在它的前面放了一盏烧着钠盐的本生灯,让这两种光线同时进入分光镜(图2.5).这时,基尔霍夫惊奇地发现,原来应该出现钠双线D_1、D_2的位置上,明显地出现了两条黑线,跟太阳光谱里的黑线完全一样.

图2.5　白光通过钠蒸气产生钠的吸收光谱

至此,聪明的基尔霍夫从这两条钠双线中领悟到了夫琅和费暗线的原因:原来,并不是太阳上没有这些光谱线所对应的元素,而是它们的光谱线被太阳周围蒸气中相应的元素吸收了.

基尔霍夫通过这个实验,建立了物质的线状谱与它的吸收光谱之间一一对应的关系.只要把太阳光谱中的夫琅和费暗线的位置与已知元素的谱线(明线)对照一下,就能知道太阳大气的成分.用同样的方法,也就可以分析其他遥远恒星的化学成分了.

成功之路的思维线索

1859年10月20日,基尔霍夫向柏林科学院报告了他的发现,从此,完整的光谱分析法就成为物理学家、化学家、天文学家进行分析研究的有力手段.

总结一下这条成功之路上几个阶段的基本思维线索,我们可以概括地表示如下:

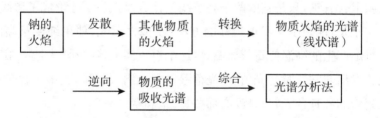

求异思维引导着本生和基尔霍夫一步步地跨上新的台阶.如今,我们回顾这段历史,仿佛仍然能够听到在他们身后留下的一串脚步声.

2.3 质子衰变实验

格拉肖的预言

我们知道,许多微观粒子都是不稳定的,有的寿命极短.如 μ 子的寿命数量级为 10^{-6} s,π 介子的寿命数量级仅在 $10^{-17}\sim 10^{-8}$ s 之间,中子的寿命也只有 915.8 s.但自从 1919 年英国物理学家卢瑟福发现质子以来,迄今近 1 个世纪的时间里,人们在各种实验中从未观察到过质子发生衰变的现象.因此,物理学家普遍认为质子是一种稳定的粒子,不会发生衰变.

20 世纪 60 年代,美国物理学家格拉肖和巴基斯坦物理学家萨拉姆,根据当时对粒子间存在的四种相互作用的认识*,分别独立地提出了把弱相互作用和电磁相互作用统一起来的理论,称为弱-电统一理论.1978 年,他们的理论被实验所证实,他们两人也因此分享了 1979 年度诺贝尔物理学奖.

弱-电统一理论的成功,极大地鼓舞着人们建立将强相互作用、弱相互作用和电磁相互作用统一起来的理论,称为大统一理论.目前,已提出多种大统一模型.

根据大统一理论,格拉肖作出一个惊人的预言:质子也是不稳定的.它可以衰变成正电子(或反中微子)和介子,只是它的寿命极长,理论推算平均为 $10^{29} \sim 10^{33}$ 年.

逆向转换

格拉肖的预言如同在平静的池塘中投下一块不小的石子,立即在世界物理学界中激起阵阵涟漪.如果质子的衰变被证实,必将使物理学又大大前进一步.

---

* 四种相互作用的比较如下:

四种相互作用	引力作用	弱相互作用	电磁相互作用	强相互作用
作用力程	∞	$\ll 10^{-14}$ cm	∞	$10^{-13} \sim 10^{-14}$ cm
举例	天体间	β 衰变	原子结合	核力
强度(自然单位)	10^{-39}	10^{-5}	10^{-2}	$10^{0} \sim 10^{1}$
被作用粒子	一切物体	强子,轻子	带电粒子	强子
被交换粒子	引力子(?)	中间玻色子	光子	介子

然而,质子像长生不老的寿星,寿命太长了(图 2.6).目前推测,我们生活的宇宙年龄也只有 10^{10} 年,更何况在人生的短暂时间内,是绝对不可能观测到质子的衰变的.

悟空:喂,小质子,我可以
瞬息万变,你呢?

质子:猴头,你的亿万代儿孙
也难见我容颜衰老!

图 2.6　质子衰变要经过 $10^{29} \sim 10^{33}$ 年

那么,怎样才能进行对质子衰变的实验观测呢?物理学家巧妙地从问题的反方向去思考:

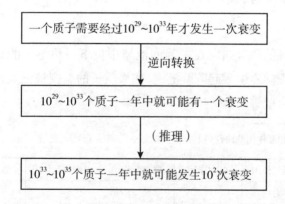

这也就是说,可以采用大数量的物质进行观测实验.这样,就把原来无法实现的测时间概率的问题巧妙地转换成了一个可以处理的测空间概率的问题.这无疑是一次成功的逆向转换.

实验探索

根据逆向转换的方法,美国物理学家率先付诸实践.为了避免宇宙线的干扰,他们在俄亥俄州的一个深 600 m 的莫顿盐矿进行试验:先将矿壁用合成橡胶衬里,在壁上装有 2000 支光电倍增管,并灌入 10000 t 非常纯化的过滤水(1 t 水中约有 10^{29} 个质子).假设质子发生衰变,则可探测到衰变的闪光.第一次试验经过 80 天仍未观测到闪光,意味着质子寿命的下限可达 6.5×10^{31} 年.

后来,在欧洲的勃朗峰隧道中,在印度 Kolar 金矿的废矿井中,也都进行了类似的试验.据说,两年来共发现 6 个被认为是质子衰变的事例.据此推算,质子的平均寿命约为 7×10^{30} 年.不过,不少物理学家认为很难否定目前观测到的质子衰变完全不是中微子造成的.这样的话,质子的寿命就更长了.

由于质子衰变实验的意义重大,因此,虽然实验费用昂贵,目前不少国家仍在争相试验.人们拭目以待,希望在不久的将来能作出明确的判断.

2.4 从宇宙膨胀到宇宙起源

千百年来,人们就对宇宙充满了兴趣.宇宙究竟是怎样形成的呢?神学家们赞美上帝,认为是上帝创造世界;科学家们崇尚实验,根据观察的现象提出了多种模型(理论).现在,科学界比较一致的观点是:宇宙是由 120~150 亿年前发生的一次大爆炸形成的.这个观点最初的启示,也可以作为是一次逆向思维的范例.

哈勃的发现

事情还得从天文学家对宇宙天体的探索谈起.在 20 世纪初,天文学家对遥远星系发出的电磁波进行分析研究时,发现了所谓的"红移"现象,也就是观察到星系光谱线会出现波长变长(相当于频率变低)的现象.光谱线的这种"红移"现象,实际上就是在声的传播中早就发现的"多普勒效应".不过,当时许多天文学家并没有对这个"红移"现象深入研究下去.

但是,这个现象却引起了美国天文学家哈勃的浓厚兴趣.从1928年到1936年期间,他跟助手赫马森一起,测定了几十个星系的距离和运动速度,通过对这些数据的统计分析,进一步发现了一个简单而重要的关系:星系退行的速率(v)与它们离开地球的距离(l)成正比.用公式可以表示为

$$v = Hl$$

式中的 H 称为哈勃常数.这一关系式后来被称为哈勃定律.

逆向推理

哈勃得到的这一结论有着非常深远的意义.一方面,因为长期以来,天文学家一直认为宇宙是静止的,如今,这个根深蒂固的观念被哈勃彻底否定了.也就是说,我们所认识的宇宙尺度并不是固定不变的,而是在不断地膨胀着,它没有边界,也没有尽头.另一方面,可以为宇宙起源提供了假设——如果逆着时间的进程考虑,在很多年之前,宇宙应该很小,应该起源于 $R(t)=0$ 这样的一点.

图 2.7 对宇宙膨胀的形象化说明

星系在相互远离,它们之间的距离越来越远,好像画在一个气球上面的点,随着气球的膨胀,每两点的间距越来越大(图 2.7).

从这样的逆向推理出发,比利时的勒梅特提出了原始原子爆炸的假设.1948 年,美国物理学家伽莫夫和阿尔菲、赫尔曼等人提出了关于宇宙起源的大爆炸假设.

大爆炸理论认为,宇宙起源于一个在空间和时间上都无尺度但

却包含了宇宙全部物质的奇点.大约在120~150亿年以前,这个奇点发生了一次无与伦比的大爆炸,使物质四散出去形成了空间,随着空间的不断膨胀,温度也相应下降,后来相继出现了所有的星系、恒星、行星乃至生命,形成了今天的宇宙.伽莫夫预言,作为大爆炸的遗迹,至今还应该残留着一种均匀充满整个宇宙的、温度约为3 K的电磁辐射(称为微波背景辐射).显然,这种辐射存在,就可以作为检验宇宙大爆炸理论的一种证据.

幸运的是,1964年美国贝尔实验室的工程师彭齐亚斯和威尔逊,通过架设一台很灵敏的喇叭状的接收天线系统,意外地发现了这样的背景辐射.它充盈在整个宇宙空间里、相当于在电磁波谱的微波部分波长为7.35 cm的某种无线电波.它所具有的能量就相应于温度为2.7 K的一个黑

图2.8 微波背景辐射探测器

体的热辐射.显然,这个数值与伽莫夫等科学家作过的预言非常接近.后来,世界各国许多科学家经过了10年左右的多次反复验证,微波背景辐射被科学界完全确认,它给了宇宙起源的大爆炸理论以有力的支持(图2.8).

2.5 光纤通信的突破

2009年10月6日,当瑞典皇家科学院把诺贝尔物理学奖授予华人物理学家高锟,表彰他40年前在"光通信领域有关光在光纤中传输方面开创性的工作"时,大家不得不钦佩这位"光纤之父"所具有的远见卓识和坚持不懈的努力.从思维方法的意义上说,高锟的成功称得上是克弱求异的一个典范.

光导的历史

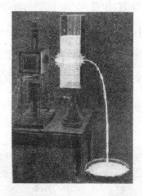

图 2.9 丁达尔的实验

光能够在水流或弯曲的玻璃棒中传导,这是人们很早就发现的现象.早在1870年,英国物理学家丁达尔做了一个有趣的实验:让一股水流从玻璃容器的侧壁小口喷出,以一束细光束沿水平方向从开口处正面射入水中,结果发现细光束不是穿过水流而是顺着水流弯曲地传播(图2.9).

丁达尔经过研究,发现这是光的全反射作用——当光线射到水流(或玻璃)的侧壁时,只要入射角大于相应的临界角,光线就会全部反射回来.这样,光线就在水流(或弯曲的玻璃棒)的两侧间不断反射,从而可以使光线沿着水流(或弯曲的玻璃棒)从一端传到另一端.图2.10就是现在中学物理教学中常见的实验.医生用的内窥镜可以观察人体胃部是否有病灶等,也是根据这个原理制成的(图2.11).

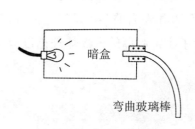

图 2.10 光导实验

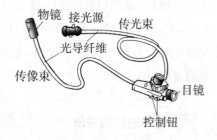

图 2.11 内窥镜

现实的困难

根据这个道理,人们很自然地联想到,可以用光来传输信号,这是非常顺理成章的事.于是,人们制成了细的玻璃纤维"导线"(称为"光纤")进行试验,结果发现实际情况并非这样简单,光信号在传输中会迅速衰减.在20世纪60年代初,用当时最好的光纤进行实验,光信号传播20 m已只剩下原来的1%.因此当时的人们普遍认为光纤通信没有应用前景.与此同时,从20世纪中期起,无线电通信澎湃发展,1957年苏联第一颗人造卫星升空,又开辟了卫星通信的黄金时代.所以,几乎所有物理学家和电子工程师的眼睛都紧盯着电通信,光纤通信显然被大家冷落了.

在科学史上,依靠光传递声音、用光线取代电话线,是贝尔最先提出的.贝尔发明了电话后,1878年在英国度假时,听说有科学家发现非金属元素硒的导电能力会随着照射光的强度而发生改变.贝尔立即敏感地形成一个非同凡响的想法:发明光电话,利用光来传递声音.

为此,贝尔和一个助手合作,在1880年设计了一种"光电话".在这个"光电话"中,他们把一小片硒接入电话的电路中,旁边有一块小镜子,再在电话机前面竖立着另一块镜子.当将一束光线射入竖立在电话机前面的镜子上时,对着镜子讲话时就会使光线发生波动.然后,他们将从镜面反射的光线引导到硒片上,光线的变化就可以导致硒片的导电能力发生变化,从而实现依靠光来传递声音的构想.

虽然贝尔的这个构想因技术条件等多方面的限制,并没有得到应用,却是他"一生中最伟大的发明,远比电话还要伟大".1916年当有人问贝尔什么是他引以为自豪的发明时,贝尔的回答就是"用光线取代原来的电话线".

图 2.12 贝尔设计的"光电话"

高锟的研究

就在光纤通信几乎无人问津的时候,高锟走来了.高锟于1957年大学毕业后,先后在国际电话电报公司(ITT)设在英国的子公司

和ITT设在英国的标准电信实验有限公司工作.从那时起,就开始了对光导纤维在通信领域运用的研究.

他的研究目标非常明确,瞄准"衰减"这个弱点下工夫,找出它的原因和解决办法.他通过研究,不久就取得了极有意义的一些成果:

① 光在物质中传播时发生的衰减,主要是物质对光的吸收和散射造成的;

② 光纤中的杂质离子,特别是铁离子,是光被吸收的重要原因;

③ 光的散射是由于原子的微观运动引起的,且光波波长越短,光的散射越强.

于是,他提出实现光纤通信的关键是必须彻底清除光纤物质中的杂质,需要制取一种透明度极高、物质结构非常均匀的光纤.同时,为了尽量减小传输中的损耗,可以采用波长较长的光.

由于当时并没有高锟所要求的光纤材料可以进行试验,因此高锟必须从化学和材料方面来求证每一种可能支持的论点.为此,他就和另一位理论物理学家霍克汉姆一起,花了约3年的时间进行基础性的研究工作,论证了几乎每种可能的情况.例如,对于弯曲的光纤,他们需要计算出弯曲在什么情况下能引起散射,并对这个散射的程度作出估计.高锟这样说过:"这是一个非常彻底的工作,在1966年发表论文的时候,我真的认为我的观点是百分之百的正确.例如,我们的计算甚至包括光纤外皮与光纤之间的水蒸气对光信号的吸收."可以想象,这种基础性研究工作的复杂、细致和艰巨.

一分耕耘,一分收获.多年的辛勤努力,使高锟对光纤通信越来越充满信心.

1964年,他提出在电话网络中以光代替电流,以玻璃纤维代替导线的设想.

1965年,他在以大量实验为基础的论文中,明确提出以石英基玻璃纤维进行长程信息传递,将带来一场通信的革命,并提出当玻璃纤维的损耗下降到 20 dB/km 时,光纤维通信就会成功.

1966 年,高锟取得了光纤物理学上的突破性成果——他在英国电机工程师学会学报上发表了题为《光频率介质纤维表面波导》的论文,开创性地提出了光导纤维在通信上应用的基本原理,计算出如何使光在光导纤维中进行远距离传输,描述了长程及高信息量光通信所需要的绝缘性纤维的结构和测量特性,在光纤通信中降低损耗的理论方向和方法等.并且明确地指出,只需要解决玻璃纯度和成分问题,光纤通信的衰减可以达到几 dB/km,完全能够满足光通信的要求.

可以这么说,这篇论文奠定了光纤远距离通信的理论基础,从而最终促使光纤通信系统的问世.

高锟的研究中,突破了材料这一关键问题后面临的另一个困难是高质量高亮度的光源.开始时,高锟所用的半导体激光器由于不能在常温下工作,只能用液氮冷却,而且寿命很短.高锟在 2004 年时还记忆犹新地说:"每几小时就要报销一支."后来随着二极管激光器光源的诞生,助了高锟一臂之力,才能使他的愿望得以实现.

成功与发展

1970 年,美国康宁玻璃公司根据高锟的理论,采用巧妙的化学方法,制成了世界上第一条符合通信要求的长 1 km 的光纤.从此以后,光纤通信得到迅猛发展,人类从 20 世纪 70 年代开始,大踏步地进入了光通信时代.

1975 年,英国、美国和日本先后铺设了通信光纤.4 年后,我国也铺设了第一条光纤线路.1988 年横穿大西洋的海底光纤铺设成功,将欧、亚、美三大洲连接起来.90 年代中期,开始铺设一条最长的光缆,从英国经大西洋、地中海、红海、印度洋、太平洋直到东亚,经过 11 个国家和地区(包括我国上海).

目前,全世界的光纤连接起来环绕地球已经可以超过 25000 圈.我国的光纤长度已经达到 32000 km.随着光纤通信技术的发展,传输的损耗已经降低到 0.8 dB/km 以下.

　　光纤通信的优点是非常明显的.首先是容量大——根据理论计算,一根细如蛛丝的光纤可以同时通 100 亿路电话,而一对金属电话线最多只能同时通 1000 多路电话.其次,光纤质量轻,便于铺设,成本也低——铺设 1000 km 金属电缆大约需要 500 t 铜,改用光纤只需不足 10 kg 的石英.此外,光纤通信的传输质量好,信号损耗小,制造光纤的材料来源丰富、价格低廉等.

　　高锟当年所说的"将带来一场通信的革命"已经完全得到了证实.他在接受 IEET 学史中心采访时说:"如果你问我光纤可以应用多少年,那我会对你说也许是 1000 年,人类也许花上 1000 年也找不到一种东西来替换光纤."

　　高锟为人类的通信事业做出了巨大的贡献.早在 1994 年,在香港举行的现代通信技术国际讨论会上,杨振宁就已独具慧眼地宣称,世界上有史以来对通信技术作出重大贡献的四大发明家是:麦克斯韦、贝尔、马可尼、高锟.

　　高锟非常谦虚地说:"我是工程师,我只想做有用的事情."*

　　瞄准弱点、研究弱点、克服弱点,在众人几乎摈弃的领域坚持一个信念,宛如独自驾一叶扁舟在茫茫大海中勇敢地去探索,这就是一种典型的克弱求异,也是高锟成功的奥秘.

2.6 泊松亮斑与激光的预言

　　在第 1 章反常求异中介绍的几个实例,基本线索可以归纳如下:

偶然发现反常现象 → 激发对反常现象的兴趣 → 深入探究反常现象 → 获得发明发现成果

---

* 参阅吴江滨.我是工程师,我只想做有用的事情:2009 年诺贝尔物理学奖得主高锟与光通信.物理通报,2009(11):1.

2 求异思维在科学认识中的作用

这是反常求异的一个方面,也可以说是比较普遍的或者说是主要的一个方面.此外,还可以有另一类反常求异的表现——预言反常现象、验证反常现象等.通过这样的反常预言和验证,往往同样可以在理论和实践上有所突破,有所创造.而且,从某种意义上说,要求在人们所习惯了的正常情况下提出"反常"的预言、进行反常的验证,需要更深邃的洞察和睿智,需要更大的胆识和气魄.在物理学史上,泊松亮斑的预言和验证、激光产生的预言等,都可以说属于这样一类反常求异.

(1) 泊松亮斑

大家在孩提时代一定都玩过手影,那惟妙惟肖的形象会让童心怒放(图2.13).初中物理也学习过日食和月食的原因,观察过本影和半影的形成.现在我们来做一个实验:用一束光垂直照射到一个不透明的圆盘上,那么在圆盘后的屏幕上会产生什么现象呢?

如果用这个问题去作一次社会调查,估计绝大部分人的回答是:屏幕上出现圆盘的一个影子——这是日常生活中司空见惯的现象.假如告诉你会在黑影的中心出现一个亮点,并且,随着圆盘半径的减小,亮点的强度会增大,你会相信吗?然而这却是千真万确的事实,这个亮点就是著名的泊松亮斑(图2.14).

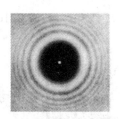

图2.13 手影　　　　图2.14 圆盘衍射与泊松亮斑

那么,这究竟是怎么一回事呢?让我们一起先来简单回顾一段对光本性认识的历史.

在17世纪后半期,以牛顿和惠更斯为代表的双方,展开了一场关于光的本性的争论.由于牛顿的微粒说显得简单,能比较通俗地解释常见的光现象,而惠更斯的波动说不够完善,更由于牛顿在学术界的崇高威望,因此在这场论战中,最后是微粒说占了上风,凯歌高唱,在光学舞台上称雄整个18世纪.

19世纪初,英国物理学家托马斯·杨重新提出了比较完善的光的波动说,并出色地完成了著名的双缝干涉实验.但是,当时由于对一些光现象的认识还不充分,科学界对光的波动说并没有完全接受.

1818年,法国科学院举办了一次有关光的衍射的悬赏征文.年轻的法国物理学家菲涅耳向科学院提交了论文,他用光的波动理论非常圆满地解释了单缝衍射、圆孔衍射等现象,并且理论与实验符合得非常好.但是,菲涅耳的波动理论却遭到了评奖委员会几位著名物理学家的反对.作为评委的物理学家泊松运用菲涅耳提出的波动方程,推导出圆盘衍射会产生一个令人感到不可思议的结果:在圆盘后的屏幕上阴影的中心会出现一个亮点!

干涉和衍射都是说明光的波动性所特有的现象.中学物理以杨氏双缝干涉为例作了探讨.同出一源的两束光,通过双缝后会在屏上形成明暗相间的干涉条纹(图2.15).衍射指的是光偏离直线传播的方向,达到阴影区域的现象.由于对衍射的分析更为困难,目前中学物理以介绍现象为主,如图2.16所示为单缝衍射实验.

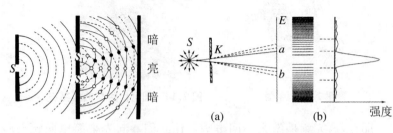

图2.15 杨氏双缝干涉图样　　图2.16 单缝衍射的图样

这个完全有悖于日常生活经验的反常现象,对当时的科学家来

2 求异思维在科学认识中的作用

说,也是出乎意料的,并认为是非常荒谬的,谁也没有见过在不透明障碍物的影子中心居然会是亮的.泊松也认为以此完全可以驳倒光的波动理论.

面对着出现这样的反常现象,光的波动理论受到了严重的挑战.显然,如果承认菲涅耳的理论,接受这个挑战,就必须拿出充分的实验证据.正当波动理论处于十分危急的关键时刻,法国著名科学家阿拉果勇敢地站起来,给予了菲涅耳极大的支持.他用实验非常精彩地证实了菲涅耳的结论,在圆盘衍射的影子中心果然出现了一个亮点.被人们认为荒谬的反常现象得到了验证,使菲涅耳的波动理论用事实征服了持微粒说的科学家.

泊松是一位坚持光的微粒说的科学家,本来想用这个结论推翻光的波动说,然而,却出现了戏剧性的一幕——这个亮斑反而成了光的波动性的一个有力证据.这是泊松无论如何没有想到的.由于这个亮斑是泊松首先计算出来的,后人就把它称为"泊松亮斑".

如果把这两件事——手影和泊松亮斑放在一起考察,一个是日常生活中司空见惯的现象,一个是需要一定条件的实验结果,实际上两者恰好从两个不同侧面反映了光的性质:通常情况下,光沿直线传播;在一定条件下,光会显示波动性.

所以从这个意义上说,泊松亮斑完全是光传播的正常现象,其"反常"仅是有悖于日常生活现象而已.

(2) 激光的预言

与泊松亮斑对"反常"的验证相对应,激光可以说是从"反常"中得出的预言.

激光的预言

我们知道,原子由原子核和核外电子组成.为了说明核外电子的分布和运动情况,丹麦物理学家玻尔在 1913 年提出了原子结构的能级理论.根据玻尔的理论,通常情况下,一个原子系统都处于最低的能级(称为基态,用 E_1 表示).如果受到外界的激发(如被光照射),吸收了一定的能量,就会跃迁到较高的能级(用 E_2 表示).这种跃迁称为受激吸收(或简称吸收,图 2.17).由于原子系统处在较高能级状态是不稳定的(称为激发态),它往往能自发地从高能级(如 E_2)向低能级的基态(E_1)跃迁,同时辐射出能量为 $\Delta E = E_2 - E_1$ 的光子.这种辐射过程称为自发辐射(图 2.18).在自发辐射过程中发出的光子,其频率为

$$\nu = \frac{\Delta E}{h} = \frac{E_2 - E_1}{h}$$ （h 为普朗克常量）

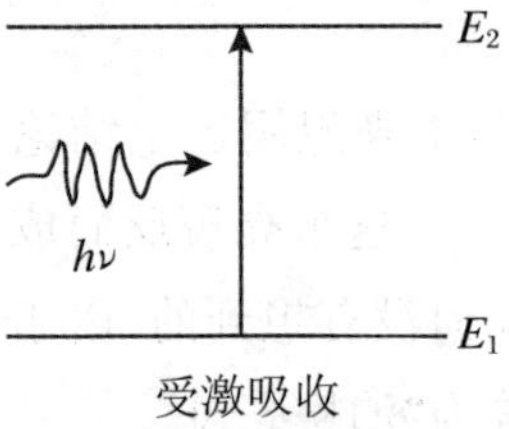

图 2.17　原子的受激吸收 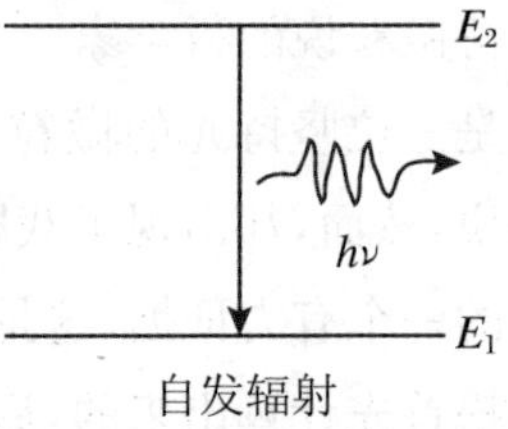　　　图 2.18　原子的自发辐射

光放大的设想

独具慧眼的爱因斯坦从能级间这种很正常的跃迁中,形成了一种包含着"反常"成分的构想:

假如原来有一个处于高能级(E_2)的原子,当外界射入一个频率为 $\nu = \frac{E_2 - E_1}{h}$ 的光子后跃迁到低能级(E_1),同时发出一个频率也为 $\nu = \frac{E_2 - E_1}{h}$ 的光子.这个光子跟入射光子一模一样,仿佛从原来的一个光子变为两个光子.因此,如果在物质中有大量原子处于这样的高能级,当有一个频率为 $\nu = \frac{E_2 - E_1}{h}$ 的光子入射后,使高能级 E_2 上的原子产生受激辐射,就可以使入射的光子从 1 个变为 2 个;接着这两个光子再激发,就可以从 2 个光子变为 4 个光子;类似的情况迅速继

续下去,于是从 4 个光子变为 8 个光子,从 8 个光子变为 16 个光子……很快就能得到大量完全相同的光子(图 2.19).

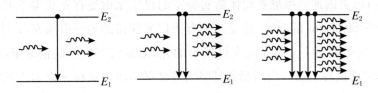

图 2.19　激光的产生机理示意图

这也就是说,我们可以用一束微弱光激发出一束强光,从而实现了"光的放大".这种在受激辐射过程中产生并被放大的光,就称为激光.

激光的英文名为 Light Amplification by Stimulated Emission of Radiation,它的意思是"受激发射的光放大产生的辐射".最初的译名简称为"镭射""莱塞"(取英文名称 LASER 的音译).1964 年,根据我国著名科学家钱学森的建议命名为"激光".它是 20 世纪以来,继原子能、计算机、半导体之后,人类在物理学领域的又一重大发明.

激光的诞生

那么,爱因斯坦的构想有什么"反常"呢? 原来,通常情况下,绝大多数物质原子都处于较低能量的基态(E_1),当受到光照射时,往往只是在吸收后使部分原子发生跃迁(跃迁到较高能量的状态),光能量只会减弱而不会加强.如果要求产生爱因斯坦所预言的受激辐射,就必须使处在高能级(E_2)的原子数大大地多于处在低能级(E_1)的原子数.这种情况正好与通常物质原子处于平衡态时的分布相反,显然是一个反常状态,物理学中称为"粒子数反转".可见,如何使原子实现反常的"粒子数反转",就成为产生激光的必要条件.

因此,从爱因斯坦在 1917 年提出了激光的新思想后,许多科学

家虽然做了各种实验尝试,但普遍感到非常困难.等了足足43年,直到1960年,才从美国和苏联传来了令人激动的消息.这一年的5月15日,美国加利福尼亚州休斯实验室的科学家梅曼首先获得了波长为 $0.6943\ \mu m$ 的激光.这是人类有史以来获得的第一束激光,7月7日,梅曼利用一个高强闪光灯发出的光,激发红宝石里的铬原子,研制成功世界上第一台激光器.同年,苏联科学家尼古拉·巴索夫发明了尺寸更小的半导体激光器.此后,激光技术得到了迅猛的发展.爱因斯坦基于原子系统反常状态的预言终于变成了现实,从而也推动了其他科学技术的发展.原子系统的这个反常分布实在功不可没!

激光有着不同于普通光的鲜明特点,归纳起来,主要是:

① 方向性好——普通光源发出的光往往很分散,从激光器发射的光束发散度极小,接近于平行,因此能定向发光.1962年,人类第一次使用激光照射离地球约 3.8×10^5 km 的月球,落在月球表面的激光光斑直径不到 2 km.

② 亮度极高——在发明激光前,人工光源中高压脉冲氙灯的亮度最高,俗称"小太阳".如果用红宝石激光器发出的激光,它的亮度能超过氙灯亮度的千万倍.

③ 颜色极纯——激光器发出的光,由于频率非常单一(也就是它的波长分布范围非常窄),因此颜色极纯.所以激光的单色性远远超过任何一种单色光源发出的光.

④ 相干性好——通常看到的原子发光,是原子系统从各个不同高能级向低能级的随机跃迁产生的,其频率、相位和传播方向等都是很不一致的,这种光在物理上称为非相干光.激光的频率、相位和传播方向都非常一致,是一种理想的相干光源.

⑤ 能量密度极大——由于激光射到物体表面的作用范围很小(相当于作用在一个点),短时间内集中了大量的能量,因此能量密度(物体表面单位面积上分布的能量)极大.梅曼制成第一个激光

2 求异思维在科学认识中的作用

器不久,曾在一块红宝石的表面钻一个小孔,产生一条相当集中的纤细红色光柱,当它射向某一点时,竟能达到比太阳表面还高的温度.

由于激光具有这些特点,因此问世后立即获得了迅猛的发展,应用领域非常宽广.如光纤通信、激光测距、激光雷达、激光切割、激光武器、激光唱片、激光成像、激光照排、激光矫视、激光美容、激光冷却、激光聚变研究等等.激光的发展不仅使古老的光学科学和光学技术获得了新生,而且导致整个一门新兴产业的出现.可以这么说,激光技术已经融入到人们的日常生活之中.同时,人们也热切期待着,在未来的岁月中,激光能够带来更多的奇迹.

2.7 氟利昂的产物哪里去了

在探索未知世界的征途上,要在趋同认识和舆论一致的倾向中独树一帜,往往有这样两种情况:一种情况是人们普遍"看淡",认为没有发展前途时,能坚持信念,如高锟对光纤通信的研究;另一种情况是人们高唱颂歌,在一片赞美声中,能力排众议,如对氟利昂的摈弃.它们都可以称为"同中求异",都是需要有非凡的勇气和毅力的.

氟利昂去向之谜

我们知道,电冰箱和空调统称为制冷机,其工作方式正好与热机相反(图2.20),但都有一个共同的特点,也就是都需要有一种工作物质.热机需要依靠工作物质才能对外做功.例如,蒸汽机依靠高温的蒸汽推动活塞,内燃机依靠燃料(汽油或柴油)燃烧后产生高温高压的燃气推动活塞.制冷机同样需要工作物质(称为制冷剂),从冰箱或房间内抽出热能时对它做功.

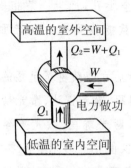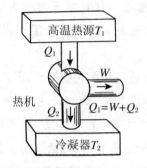

图 2.20　制冷机(左)和热机(右)的工作方式

　　早期的冰箱(20 世纪 20 年代)使用氨、二氧化硫和丙烷一类气体作为制冷剂,这些气体都有毒,发生泄漏时会有致命的危险*,严重地制约了制冷机的发展.于是,人们就希望研制一种没有毒性的新型制冷剂.后来在 1930 年美国通用汽车公司首先合成了含氯氟烃(CFC).次年,杜邦公司开始工业化产生,商标名称为 Freon(氟利昂).

　　氟利昂对人体无毒,对机械装置没有腐蚀性,并且在大气中不可燃,制造费用也比较低廉,因此立即替代了原来的有毒气体,被作为新型的制冷剂很快就得到了推广.可以这么说,氟利昂带来了空调的革命,使空调迅速推广到大型商场、办公大楼乃至汽车、家庭等各种不同的场合中.

　　后来,在 20 世纪 40 年代又发现氟利昂可以用作驱动喷雾器的压缩气体,接着又开始用作起泡剂、清洗剂……开拓了许多新的应用领域,也带动了一大批新的产业.因此,氟利昂登上舞台不久就"大红大紫",受到广大消费者的青睐,从家用冰箱、空调到喷雾剂等都离不开它.氟利昂的产量也急剧增加,20 世纪 80 年代后期,氟利昂的生产

---

* 1929 年,美国俄亥俄州的一家医院发生冰箱泄漏,造成有 100 多人丧生的惨痛事故.

达到了高峰,年产量达到了 144 万吨.

由于氟利昂化学性质稳定,它不可能通过化学反应被破坏,因此,从 1930 年以来全世界生产的 CFC 应当仍然留在大气中.科学家估计,实行控制之前全世界向大气中排放的氟利昂产物已达到了 2000 万吨,它们在大气中的寿命可以长达几百年.

那么,留在大气中 CFC 究竟躲在哪里?它们在那里的情况怎么样呢?有意思的是,看起来很自然的一个问题,在 CFC 投产后漫长的 40 年时间里,居然没有人关心过.

从功臣到元凶

直到 1974 年,美国加州大学的两位科学家莫利纳和罗兰看到了一个令人惊恐的可能性——他们发现,CFC 分子在较低的大气层中并不被化学分解或被雨水清除掉,它们会慢慢地升到同温层,并很长时期地停留在那里(几十年甚至若干世纪).但是,躲在同温层里的 CFC 由于受到太阳光强烈的紫外线作用,最终会分解,并向同温层释放出大量破坏臭氧层的氯气.这个过程可以用分子式简洁地表示如下:

紫外线使氯氟烃(CFC)分解

$$CF_2Cl_2 \xrightarrow{\text{紫外线}} CF_2Cl + Cl$$

紫外线使氧分子分裂

$$O_2 \xrightarrow{\text{紫外线}} O + O$$

氧原子与氧分子结合

$$O + O_2 \longrightarrow O_3$$

氯原子与臭氧分子反应

$$Cl + O_3 \longrightarrow ClO + O_2$$

一氧化氯受紫外线轰击产生氯原子

$$ClO + ClO \xrightarrow{\text{紫外线}} Cl + Cl + O_2$$

产生的氯原子又进行着下一轮破坏臭氧分子的反应……如此循环往复下去.科学家发现,一个氯原子大约可以瓦解 100000 个臭氧分子.这些瓦解臭氧分子的氯原子都是氟利昂受紫外线照射后释放出来的,1 kg 氟利昂可以捕捉消灭约 70000 kg 臭氧.也就是说,原来不知去向的 CFC 居然在同温层里变成了破坏臭氧层的元凶.

果真这样吗？在莫利纳和罗兰的理论提出后,随之而来的是一场争论.

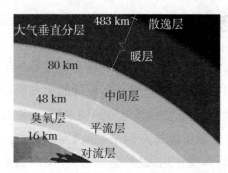

图 2.21　臭氧层

地球大气从地面向上根据物理特性可以分为对流层、平流层(即同温层)、中间层、电离层、外层等很多层.在对流层与平流层之间,高 20~30 千米处,有特殊的一层,称为臭氧层(图 2.21).

许多人认为制冷剂和喷雾剂会引起这样的灾难的看法是夸大其词,甚至是荒谬的.他们不相信似乎很安全并彻底试验过的 CFC,竟然会在地面上空几十千米的地方形成危险.

很不幸的是,有一个英国的科学考察队从 1956 年开始一直在南极作着例行的考察.他们观察到从 1979 年起南极上空的臭氧浓度逐年下降,到 1984 年竟暴跌 40%,涉及的面积比美国还大,而这些年正是 CFC 产量高涨的时期.

1986 年初,美国大气化学家所罗门组织了一个考察队,到南极去研究那里臭氧枯竭的可能原因.证明确实存在着一个"臭氧空洞",而且正在扩大,情况比莫利纳和罗兰等科学家预料的还要糟糕.所罗门提出一个在南极上空产生了大量氯气,从而形成臭氧空洞的假设.1987 年,第二个考察队证实了这个假设.

2 求异思维在科学认识中的作用

那么,在南极上空发现的局部性臭氧枯竭确实是来自 CFC 的氯气造成的吗?会不会是火山爆发、海盐、生物体产物等原因引起的呢?

面对这些质疑,科学家们又作了详细的研究.因为氯可溶于水,几乎所有来自这些海盐等天然源的氯在低层大气中就被雨水冲洗掉了,而 CFC 能使氯进入同温层完全是由于它们不活泼和不可溶.如果海盐、生物体产物进入同温层的话,就应该从低层大气到高层大气中都会有它们留下的化学证据.可是利用卫星及飞机载运仪器对高层和低层大气进行测量均未发现有这种证据.至于火山爆发,往往只能产生短期的影响,许多资料证实不可能使南极上空臭氧空洞逐渐扩大.而且,测量的结果显示:如果 CFC 是臭氧枯竭的主导因素,那么同温层中氯的存积量恰好跟预期的数值非常好地吻合.

研究结果终于击败了各种怀疑论者,形成臭氧层空洞的元凶确实是 CFC 得到了科学界的公认.

否定之否定

大家知道,臭氧属于有毒的污染物,它是汽车尾气的一部分,是形成城市雾霾的主要成分,在地面上是不受欢迎的.但是,地球上空的臭氧层虽然很薄*,却不可小觑,它能像一道屏障一样保护着地球上的生物免受太阳紫外线及高能粒子的袭击,对人类的生存、健康和植物的生长、地球环境等都有着极大的作用.

科学研究显示,臭氧浓度下降 7%~13%,在生物学上有害的紫外辐射增强 8%~15%.这样,就会使人们的皮肤过早老化,免疫力降低,提高皮肤癌、白内障的发病率;使农作物的产量减少;使生活在海

---

* 地球大气层一般认为高达 250 km,如果把地球大气的密度与压强压缩到跟通常海平面时一样,那么它的厚度大约只有 8 km.臭氧层只占大气的 0.3×10^{-6},其厚度相应的只有

$$0.3 \times 10^{-6} \times 8 \text{ km} = 2.4 \times 10^{-6} \text{ km} = 2.4 \text{ mm}$$

洋表面附近的微生物和动物,包括贝类和其他鱼类一起减少.

对受影响最大的南极地区,可能造成其生态系统的崩溃,随之而来可能引起人类生存的各种不幸……

大自然的裁决终于引起了世界范围内的重视.1987 年,在加拿大的蒙特利尔,47 个国家签订了一项史无前例的条约,要求在 2000 年之前基本上停止 CFC 和其他破坏臭氧的化学品(如四氯化碳、甲基氯仿、海龙等)的生产.这个条约限制范围之广、动作之快,是没有前例的,足以说明人们对臭氧层破坏后果的认识.签订蒙特利尔条约时美国首席代表本尼迪克说:"这个观念并不是显而易见的:在巴黎用喷雾器喷洒一次香水会使同温层里一种看不见的气体受到破坏,从而在远在半个地球之外的地方和未来的几代人中间造成皮肤癌、死亡和物种灭绝."

莫利纳和罗兰对保护臭氧层做出了巨大的贡献,他们两人和克鲁岑(20 世纪 60 年代最早研究臭氧层破坏的科学家)一起荣获 1995 年度诺贝尔化学奖.授奖时评委会评论说:他们"为把我们从一个可能具有灾难性后果的全球环境问题中拯救出来作出了贡献".

莫利纳和罗兰等人,能够从人们几十年来都已认同的事物中,发现新问题,提出新观点,这就是一种"同中求异"的可贵思维——这里的"同"指的是大家的"认同""趋同",也就是被众所肯定了的意思.由于氟利昂不久前否定了早期的制冷剂,如今,它又被莫利纳和罗兰否定了,借用一个哲学的概念,宛如"否定之否定".

哲学家詹姆斯这样说过:"今天我们必须根据我们今天能认识的真理来生活,还得准备明天称它为谬误."科学,就是在这样的"否定之否定"中不断地前进.

在人类文明的发展过程中,由于当时科学技术水平的限制和人们认识的局限性等原因,除了出现像氟利昂这样"否定之否定"的事例外,还有许多事例,开始时遭到人们普遍的否定,后来被科学家深入探究后又重新得到了肯定,这种探究也是一种"同中求异"思维,仿佛"否定之肯定".当然,后来的重新肯定,绝不会是简单的重复,往往会在其合理的内核上,融入新思想,建立新观念,站到了更高的高度.

下面,我们列举两个很典型的事例,可以领略到"否定之肯定"的新感觉.

(1) 为"动物电"正名

大家知道,在电学发展的初期,曾经有过一次很有意义的"动物电"与"接触电"之争.

1780年11月的一天,意大利医学教授伽伐尼把一个解剖后的青蛙放在桌子上,后来他的夫人顺手用一把外科的小刀,无意中碰到了蛙腿外露的小腿神经,蛙腿突然激烈地痉挛起来,仿佛青蛙又活了.从此,伽伐尼开始了旷日持久的实验研究,可是,持续了好几年一直毫无进展.后来,他受到展览馆里的电鳗产生电击的启示,认为这是由于动物体内存在着电的缘故.于是在1792年,伽伐尼公布了他的研究成果.他在论文中写道:"在紧缩现象发生时,有一种很细的神经流体从神经流到肌肉中去了,就像莱顿瓶中的电流一样……"他把这种电称为"动物电".

伽伐尼的蛙腿实验在当时欧洲的学术界引起了很大的反响,同时,也由他所提出的"动物电"观点,引发出一场轰动欧洲科学界的大争论.

这场争论起因于伽伐尼的同乡——意大利的自然哲学教授伏打.他经过仔细的研究后发现,只有用两种不同的金属去碰触蛙腿时,才会看到蛙腿的痉挛现象,因此对伽伐尼"动物电"的说法产生了怀疑(图2.22).

伏打经过反复的实验研究后认为,每一种金属内部都含有电液,通常情况下这种电液处于平衡状态,并不显示自己的存在.当两种不

图2.22 蛙腿实验

同的金属连接起来时,金属内部原来的电平衡被破坏了,电液开始运动,于是,就会有一定数量的电液从一种金属流向另一种金属.因此,伽伐尼实验中电的来源也只能是两种不同金属的接触所产生的,蛙腿的神经由于受到外来电的刺激,才发生了痉挛.伏打就此提出了"金属电"或"接触电"的观念.

那么,蛙腿的痉挛究竟是由于动物自己产生的电,还是由两种不同金属产生的?这一场激烈的国际性学术争论,持续时间长达几十年之久.

后来,直到伏打逝世10多年后,通过英国物理学家法拉第做的许多实验,才使人们认识到伏打电流来源于化学作用——两种不同金属与蛙腿接触,相当于构成了一个原电池,这一场争论才宣告结束.伽伐尼"动物电"的说法也就黯然退出了历史舞台.

不过,科学是最公正的.如今,在伽伐尼实验后约200多年,人们终于清楚地认识到"动物电"的客观存在.例如,如果从电学角度考虑,人体的细胞相当于一台台的微型发电机.一个活细胞,不论是兴奋状态,还是安静状态,它们都不断地发生电荷的变化,科学家们将这种现象称为生物电现象.科学测量表明:心脏跳动时会产生1~2 mV的电压,眼睛开闭产生5~6 mV的电压,读书或思考问题时大脑产生0.2~1 mV的电压……因此,根据生物体的神经活动和肌肉运动等会伴随着微弱的电流、电压变化,可以描绘出心电图、脑电图、肌电图,甚至视网膜电图、胃肠电图等等,并且已经成为发现、诊断和估量疾病进程的重要手段.

科学家们相信,随着电生理科学以及电子学的发展,脑电图记录将更加精细,将来一定还可以将人们的思维活动用图形显示出来.

伽伐尼的实验称得上是科学史上最早进行的生物电现象实验.现代科学的进展可以告慰伽伐尼,他的"动物电"观点并没有被否定,而是得到新的发扬光大了!

2 求异思维在科学认识中的作用

动物确实会产生电流的. 以电鳗来说,电鳗身体中有着 100～200 万个微电池,这些微电池由位于细胞膜外侧的阳离子和细胞膜内侧的阴离子组成,因此它的肌肉有 40% 能发电. 电鳗的发电器官沿着脊柱排列,可以发出约 500 V 以上的电压,电流强度为 1 A.

图 2.23 中的海洋生物——电鳐,能够产生 50 A 的电流.

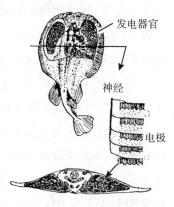

图 2.23 电鳐

(2) 直流与交流之争

在电的应用早期,曾发生过一次不太愉快的直流与交流之争,争论双方的代表人物是两位大发明家爱迪生与特斯拉.

爱迪生发明了白炽灯后,用他发明的直流发电机给灯泡供电. 但是,实际使用中发现直流电有许多缺点,特别是不适用于远距离传输. 那时,为了能够对稍远距离的地方供电,差不多每隔 1 km 就要增设一个发电站,造成电的费用昂贵,影响了电灯的推广使用.

特斯拉与爱迪生属于同时代的人,大学毕业不久他就制成了世界上第一台交流电发电机的雏形. 后来到了爱迪生实验室后曾建议爱迪生进行开发. 可惜当初这位大发明家的思想在这个问题上却显得过于保守与狭窄,一味地钟爱于他自己发明的直流发电机,对特斯拉的发明思想不屑一顾,不愿做认真考虑. 后来,特斯拉就离开了爱迪生的门罗实验室,潜心研究交流电.

我们知道,交流电最大的优势是可以利用变压器升降电压,减小输电线上的损失,实现远距离输电. 特斯拉有远见卓识,坚信成本更低的交流电日后肯定能得到大范围的推广. 他离开爱迪生公司后,经

过几年的努力,在 1888 年成功地建成了一个交流电电力传送系统. 他设计的交流发电机结构简单,还用他发明的变压器顺利地解决了远距离输电的困难,使交流电的优势得到充分的显示.

当时,爱迪生实际上也已经看出了使用交流电的优势.但是,由于交流电的出现势必直接威胁到爱迪生公司所经营的直流电的生意,此时的爱迪生竟然失去了一位大发明家对待新发明应有的风范,极力排斥、诽谤交流电,打压特斯拉的发明.虽然爱迪生的这些不怎么光彩的行为,仅是这位大发明家身上的一个瑕疵,无损于他为人类的文明和进步作出巨大贡献的光辉一生,但也非常遗憾.

特斯拉非常清醒,交流电所具备的很多优点是客观存在的,因此他并没有被爱迪生公司的一连串攻击所吓倒.为了改变当时公众对交流电的印象,他还专门研究了高频电流对人体生理的影响. 1893 年在芝加哥博览会的记者招待会上,特斯拉做了一个极其精彩的表演——让交流电通过自己的身体去点亮电灯,取得了极好的宣传效果.同时,他为了推广和鼓励人们使用交流电,还自动放弃了交流电的专利.有人说,如果特斯拉没有放弃交流电的专利,他完全可能成为世界上最富有的人.

1895 年,他为美国的尼亚加拉水力发电站制造发电机组,采用高电压解决了远距离供电的难题.如果采用直流电方式,要求把电能输送到 35 km 以外的纽约州水牛城,根本是不可能的.

特斯拉通过许多努力,终于赢得了人们对交流电的信任,使交流电的应用逐渐得到了普及,爱迪生所钟情的直流供电不得不让位于交流电.

从 19 世纪后期起,迄今 100 多年来,交流电为人类文明的进步起了极大的推动作用.如今,从山区到平原、从农村到城市、从日常生活到工农业生产、从学校到科学研究机构……到处都有交流电的身影.可以说,交流电已经成为人们衣食住行中密不可分的一部分了.

那么,是否直流输电就真的毫无价值了呢?事实却并非如此.随着大型水电、核电的发展,输电距离的增大,输电电压的提高,人们又想起了直流输电.

我们知道,输电线不仅有电阻,还有电感和电容.交流电通过输电线时,除了因输电线的电阻产生的阻碍作用外,还会产生感抗和容抗.当输电电压高达几十万伏时,交流线路中的感抗和容抗大大超过电阻产生的阻碍作用.因此,直流输电又受到重视,研究者们纷纷展开研究.当然,现在的直流输电已经完全不同于爱迪生时代直接的直流输电.它的基本结构可以简化为图2.24所示.

图 2.24

它由两个换流站和直流输电线路组成,两个换流站与两端的交流系统相连接.因此,在整个输电系统中,实际上只有输电环节是直流电.

采用直流高压输电,就可以避免交流电的感抗作用,输电线的电容对稳定的直流电也不起作用,因此线路损耗大为减少,线路架设费用较低,而且在输电系统中容易实现并网操作.

1954年,瑞典首先架设了世界上第一条商业化的高压直流输电线路.我国从20世纪80年代开始建设直流高压输电工程,如今已有10多项工程投入使用.如三峡—广东全长940 km的直流高压输电工程、向家坝—上海全长超过2000 km的直流高压输电工程等均已投入运行.

在电网舞台上曾经被否定了的直流电又重新得到肯定,不过,这次的华丽转身称得上是交流电与直流电的"联姻",仿佛是特斯拉与

爱迪生这两位大发明家握手言和——人们不禁产生这样美好的畅想,如果当年两位大发明家通力合作,一定可以为人们创造出更多、更美好的奇迹.

2.8 一个经久不衰的实验

物理学上的许多著名实验,可以说都是经过物理学家独具匠心的构思设计、巧夺天工的精心创造才完成的.为了突破前人的思维模式或借鉴失败的不完善的设计,后人必须有足够的勇气提出不同于前人的观点、方法,设计出更完美的实验.有时,为了一个实验,甚至会吸引几代人为之辛勤努力.

光速的测定就是这样一个很典型的事例,其中一个又一个新的方案,充分显示着几百年来各国物理学家不断地克弱、创新,不断求异的精神.

伽利略的尝试

对于光的传播,历史上许多物理学家都认为是瞬息可达的,不需要时间.如发现行星运动规律的开普勒、创立解析几何的笛卡儿等都有这样的看法.在科学史上,最先认为光也是以有限的速度传播的,是意大利物理学家伽利略.早在1607年,他曾首先做了测定光速的一次实验.

伽利略和他的助手各拿一盏有遮光板的灯,站在两个相距几英里(1英里=1609.344米)的小山头上.伽利略首先打开遮光板,让光线射向助手,助手一看到伽利略的灯光,立即打开自己的那块遮光板,让光线射向伽利略.伽利略当时设想:如果光速是有限的,那么从他打开遮光板起,到看见从助手那里发回的光,应该有一个传播时间.这个道理完全正确,在实验中他们也测到了一个时间间隔.可是,当他们站在更远的两个小山头上重做这个实验时,却发现测得的时间间隔并没有增大,说明这个实验无法取得预期的结果.原来,光的速度实在太大了,伽利略他们测得的那个时间间隔,只不过是看到光线后打开遮光板时,本身的反应时间与动作时间之和.

伽利略的实验失败了,不过,由此启示着人们:必须利用大距离并解决精细时间的测量.以后,人们正是沿着这个方向不断努力,才取得一次次成功的.

罗默首获成功

利用天体的大距离测定光速,首获成功的是丹麦天文学家罗默.他观察到木星的卫星也会像月球一样发生卫星食——即卫星、木星、太阳在一直线上,卫星位于木星阴影区域的现象.木星的卫星绕木星公转一周要消失在木星的影内一次(即发生一次卫星食),两次消失所经历的时间即该卫星绕木星公转的周期.罗默发现,木星卫星的公转周期不是恒定不变的.当地球背离木星运行时(如图 2.25 中从 a 运动到 b),观察到的卫星的公转周期略长;当地球接近木星运行时(如图 2.24 中从 b' 运动到 a'),观察到的卫星的公转周期略短.罗默认为,从地球上观察木星的卫星公转周期之变化,乃是因为地球在远离木星和接近木星时,从木星发出的光到达地球所走过的路程不同.由于光速是有限的,因而产生了时间差.

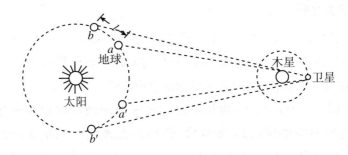

图 2.25 罗默的卫星食法

设木卫食的周期为 T_0,当地球从 a 运动到 b 时,观察到的周期 T' 比 T_0 大,令

$$T' = T_0 + \Delta t$$

因为 T' 比地球绕日运动的周期小得多(木卫食的平均周期约为 1.75 d),可认为地球在 T' 时间内沿光线方向多走了距离 l. 若已知地球的轨道速度为 v,则

$$l = vT_0$$

所以

$$T' = T_0 + \frac{l}{c} = T_0 + \frac{v}{c}T_0$$

反之,当地球从 b' 运动到 a' 时,观察到的木星食周期比 T_0 短,可表示为

$$T'' = T_0 - \frac{l}{c} = T_0 - \frac{v}{c}T_0$$

联立两式得光速

$$c = \frac{T' + T''}{T' - T''}v$$

罗默于 1676 年测得的光速为 215000 km/s. 这个数值虽然与目前的公认值相比并不精确,但毕竟得出了光速是一个有限值的结果,在物理学史上同样称得上是一个重大的贡献.

布拉德雷光行差法

在罗默测定光速后,又过去了约半个世纪,英国天文学家布拉德雷同样借助于天体间的大距离,从恒星的光行差现象测出了光速. 它的测量原理就是中学物理常见的速度合成法则.

如图 2.25(a)所示,设从遥远的恒星射向地球的微弱星光沿着 S 方向射向地球,如果地球没有自转,在地面上观察这颗恒星时望远镜的镜筒应该沿着 S 方向安装. 由于地球沿公转轨道绕太阳以速度 v 运动,因此在地面上观察到的这颗恒星的方向并不是它的真实方向,而是地球运动速度 v 与光速 c 所合成的方向 S'. 恒星的真实方向与这个合速度方向间的夹角 α 称为"光行差". 这

个现象类似于原来垂直下落的雨滴,当我们向前奔跑时,它好像倾斜着向我们落下来一样,我们需要把雨伞斜向着撑的道理是一样的(图 2.26(b)).

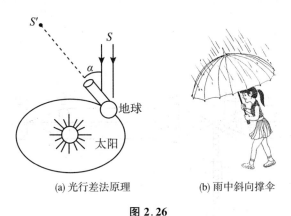

(a) 光行差法原理　　(b) 雨中斜向撑伞

图 2.26

根据速度合成的平行四边形法则可知,光行差 α 由光速 c 与地球的公转速度 v 决定,即

$$\tan\alpha = \frac{v\Delta t}{c\Delta t} = \frac{v}{c}$$

因此,只需测出倾角 α,利用地球的公转速度 v 就可以得出光速.布拉德雷在 1727 年测得的光速

$$c = 301000 \text{ km/s}$$

它与现在的公认值比较接近了.

旋转齿轮法

那么,怎样把测光速的实验从天上搬回地面呢?法国著名物理学家阿拉果的学生斐索,冲破传统束缚,大胆探索,用旋转的齿轮解决了精细时间的测量,于 1849 年首先获得成功.

斐索的旋转齿轮法的实验装置如图 2.27 所示.从点光源 S 发出的光束,经透镜 L 后,由涂以薄银层的玻璃片 M 反射后聚焦在齿轮 A(A 可绕 OO' 轴旋转)的边缘 T 点.当 A 不转时,光通过齿轮的空隙后由透镜 L_1 形成平行光束,再由透镜 L_2 聚焦在平面镜 M_1 上,由 M_1 反射的光逆着原入射光路到达玻璃片 M,一部分仍反射到 S 点,另一部分可通过 M 和目镜 E 被观察者看到.

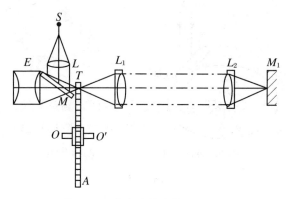

图 2.27 斐索旋转齿轮法测光速

当齿轮高速旋转时,从 M_1 反射回来的光如果能够正好通过齿隙,观察者可以看到光.如转速加快,反射回来的光碰到轮齿上,观察者看不见光.当转速继续加快时,又可以看见光了.假如 A 共有 n 个齿,目镜中第一次发现黑暗时对应的转速是 r 次/秒,因为每个齿或齿隙的宽度是 A 周长的 $\frac{1}{2n}$,转过每个齿的时间 $\Delta t = \frac{1}{2nr}$.在 Δt 时间内光往返一次所经过的距离是 $2L$(L 是 T 与 M_1 的间距),由此得光速

$$c = \frac{2L}{\Delta t} = 4nLr$$

斐索在实验中取的距离 $L = 7000$ m,测得的光速 $c = 315000$ km/s.后来有人重复斐索的实验,取 $L = 23$ km,测得的光速 $c = (299875 \pm 50)$ km/s.这个结果非常接近现代的公认值.

由于斐索实验中齿轮上的齿有一定的宽度,遮断光线的时间就有一定的间隔,测定时容易产生误差;同时,由于利用齿轮的机械转动,它的转速有所限制,在时间的测量上还不够精确,所以这个方法还存在着一定的缺点.

斐索实验的意义不仅是首次在地面上成功地测得了光速,还在于他的构思给予后人很好的启示.以后,许多物理学家又从不同的角度,创造性地采用了不同的方法,设计出许多各具特色的实验,继续着光速的测定.

八面棱镜法

在斐索以后,又有许多人做成了在地面上测量光速的实验,如法国物理学家傅科等.值得一提的是美国物理学家迈克耳孙的实验.他在1879～1926年的40多年时间里,为光速的测量付出了很多努力.他对傅科的实验装置作了重大的改进,用一块旋转的八面棱镜代替旋转的平面镜,更精确地测定了光速.迈克耳孙八面棱镜法的实验原理如图2.28所示.

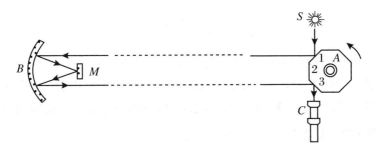

图2.28 迈克耳孙的八面棱镜法

图中的 S 为光源,它发出的光经八面镜的镜面1反射,再经凹面镜 B、平面镜 M 和凹面镜的反射,回到八面镜.如果八面镜不转动,光束经面3反射后,通过望远镜 C 进入观察者的眼中,就可看到光源的像.

如果使八面镜转动,那么光反射回来时,八面镜的"面3"已经偏离了原来的位置,经"面3"反射后的光不再进入望远镜中,观察者也就看不到光源的像了.

适当调节八面镜的转速,使反射回来的光到达八面镜时,八面镜恰好转过1/8转,"面2"正好转到了"面3"原来的位置.于是,经"面2"反射的光进入望远镜中,又可以重新看到 S 的像.

八面镜转过1/8周(或1/8周的整数倍)的角度为

$$\theta = n\frac{2\pi}{8} = \frac{n\pi}{4} \quad (n = 1,2,3,\cdots)$$

对应的时间为

$$t = \frac{\theta}{\omega} = \frac{n\pi}{4\omega}$$

设八面镜与凹面镜相距为 l,且 $l \gg MB$,不计光源和望远镜到八面镜的距离,又有

$$t = \frac{2l}{c} \quad 即 \quad \frac{n\pi}{4\omega} = \frac{2l}{c}$$

得光速

$$c = \frac{8l\omega}{n\pi}$$

迈克耳孙选择了两个山峰,测出两山峰间的距离,在一座山峰上安装一个强光源 S 和一个正八面棱镜 A,在另一个山峰上安装着凹面镜 B 和平面镜 M.他经过仔细的测量和校正,测得的光速为 $c = (299796 \pm 4)$ km/s.

连绵300年

继傅科和迈克耳孙后,又有许多物理学家从不同的角度,创造性地采用了不同的方法,设计出许多各具特色的实验,继续着光速的测定.其中,有影响的实验如表2.1所示.

表 2.1　光速测定一览表

年代	主持人	方法	对象*	结果(km/s)
1851	傅科	旋转平面镜法	群速	298000±5000
1933	迈克耳孙	旋转棱镜法	群速	299774±2
1941	安德森	克尔盒测量法	群速	299776±6
1950	埃森	谐振腔法	相速	299792.5±1
1951	贝格斯特兰	光电测距法	群速	299793.1±0.3
1956	艾奇	光电测距法	群速	299792.2±0.1
1957	韦德莱	雷达测距法	群速	299792.6±1.2
1958	弗罗默	微波干涉仪	相速	299792.5±0.1
1964	兰克等三人	光谱法	相速	299792.8±0.4
1966	卡洛路斯赫姆伯格	声调制法	群速	299792.47±0.15
1972	贝依等	氦-氖激光	相速	299792.462±0.018
1972	贝艾德	二氧化碳激光	相速	299792.460±0.006
1973	美国国家标准局	谱线的频率和波长	相速	299792.457±0.0011
1974	美国国立物理实验室	测定二氧化碳激光谱线的频率和波长	相速	299792.4590±0.0008

如果从罗默测定光速的时间算起,对光速的测定前后持续了300余年.直到1983年,在第17届国际计量大会上通过了对米的定义:

---

* 按照波动理论,光速可分为相速度和群速度.严格的单色平面波以一定的位相向前传播的速度称为位相速度(简称相速度).它可用波长和频率来计算.通常用折射率法测出的介质中的光速就是相速度.由于实际的光波是由无限多个不同频率、不同振幅的单色正弦波或余弦波叠加而成的形式不同的脉动,当组成脉动的各单色平面波都以同一相速度传播时,脉动的形式不变,整个脉动也以一定的速度传播.脉动传播的速度称为群速度.对吸收系数很小的介质,群速度就是能量的传播速度,大多数方法测出的都是群速度.

"米是光在真空中在 1/299792458 s 的时间间隔内行程的长度."这样,真空中光速的数值已成为定义值,它的不确定度为零,不需要再进行任何测量了,从而结束了这场 300 余年测量光速的漫长历史.

2.9 热机的发展之路

利用燃料燃烧产生的热能(内能)做功的机器,统称为热机.它的发展之路可以概括如下:

图 2.29 希罗玩具

在人类文明史上,利用蒸汽作动力的想法由来已久.公元前 129 年,古希腊的著明天文技术家希罗(Hero)曾经发明一个依靠蒸汽作为动力的玩具"eolipile"(图 2.29),称得上是最早的蒸汽轮机.只是当时社会生产力低下,还不需要这种"超前"的动力源.

真正实现以蒸汽为动力,应该从发明蒸汽机开始.几百年来所经历的历史过程,有多少前辈曾倾注了毕生的精力,才使得热机的效率不断提高,性能越来越完善,应用的领域越来越宽广.回顾一下从蒸汽机开始的热机发展的整个过程,可以充分体会到这是一个非常生动的不断地克弱求异、不断地追求完善的过程.每种热机都有特定的适用场合.认识这条发展之路,无论对思维的发展还是对创新意识的提升,都具有很重要的意义.

(1) 蒸汽机——从巴本的构想到瓦特的完善

历史发展到 17 世纪,当科学家认识到大气压的作用后,必然又会产生使用气体压力做功的设想.

2 求异思维在科学认识中的作用

巴本的构想

荷兰著名物理学家惠更斯的助手尼·巴本首次提出用水蒸气冷却产生真空,从而利用大气压力推动真空发动机的原理.他的具体设想是:先加热气缸形成蒸汽,使它推动带重物的活塞上升,然后将气缸从中取出,用冷水冷凝蒸汽,产生真空,再由大气压力作用将活塞压下.如此对气缸反复地加热和冷却,活塞便可不断地往返带动重物做功(图 2.30).

图 2.30　巴本的构想示意

1708 年,巴本写信给皇家学会,请求拨款做这个"值得考虑的实验",可是并没有得到支持.巴本蒸汽机的方案不幸夭折了,然而他提出的气缸和活塞的结构,在工程技术上称得上是个划时代的设计,给后人提供了极好的启示.

萨弗里蒸汽机

在科学技术史上,第一部真正的蒸汽机是由英国皇家工程队的军事工程师萨弗里在 1698 年设计制造成功的.

萨弗里蒸汽机的基本原理就是巴本提出的设想——使热蒸汽冷凝降压,形成真空,然后依靠大气压做功.但是他作了许多改进:用锅炉产生蒸汽后送入气缸,不需要对气缸直接加热;同时改用了两个气缸,轮流冷却,可以交替工作,有助于提高功率和效率.当时的蒸汽机主要用于采矿作业中,用来取代人工的水泵抽水.萨弗里的蒸汽机在矿井中排水相当于几百匹马力,威力很大.

不过,萨弗里蒸汽机的全套设备都需要安装在矿井下,使用不够方便,而且锅炉中产生的是高压蒸汽(约 10 atm),顶盖又没有安全阀,有爆炸隐患,很不安全,热效率也较低.

萨弗里蒸汽机的结构与工作原理如图 2.31 所示.

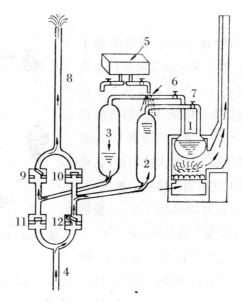

图 2.31　萨弗里蒸汽机

从锅炉 1 输出的蒸汽通过两个进汽阀门 6、7,轮流进入两个气缸 2、3,若关闭汽阀 7,并用冷水箱 5 洒水冷凝,汽缸 2 内的压强骤然降低,井中的水即可沿着进水管 4 上升,并顶开阀门 12,压到汽缸 2 内,而汽缸 3 内已被吸上的水,依靠来自锅炉的蒸汽通过汽阀 6 使它顶开阀门 9,通过排水管 8 排出.两个汽缸交替循环工作,就可以不断地利用蒸汽的膨胀和冷却完成抽水工作.

纽科门蒸汽机

1711 年,英国技工纽科门经过几年的努力,改进了萨弗里蒸汽机,制成了一部 1 atm 的蒸汽机.

纽科门蒸汽机的结构与工作原理如图 2.32 所示.

从锅炉提供的蒸汽,经供汽阀 A 进入汽缸,推动活塞上升,到达上止点时,关闭汽阀 A,打开冷水开关 B,汽缸里的蒸汽由于输入冷水冷凝,形成部分真空,在大气压力的作用下使活塞下降,通过摇杆带动水泵杆进行抽水.

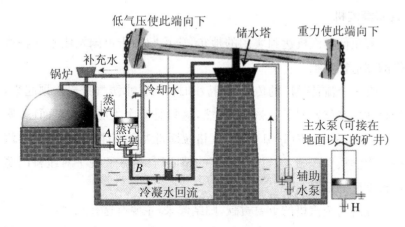

图 2.32　纽科门蒸汽机

纽科门蒸汽机比萨弗里蒸汽机有了很大的改进,主要表现是:

① 萨弗里蒸汽机直接利用蒸汽的压力排水,再使蒸汽冷却后降压吸水,像一个蒸汽泵.纽科门蒸汽机虽然也沿用了冷凝高温蒸汽产生局部真空的办法,但增加了活塞、摇杆,带动水泵杆上下抽水,名副其实地是一部将热能转变为机械能的原动机.

② 纽科门蒸汽机使用的是低压蒸汽,锅炉压强为 1 atm(故称为大气蒸汽机),且在顶盖上设置有安全阀,比较安全.

③ 纽科门蒸汽机工作中,只向气缸中膨胀蒸汽稍稍加水,气缸本身不会冷却,因而热效率比萨弗里机有所提高,即燃料比较节省(同样功率每单位时间耗煤量仅为萨弗里机的 60% 左右).

④ 纽科门蒸汽机可以安装在矿井上面(地面上),操作比较方便.

所以,纽科门机很快就传遍英国,并推销到国外.它在矿井中使用了长达七八十年,直到被瓦特蒸汽机所代替.

不过,纽科门机同样有一个严重缺点,它仍然需要对气缸不停地局部冷却,导致损失的热量很多,因此热效率仍然很低(不到 1%).并且,它只能产生直线运动,限制了更广泛场合的使用.

瓦特蒸汽机

真正使蒸汽机达到实用的地步,应该归功于英国发明家瓦特所作的创造性贡献.

有一个流传很广的传说:瓦特小时候看见水蒸气把壶盖顶起来,于是他后来就发明了蒸汽机.当然,这只是一个美丽的故事而已.实际上,瓦特从25岁(1761年)时在格拉斯哥大学修理一台纽科门蒸汽机的教学模型开始,经过20多年的精心研究,才实现了对纽科门蒸汽机彻底的革命.

瓦特对蒸汽机的重要贡献,归结起来,主要有这么几项:

第一,发明了分离冷凝器——原来的蒸汽机,蒸汽在汽缸中膨胀做功,又在汽缸中冷却.汽缸一会儿被加热,一会儿又冷却,浪费很多热量.瓦特为了改变了过去冷却汽缸的方法,使汽缸"经常保持如同进来的蒸汽那样热",1765年,他设计了一种带有分离冷凝器的蒸汽机,利用阀门把做过功的废气排入冷凝器内冷却后排出.这样,就不需要反复地冷却汽缸,可以大大地减少热量的损失,节约了煤耗,提高蒸汽机的效率.这是瓦特对蒸汽机极其重大的一项改进,恩格斯评价说:"瓦特加上了一个分离的冷凝器,这就使蒸汽机在原则上达到了现在的水平."

第二,发明了"双动作"的汽缸装置——在原来的蒸汽机中,蒸汽从一端进入,从另一端出来,它推动活塞做功是单向的,显然影响了效率的提高.1782年,瓦特试制成功了具有双向装置的新汽缸.他采用了一套连动机构去控制气阀,使蒸汽轮流从左方或右方进入汽缸,推动活塞往返运动.因此,后来称之为往复蒸汽机.

第三,发明了平行连杆机构——由于过去的蒸汽机只能带动做往复直线运动的机件,使用范围狭窄.1784年,瓦特发明了平行连杆机构,利用它就可以使活塞的往复直线运动转变为旋转运动,不仅扩大了蒸汽机的适用范围,转速也有了很大的提高.后来,为了使旋转运动更加均匀,瓦特还在轮轴上加装了一个大的飞轮.

第四,发明了离心调速器和节气阀——这是瓦特于1787年作出的成果.利用它,可以根据飞轮的旋转速度,控制进气量的多少,从而自动调节转速的大小.

此外,瓦特还发明了汽缸套(将汽缸四周包以隔热的材料),有利于保持汽缸的高温;1790年,又发明了汽缸示功器,可以直接反映做功的多少;1794年,将行星齿轮机构改为曲柄连杆结构.此外,他还在完善机械结构和适应不同使用要求等方面作出了多项改进.

瓦特蒸汽机(图2.33)跟现在使用的蒸汽机已基本相同.他的这些发明与改进,在蒸汽机发展史上跨出了具有决定意义的一大步,并有力地推动了英国第一次工业革命.

到了19世纪三四十年代,瓦特蒸汽机已在全世界广泛应用,成为真正的国际性发明,宣告了"蒸汽时代"的到来,人类社会也由手工劳动进入机械化大生产,蒸汽机真正成为工业用来摇撼旧世界基础的三个伟大杠杆之一.

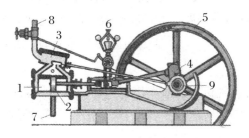

图2.33 瓦特蒸汽机

1.卧式汽缸;2.活塞;3.汽室;4.曲柄;5.飞轮;
6.离心调速器;7.排汽管;8.蒸汽入口;9.偏心轮

(2) 内燃机

蒸汽机具有巨大的功率,"它武装了人类,使虚弱无力的双手变得力大无穷……"*但是,蒸汽机有一个先天性的缺陷:需要用锅炉产生蒸汽,体积大,笨重,通常只适宜于矿山、火车和大型轮船等作为动力使用,同时由于蒸汽从外部输入气缸(可称为外燃机),热效率依然很低(仅13%左右).那么,能不能不用锅炉,让燃料在气缸里直接燃烧,并且能够作为小型设备的动力源呢?人们沿着这一条思路,开始了新的探索.

如果要求把锅炉与气缸合并起来,由于煤无法在短时间内迅速燃烧,因此首先需要解决所采用的燃料问题.

内燃机的先驱

图2.34 二冲程内燃机

1860年,比利时工程师勒努瓦想到了用煤气做燃料,他仿照蒸汽机的结构,首先试制成功了一台二冲程煤气内燃机(图2.34).其工作循环如下:在第1个冲程中,通过活塞的运动,将煤气和空气的混合物吸入气缸,同时用电火花点火,混合气体燃烧后急速膨胀推动活塞对外做功;在第2冲程中,活塞往回运动,排出废气.通过活塞如此的往复运动,就可以不断地对外做功.

不过这台煤气机的热效率比瓦特的蒸汽机还低,仅约4%,基本上没有得到推广使用.

奥托内燃机

1876年,德国工程师奥托在勒努瓦的基础上,根据法国科学家

---

* 1819年8月25日,在瓦特逝世的讣告中,对他发明的蒸汽机有这样的赞颂:"它武装了人类,使虚弱无力的双手变得力大无穷,健全了人类的大脑以处理一切难题.它为机械动力在未来创造奇迹打下了坚实的基础,将有助于报偿后代的劳动."

罗沙对内燃机热力学过程的理论,创制成功世界上第一台四冲程内燃机.其工作循环由四个冲程组成,即

吸气—压缩—做功—排气—(吸气)

奥托内燃机与勒努瓦内燃机相比较,采用的燃料都是煤气与空气的混合物(后来随着石油工业的发展,奥托改用汽油和空气的混合物),并都采用电火花点火.奥托的重大改进是采用四冲程的工作循环.由于增加了一个压缩过程,因此其热效率和功率都大为提高.1886年时热效率为15.5%,后来经过改进,在1897年已高达20%～26%.第一台奥托机的功率为3.2 kW,到1893年时已提高到150 kW.奥托内燃机迅速得到推广.1885年德国工程师本茨首先用一台小型四冲程汽油内燃机装配成一辆三轮汽车,宣告了世界上第一辆汽车的诞生,从此,汽车工业有了突飞猛进的发展.因此,奥托四冲程内燃机的发明在热机发展史上具有划时代的意义.

奥托内燃机体积小、质量轻、转速快,适宜于作为汽车等小型机械的动力源.但它有一个显著的弱点:"压缩比"较小,也就是压缩冲程始、末气缸内混合气的"体积比"较小.因此,压缩后混合气的压强不够大(仅 6～15 atm),温度也不够高(仅 250～300 ℃),因而热效率也不够高(约 20%～30%).这是由于吸气冲程中吸入的是汽油和空气的混合物的缘故,如果压缩比太大,温度较高时,活塞还没有到达上止点就可能使汽油自燃,从而影响机器的正常工作.

狄塞尔内燃机

针对奥托内燃机的弱点,1892年德国工程师狄塞尔另辟蹊径,设计制造了另一种新的内燃机——狄塞尔内燃机.它同样有吸气—压缩—做功—排气四个冲程构成工作循环,不同于奥托内燃机的主要地方是:

① 采用柴油做燃料,比汽油价廉;② 在吸气冲程中吸入的是空气,由于空气不会自燃,因此可以提高压缩比,从而使压缩后空气的

压强较大(约 35～40 atm),温度也较高(可达 1700～2000 ℃);③ 在结构上需要在气缸的顶部设置有喷油嘴,同时不需要电火花塞(在压缩冲程末喷入雾状柴油,遇高温会自燃).

狄塞尔内燃机的功率比较大,热效率也有所提高(约为 28%～40%),而且燃料价格低,为内燃机的发展开拓了新的途径.但它的体积比较大,显得笨重,因此主要用于载重汽车、轮船、坦克等需要大功率的机械,或用于带动发动机等场所.

奥托内燃机和狄塞尔内燃机各有千秋,它们相辅相成,正好可以适应社会生产中各种不同动力的需求.

(3) 汽轮机

内燃机摒弃了蒸汽机庞大的锅炉,保留了气缸-活塞结构,让燃料在气缸内直接燃烧后推动活塞对外做功.由于气缸内的活塞做的是往复直线运动,需要通过曲轴-连杆机构才能将平动转换成圆周运动,其速度必然受到一定的限制.那么,能否不用曲轴-连杆机构,让气体直接推动轮子转动从而对外做功呢?人们依据这个思路,从两条途径设计出了新的热机.

图 2.35　汽轮机原理

一条途径是用来自锅炉的蒸汽直接喷到叶轮上,这样的热机称为蒸汽轮机.1882 年,瑞典工程师拉瓦尔(G. de Laval)首先制成了一台单级冲动式蒸汽轮机.两年后,英国工程师帕森斯(C. A. Parsons)制成了世界上第一台实用的蒸汽轮机.由于单级蒸汽轮机的功率不够大,人们后来又用几个单级蒸汽轮机串联起来,组成多级的蒸汽轮机.

另一条途径是用燃料燃烧后产生的燃气喷到叶轮上,这样的热机称为燃汽轮机.它的工作原理与蒸汽轮机相似.

汽轮机的效率比内燃机提高不少,并且其功率都比较大,通常较多应用于火力发电站和大型船舰等.不过,它需要庞大的锅炉(或燃烧室)提供蒸汽(或燃气),因此又延续了蒸汽机的弱点.

(4) 喷气发动机

热机发明的一个重要用途,就是作为交通工具的动力.蒸汽机是最先被应用在轮船和火车上的热机.后来,内燃机的发明,才使得飞机的发明有了可能.莱特兄弟采用内燃机驱动螺旋桨试制成功了第一架飞机.

由于螺旋桨飞机的功率和飞行速度都受到螺旋桨转速的限制,为了适应飞机的飞行高度和速度的进一步提升,喷气发动机就应运而生了.

1929年,年仅22岁的惠特尔(F. Whittle)在英国皇家空军学院的毕业论文中首先提出了喷气发动机的工作原理:先将空气吸入,通过压缩机增压,然后在燃烧室内喷油燃烧,让燃烧后的高压燃气驱动涡轮带动压气机,并高速地从尾喷管喷出,从而产生推力推进飞机(图2.36).它的原理就是大家熟知的"反冲"作用,就像最早希罗设计的玩具一样.

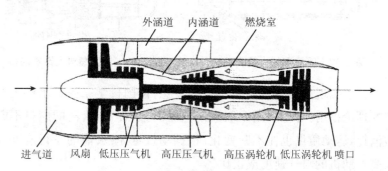

图 2.36　涡轮喷气发动机基本结构

惠特尔还导出了发动机热力学的基本方程,并且指出可以使飞机的巡航高度达到30000 m以上.

遗憾的是,惠特尔的设计像许多重大的发明一样,开始时并没有受到应有的重视.后来几经挫折,惠特尔克服了重重困难,终于在1941年,第一架喷气发动机飞机试飞成功,而直到1948年英国政府才公开承认惠特尔的贡献.

(5) 火箭发动机

喷气发动机需要吸入空气作为助燃剂,因此只能在大气层内飞行.如果人们想飞出大气层到太空去航行,飞行器不仅要带燃料,还要自备氧化剂,这就需要依靠火箭发动机了.

我国古代发明的"爆竹",就相当于一支固体燃料火箭.不过,实际的火箭不仅不能爆炸,而且还要求它的燃料燃烧后能够将能量逐步地释放出来.

根据火箭所使用的燃料,可以分为固体燃料火箭发动机和液体燃料火箭发动机两类.它们的基本结构如图2.37和图2.38所示.它们的工作原理,就是中学物理中大家很熟悉的动量守恒定律——气体向后喷出时,火箭获得向前的反冲速度.

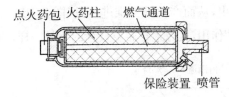
图 2.37　固体燃料火箭发动机

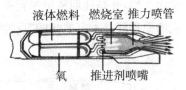
图 2.38　液体燃料火箭发动机

为了实现人类千百年来飞天的梦想,俄国科学家齐奥尔科夫斯基的理论指出:必须采用多级火箭.在飞行过程中,火箭的燃料不断地消耗,运动质量也在不断变化.根据动量定律:火箭的飞行速度与火箭发动机的喷气速度成正比*.

---

* 火箭飞行属于变质量的动力学问题.若设 C 为喷出的燃料相对火箭的速度(称为喷气速度),以 m_0 与 m 分别对应着火箭速度为 0 时的质量和速度为 v 时的质量.列出动量守恒的微分方程,积分后可得火箭获得的速度为

$$v = C\ln\frac{m_0}{m}$$

即与喷气速度 C 成正比.(参见赵凯华、罗蔚茵的《力学》,高等教育出版社,1995:49)

由于固体燃料火箭的产能不够大,推力不足,如果要求使火箭达到宇宙速度,必须采用液体燃料火箭.1926年,在美国马萨诸塞州的草原上,被公认为现代火箭技术之父的科学家罗伯特·戈达德,成功地发射了人类历史上第一枚液体燃料火箭.戈达德说:"昨日的梦的确是今天的希望,也将是明天的现实."从此,开创了现代火箭技术的新纪元.绵延数百年的热机发展之路,也将继续向前、向前……

2.10 加速器的演变

人们为了研究物质性质、认识微观世界,并将所研究的成果用于为人类服务,最有效的方法就是深入物质内部.所谓"不入虎穴,焉得虎子".当年,卢瑟福利用从放射性元素发出的 α 粒子去轰击金原子揭开原子结构的奥秘;查德威克用 α 粒子去轰击铍原子核发现了中子……早期,科学家都是利用放射性元素发射的粒子作为"炮弹"的.后来,随着对物质结构研究的深入,对作为"炮弹"的粒子的速度要求越来越大,能量要求越来越高,放射性元素发射的粒子已经无法应付,于是,就必须依靠加速器的帮助了.

加速器就是用来对带电粒子进行加速,提高粒子能量的一种装置,是研究微观世界奥秘的一件重要武器.劳伦斯说过:"为打开储藏在原子核里面的几乎是无穷无尽的能源,我们需要一把钥匙,加速器将是制造这把钥匙所不可缺少的工具."

下面,我们初步浏览一下,人们为提高粒子的速度(能量)是怎样一步步地进行设计并逐步完善起来的.

(1) 静电加速器

原理

对带电粒子进行加速,最简单的方法就是利用直流高压通过电场来实施.假设某种粒子的质量为 m,电量为 q,加速电压为 U,则由动能定理

$$qU = \frac{1}{2}mv^2 - \frac{1}{2}mv_0^2$$

得到粒子的速度

$$v = \sqrt{v_0^2 + \frac{2qU}{m}}$$

当不计粒子的初速度（$v_0 = 0$）时，则为

$$v = \sqrt{\frac{2qU}{m}}$$

从这个表达式可以看出，要求粒子被加速后的速度（能量）越大，需要的加速电压也越高，这样就带来设备的绝缘要求、安全等方面的许多问题．为了克服这些缺陷，1924 年和 1928 年，奈辛（G. Ising）和维德罗采用了"接力"式的方法——把许多加速器串联起来，逐步对粒子进行加速，分别发明了原始的直线加速器（图 2.39）．

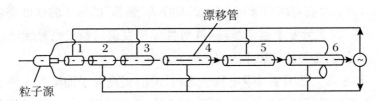

图 2.39　直线静电加速器基本结构

实例

如图 2.39 所示*，有 N 个长度逐渐增大的金属圆筒（称为漂移管）和一个靶，它们沿轴线排列成一串（图中只画出 6 个，作为示意）．各个筒和靶相间连接到频率为 f、最大电压为 U 的正弦交流电源的两端．整个装置放在高真空容器中，圆筒的两底面中心开有小孔．如果将一个电量为 q、质量为 m 的正离子沿轴线方向射入圆筒，它将在相邻两圆筒间及靶间的缝隙处受到电场力的作用而加速（圆筒内

---

*　本例取自早期高考题的内容．

由于静电屏蔽没有电场,不受电场力).从粒子源发出的带电粒子开始,通过这一系列漂移管时依次做的运动是

为了使粒子能做这样的运动,各个漂移管的长度必须满足一定的条件:设粒子进入第一个管左端的速度为 v_1,穿越第 n 个管时的速度为 v_n,此时已经过 $(n-1)$ 个间隙的加速,若加速电压恒为 U,则电场力对粒子做功为 $(n-1)qU$.由动能定理

$$\frac{1}{2}mv_n^2 - \frac{1}{2}mv_1^2 = (n-1)qU$$

当离子穿过缝隙的时间忽略时,第 n 个漂移管的长度应为

$$l_n = v_n \cdot \frac{T}{2} = \frac{T}{2}\sqrt{\frac{2(n-1)qU}{m} + v_1^2} \quad (n = 1, 2, 3, \cdots, N)$$

因此粒子经过第 n 个漂移管后得到的动能为

$$E_k = \frac{1}{2}mv_1^2 + nqU$$

采用这样的方法,由于漂移管的长度逐渐加长,如果要求把带电粒子加速到很高的能量,所有漂移管连接的长度将会非常长,在技术上是很不现实的.

由于当时还受到高频技术发展的限制,高频电源的频率很低,因此奈辛和维德罗的直线加速器在实验中只能将钾离子加速到 50 keV,实用意义不大*.

(2) 回旋加速器

采用静电场方法制成的加速器,加速电压很高时,对设备的绝缘

---

* 继奈辛和维德罗之后,在 1932 年,英国科学家科克罗夫特和爱尔兰科学家瓦尔顿首先建成了世界上第一台静电高压加速器,能将质子加速到 0.4 MeV,并开创了用人工方法加速粒子进行核衰变的研究工作.1 年后,美国科学家凡德格拉夫发明了另一种产生高压的方法用于加速粒子,能量可以达到 10 MeV.

性能和安全措施相应也有很高的要求.采用直线加速器时,则需要将设备铺设很长的距离.

如何能够减小加速电压,缩短加速装置的距离,同样使粒子达到足够大的能量呢?许多物理学家都在思考着新的方法.

从直线到回旋

生活中,大家往往会看到这样的现象:在展览馆的入口处,为了不至于形成很长的"人龙",常常设置一些曲折的护栏,让人们沿着护栏依次前进.那么,如果把直线加速器的漂移管像蚊香一样卷起来,使每个漂移管都变成一个半圆管,长度不就可以大大地缩短了吗?并且同样可以将奇数号管和偶数号管分别接到同一个电源上,在两管之间形成加速的间隙……(图 2.40).也许,当年的美国物理学家劳伦斯正是基于这样的思路,于是在 1932 年巧妙地设计制成了回旋加速器.

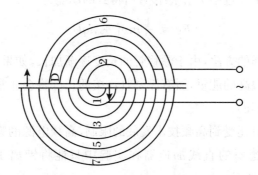

图 2.40　从直线到回旋的过渡

回旋加速器的结构与原理

回旋加速器的基本结构如图 2.41 所示.在匀强磁场中放有两个 D 形盒,并将它们连接到电压为 U 的高频电源上.假设在 D 形盒的中心处发射一个质量为 m、电量为 q 的粒子,通过间隙的电场时被加速.当忽略粒子的初速度时,由动能定理

2　求异思维在科学认识中的作用

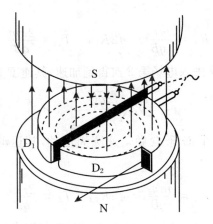

图 2.41　回旋加速器的基本结构

$$qU = \frac{1}{2}mv_1^2$$

得到经过第 1 次加速后的速度为

$$v_1 = \sqrt{\frac{2qU}{m}}$$

接着,粒子进入上半个 D 形盒.由于静电屏蔽作用,盒内空间没有电场,粒子仅受洛伦兹力作用做匀速圆周运动,其运动半径和周期分别为

$$R_1 = \frac{mv_1}{qB} = \frac{1}{B}\sqrt{\frac{2mU}{q}}, \quad T_1 = \frac{2\pi m}{qB}$$

粒子绕行半周后又进入电场,电压的极性恰好同时改变,使粒子再次得到加速,相当于刚发射的粒子得到两次加速,同理有

$$2qU = \frac{1}{2}mv_2^2$$

得到经第 2 次加速后的速度为

$$v_2 = \sqrt{2}\sqrt{\frac{2qU}{m}} = \sqrt{2}\,v_1$$

然后,粒子进入下半个 D 形盒做匀速圆周运动,其运动半径和周期

分别为

$$R_2 = \frac{mv_2}{qB} = \sqrt{2}R_1, \quad T_2 = \frac{2\pi m}{qB}$$

以后,粒子又进入电场第 3 次得到加速,其速度为

$$v_3 = \sqrt{3}\sqrt{\frac{2qU}{m}} = \sqrt{3}v_1$$

接着又进入上半个 D 形盒做匀速圆周运动,其运动半径和周期分别为

$$R_3 = \frac{mv_3}{qB} = \sqrt{3}R_1, \quad T_3 = \frac{2\pi m}{qB}$$

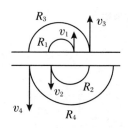

图 2.42 回旋加速器中粒子的运动

此后,不断利用电场对粒子加速——让粒子在磁场里回旋——然后再用电场加速——在磁场里回旋……如此往复继续下去(图 2.42).这样就可以实现用一个电场对带电粒子的反复多次的加速,从而使粒子获得足够的能量.

从上面的分析中可以看到,采用回旋加速器加速粒子的特点是:

① 粒子每经过 D 形盒的缝隙 1 次,就得到 1 次加速,虽然在盒内做匀速圆周运动的速度逐渐增大,回旋半径也逐渐增大,但其运动周期始终保持不变.因此,只要使得加在 D 形盒上的电压变化的周期与粒子回旋一周的时间相同,粒子就可以不断地得到加速,最后,粒子从边缘的出口处被引出.

② 粒子在回旋加速器内运动的速度和轨道半径的变化都是不均匀的,各个轨道之间间距是不等的.

③ 带电粒子获得的最大速度由 D 形盒的最大回旋半径 R_{max} 决定.由最大速度

$$v_{max} = \frac{qBR_{max}}{m}$$

得最大动能为

$$E_{k\max} = \frac{1}{2}mv_{\max}^2 = \frac{q^2 B^2 R_{\max}^2}{2m}$$

回旋加速器的不足

回旋加速器的工作是建立在固定磁场下不同速度(能量)的粒子回旋周期不变的基础上的.现在,请你再仔细考虑一下:这里的"周期不变"是否能得到保证呢?

比较容易想到的一个问题是:随着粒子速度的不断增大,它穿越 D 形盒缝隙的时间会越来越短,也就是说,粒子的运动周期会随着速度而变化,并不是不变的.

还有一个棘手的因素是相对论效应.根据爱因斯坦的质-速公式

$$m = \frac{m_0}{\sqrt{1 - \frac{v^2}{c^2}}}$$

当粒子的速度不太大时,由于相对论效应引起粒子质量的变化不大,可以忽略不计.但当粒子被加速后的速度(能量)足够大时,其质量也变得很大,回旋频率会明显降低.

由于这样两个因素的影响,当粒子的速度较大时,就会出现与交变电压不同步.因此,劳伦斯的回旋加速器一般只能将质子加速到 25~30 MeV*.

(3) 加速器的大革命

第一次革命

为了进一步突破经典回旋加速器的能量限制,必须开辟一条新路.我们知道,回旋加速器需要接入高频交流电,当带电粒子通过加

---

* 后来有人将磁场设计成沿半径方向随粒子能量而同步增长,则可保持粒子回旋周期不变,这样就可以延展加速器的能量限制.这样的回旋加速器称为等时性回旋加速器,但也只能将质子加速到 100 MeV,仍然不能满足研究的需要.

速间隙时,在交变电场中会遇到电场的某一相位(技术上把它叫做粒子的相位).如果粒子每次通过加速间隙时都遇到交变电场的同一相位,称为同步相位(简称同相).当然,这是一种十分理想的状态.实际情况下,由于相对论效应等原因,往往会偏离同步相位.

从1945年起,科学家通过研究,发展了一种新型的加速器——同步回旋加速器.它通过调频技术,可以改变加速电压的频率,使高频加速电压的频率在粒子加速过程中始终保持与不断减小的粒子回旋频率一致.也就是说,保证粒子通过加速间隙时与交变电压处于同相位,这样粒子就可以始终得到加速,从而解决了相对论效应的影响.这种加速器又叫稳相加速器.

稳相加速器的建成,使人们对微观物质结构的探索从低能核物理水平提高到中能(约 1 GeV*)核物理研究水平.因此,自动稳相原理的发现和应用技术上的突破,被人们称为加速器发展史上的第一次革命.

第二次革命

随着对微观世界研究的深入,利用稳相加速器得到的粒子能量又不能满足需要了.于是,科学家们又马不停蹄地为进一步提高带电粒子的能量进行了研究,并实现了加速器发展史上的第二次革命——运用强聚焦原理,建成强聚焦同步加速器.

所谓"聚焦",就是设法将粒子约束在一定的轨道运动上的意思.这条轨道技术上把它称为平衡轨道.在回旋加速器中,造成粒子运动不稳定的有两个因素:

一个因素是沿半径方向的受力造成的——因为粒子在回旋加速

---

* 加速器中用 eV(电子伏特)作为粒子的能量单位,通常有以下几级:千电子伏特(keV),兆电子伏特(MkeV),吉电子伏特(GeV),太电子伏特(TeV).它们的换算关系为

$1 \text{ keV} = 10^3 \text{ eV}$, $1 \text{ MeV} = 10^6 \text{ eV}$, $1 \text{ GeV} = 10^9 \text{ eV}$, $1 \text{ TeV} = 10^{12} \text{ eV}$

器中运动,由洛伦兹力作为向心力,即

$$F = qvB = m\frac{v^2}{r} \quad 或 \quad qvB - m\frac{v^2}{r} = 0$$

也就是说,可以看成粒子同时受到两个方向相反的力的作用:一个是洛伦兹力 $F = qvB$,沿半径方向指向中心;另一个是惯性离心力 $F' = m\frac{v^2}{r}$,沿半径方向向外.当这两个力互相平衡时,粒子恰好沿着平衡轨道运动.当这两个力不平衡时,粒子就会沿半径(向内或向外)偏离平衡轨道,从而造成"径向"运动的不稳定.

另一个因素是磁场的不均匀造成的——因为在回旋加速器中的磁场不可能绝对均匀,实际情况中磁感应强度往往是沿着半径向外逐渐减弱的.如图 2.43 所示为回旋加速器的两极间磁感线的分布形状,可以看到:沿半径(r)方向磁感线分布逐渐变稀,即磁感应强度逐渐

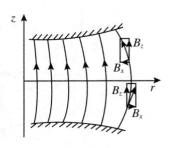

图 2.43

减弱,并且,随着半径的增大,磁感线的形状也逐渐向外凸出.可见,只有在磁极的中心面,磁感线是垂直中心面的,因而只有垂直分量 B_z,在其他位置,由于磁感应强度的径向分量 B_x 的存在,将会使粒子产生相对于中心平面的上下偏离,从而造成"轴向"运动的不稳定.

为了保证粒子沿平衡轨道运动,人们设计了用磁场对粒子进行约束(聚焦)的方法.根据聚焦的强弱,又分为弱聚焦和强聚焦两类[*].

1952 年,在美国布鲁克海文国家实验室首先建成世界上第一台

---

[*] 在技术上,引入磁场指数 n,若粒子的实际运动半径为 r,平衡轨道半径为 r_s,则该处的磁感应强度表示为

$$B(r) \approx \left(\frac{r}{r_s}\right)^{-n}$$

当磁场指数 n 取值为 $0 < n < 1$ 时,称为弱聚焦.当磁场指数的取值为 $n > 1$ 时,称为强聚焦.

弱聚焦质子同步加速器(图2.44),可以使质子的能量达到3 GeV. 20年后,在美国芝加哥附近巴塔维亚的费米国家加速器实验室建成了使质子能量达到500 GeV的强聚焦同步加速器.强聚焦同步加速器的研制成功,把粒子的能量提升了两个数量级,开辟了现代高能加速器的新时代,因此被称为加速器发展史上的第二次革命.

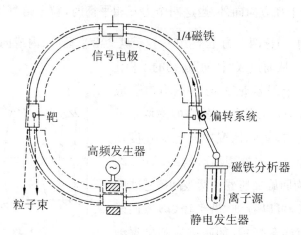

图2.44　美国布鲁克海文的"宇宙加速器"平面布局

第三次革命

加速器发展史上的第三次革命,是20世纪60年代起,以对撞机(储存环)的研制成功为标志的.

对撞机实际上就是一种高能加速器,它是将粒子或其反粒子沿相反的方向注入同步加速器内,并令它们在指定的位置发生对撞的一种装置.它可以最大限度地将加速粒子的能量用于物质结构的探索和产生新粒子.现代的高能加速器基本上都以对撞机的形式出现.现在,它已经成为粒子物理学实验最有效的手段.它产生高能反应的等效能量在10～1000 TeV.如果从劳伦斯发明回旋加速器算起到20世纪90年代,在这60年的时间里,科学家们为提高粒子的能量作了巨大的努力,将加速器的能量提高了9个数量级.

2 求异思维在科学认识中的作用

在法国和瑞士边境,欧洲核子中心建造的一个名为 LEP 的大型正负电子对撞机(图 2.45),周长 27 km,可以将电子和正电子的能量加速到约 100 GeV,是目前世界上能量最大的正负电子对撞机.

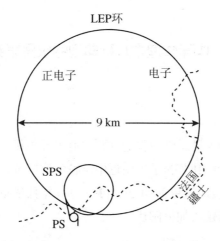

图 2.45　欧洲核子中心的正负电子对撞机 LEP 的布局

1989 年,我国研制成功的北京正负电子对撞机(图 2.46),能使电子的能量达到 2×2.8 GeV,标志着我国在粒子物理学的研究已经跃上一个新的台阶.

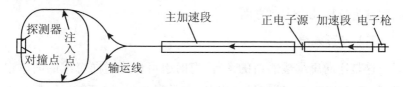

图 2.46　我国北京正负电子对撞机的基本结构

对撞机的研制成功,开辟了加速器发展的新纪元.今后,随着粒子物理学研究的不断深入,加速粒子的能量势必还会不断提高.物理学家布什(V. Bush)说过:"科学是没有止境的前沿."人们将在探索微观世界奥秘的过程中,继续不断地求异、创新.

3 中学物理中几种典型的求异思维形式

中学物理的求异思维与创造发明中的求异思维并没有本质的区别,其基本形式也相同.为了更贴近中学教学实际和广大同学的阅读习惯,我们把它表述得更简明、更直接一些,并且尽量运用中学物理内容中的具体问题去加以阐述.

3.1 逆向思维

近代极负盛名的英籍奥地利科学哲学家卡尔·波普尔曾说过:"逆向思维是思维活动中的一个重要方面."逆向思维不仅在科学史上有过辉煌的纪录,在中学物理学习中的表现也相当活跃,大体上可以归结为这样几个主要方面.

(1) 反过来想

这是逆向思维最通俗的解释,有时也可作为逆向思维的简单定义.在中学物理的教学和学习中,反向设问和公式变形就是"反过来想"最基本的两种形式,它也可以作为逆向思维的入门阶梯.

① 反向设问

在教学中,老师很喜欢从问题的反面问学生,学生也常常会从问题的反面向老师质疑.这里的设问既可以直接把正面问题反过来,也可以从正面问题提出反面问题.例如,表3.1中这些是常见的正反两方面的问题.

3 中学物理中几种典型的求异思维形式

表 3.1

物体的速度很大时,加速度可以很小	物体的加速度很小时,速度是否一定很小
物体的运动状态发生变化时,一定受到力的作用	物体受到力的作用时,运动状态是否一定发生变化
物体发生形变时会产生弹力	物体产生弹力时,是否一定伴随着形变
由已知两个共点力可以求出一个确定的合力	已知一个力是否可唯一地确定它的两个分力
物体受恒力作用时会做匀加速运动	加速度恒定时物体是否一定受到恒力作用
物体所受的合外力为零时,速度是否一定为零	物体的速度为零,所受的合外力是否一定为零
电场强度为零的地方,电势是否一定为零	电势为零的地方,电场强度是否一定为零
匀强电场的电场线,是一组平行的直线	电场线相互平行的电场,是否一定为匀强电场
温度升高时物体的内能增大	物体的内能增大时,它的温度是否一定升高
气体吸热时能对外做功	气体对外做功时,是否必须吸热

注:表中留空的两行,请同学们列举正、反两方面的问题,自己补充进去.

通过对这些正反两方面问题的分析、判断,往往会有利于比较深入地理解概念,澄清容易混淆的地方.

② 公式变形

这也属于"反过来想"的一个方面.在实践中,许多同学都能运用自如.如果我们把直接用基本公式(或定义式等)的计算称为正问题的话,那么通过对基本公式的变形后求出其他相关量的计算(相当于已知与求解互换)就可以称为反问题.这方面的例子几乎遍及中学物理的各个部分.如表 3.2 所列出的就是极为常见的一些公式变形.

表 3.2

已知质量(m)和体积(V)得密度 $\rho = \dfrac{m}{V}$	已知 m、ρ，得 $V = \dfrac{m}{\rho}$ 已知 V、ρ，得 $m = \rho V$
已知 v_0、v_t、t，得加速度 $a = \dfrac{v_t - v_0}{t}$	已知 v_0、a、t，得末速度 $v_t = v_0 + at$
已知 F 和 x，得劲度系数 $k = \dfrac{F}{x}$	已知 k、x，得弹力 $F = kx$ 已知 k、F，得形变量 $x = \dfrac{F}{k}$
已知 W 和 t，得功率 $P = \dfrac{W}{t}$	已知 P、t，得功 $W = Pt$ 已知 W、P，得做功时间 $t = \dfrac{W}{P}$
已知 v 和 r，得角速度 $\omega = \dfrac{v}{r}$	已知 ω、r，得线速度 $v = \omega r$ 已知 v、ω，得半径 $r = \dfrac{v}{\omega}$
已知 m 和 k，得振动周期 $T = 2\pi\sqrt{\dfrac{m}{k}}$	已知 T、k，得振动体的质量 $m = \dfrac{T^2}{4\pi^2}k = \dfrac{k}{\omega^2}$
已知 F 和 q，得电场强度 $E = \dfrac{F}{q}$	已知 E、q，得电场力 $F = qE$
已知 B、I、l，得安培力 $F = BIl$（当 B、I、l 相互垂直时）	已知 F、I、l，得磁感应强度 $B = \dfrac{F}{Il}$

值得提醒的是，物理公式的变形在许多情况下并不是一种单纯的数学变换．它不仅有思维高度上的意义，还常常能通过公式的变形赋予新的物理意义．例如：

根据安培力公式 $F = IlB\sin\theta$，变形后就可以得到磁感应强度

$$B = \dfrac{F}{Il\sin\theta} = \dfrac{F_\perp}{Il}$$

式中 $F_\perp$ 表示当 $\theta = 90°$ 时通电导线所受的安培力．根据变形后的公式可以给出磁感应强度的一种定义方法*：磁场内某处的磁感应强

---

* 磁感应强度通常有三种定义方法．除了上述用安培力定义外，还可根据洛伦兹力来定义或根据磁通量来定义．

3 中学物理中几种典型的求异思维形式

度,等于垂直磁场放置的电流元所受的磁场力与电流元的 Il 乘积的比值.我们也就可以根据这种定义设计出测量磁感应强度的方法.

(2) 逆向推理

对物理问题的分析,有两种最基本的思考方式:

一种是从已知量入手,顺着物理过程的发展变化方向,运用物理规律依次推理,直到把待求量跟已知量的关系全部找出来为止.这种方法称为综合法.

另一种是以待求量为入口,逆着题中物理过程的发展变化方向,首先找出直接回答问题所求的定律或公式,在这些关系式中,除了待求的未知量外,还会包含着某些过渡性的未知量.然后,再根据这些过渡性未知量与题中已知条件的关系,引用新的关系式,逐步上溯,直到所有的未知量都能用已知量表示出来为止.这种方法常称为分析法,也是一种逻辑性很强的逆向思维方法.

这两种分析推理过程可以表示如下:

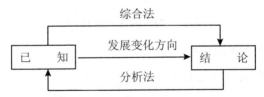

下面,我们通过两个具体问题的分析,说明逆向推理的应用.

例题 1 两个质量均为 m 的小球 A 和 B.球 A 用长为 l 的细线悬于 O 点,并使线呈水平状态.球 B 放在半径为 R 的光滑圆弧轨道的最低处,并与球 A 处于同一竖直平面内.当小球 A 从静止下落至最低处与球 B 发生弹性碰撞后,球 B 沿轨道滑出(图 3.1).试求当球 B 经过轨道上的 D 时对轨道的压力.已知 $\angle BO'D = \theta = 60°$.

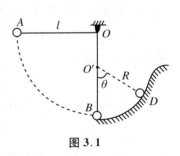

图 3.1

分析 整个物理过程可以分为三个阶段：① A 球下落；② 两球发生弹性碰撞；③ B 球沿圆弧轨道滑行. 如果我们以物理过程的发展变化为线索，顺次推理，即用综合法求解，则解题的思维过程可表示如下：

或者，我们也可以反其道而行之，从待求量着手进行逆向推理（分析法），具体过程如下：

为了求出 B 球滑至 D 点时对轨道的压力 Q，可先根据牛顿第三定律求出它的反作用力 N_D，有关系式

$$Q = - N_D$$

根据小球在 D 点的受力特点，由向心力公式得

$$N_D = mg\cos\theta + m\frac{v_D^2}{R}$$

式中 v_D 为过渡性未知量.

因小球在 $B \to D$ 过程中机械能守恒，则

$$\frac{1}{2}mv_D^2 + mgR(1-\cos\theta) = \frac{1}{2}mv_B^2$$

从而建立过渡性未知量 v_D 与 v_B 的关系.

由 A，B 两球做弹性碰撞的条件知，B 球与 A 球碰后互换速度，得碰前 A 球速度

$$v_A = v_B$$

式中过渡性未知量 v_A 可由 A 球下落时机械能守恒求出，即

$$v_A = \sqrt{2gl}$$

至此，所有的未知量（包括待求量和过渡性未知量）都能用已知量表示，联立各式即可求出 B 球运动至 D 处时对轨道的压力.

整个解题思路可表示如下:

请同学们自己选择一种思路,完成解题并算出结果.

例题 2 如图 3.2 所示装置,两光滑平行导轨相距 $l = 0.2$ m,导轨上垂直放置一根导体棒 ab,左端串有两平行板电容器,其电容量 $C_1 = 4\ \mu\text{F}$,$C_2 = 6\ \mu\text{F}$,两板间距 $d = 0.72$ mm. 垂直导轨平面向内的匀强磁场的磁感应强度 $B = 1$ T. 试问:当导体棒 ab 向什么方向、以多大速度运动时,可使电容器 C_1 内质量 $m = 0.1$ g、电量 $q = 10^{-6}$ C 的带负电的微粒悬浮在其中?取 $g = 10$ m/s^2.

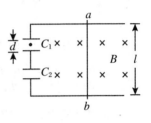

图 3.2

分析 从微粒悬浮的条件作逆向推理,整个思路可表示如下:

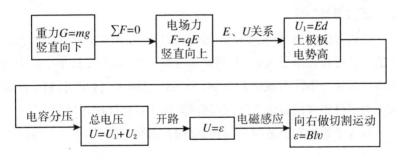

解 由力平衡条件

$$mg = qE = q\frac{U_1}{d}$$

得电容器 C_1 上的电压为

$$U_1 = \frac{mgd}{q}$$

根据电容器串联时电量相等的道理,由 $Q = C_1 U_1 = C_2 U_2$,得串联电容器的总电压

$$U = U_1 + U_2 = \left(1 + \frac{C_1}{C_2}\right) U_1 = \left(1 + \frac{C_1}{C_2}\right) \frac{mgd}{q}$$

因接入电容器使电路处于开路状态,两端的总电压等于导体棒切割运动中产生的感应电动势,即

$$U = \varepsilon = Blv$$

所以导体棒 ab 向右做切割运动的速度大小为

$$v = \frac{\varepsilon}{Bl} = \frac{U}{Bl} = \frac{mgd}{Blq}\left(1 + \frac{C_1}{C_2}\right)$$

$$= \frac{0.1 \times 10^{-3} \times 10 \times 0.72 \times 10^{-3}}{1 \times 0.2 \times 10^{-6}} \times \left(1 + \frac{4}{6}\right) \text{ m/s} = 6 \text{ m/s}$$

说明 本题也可以先假设一个切割速度 v,从棒中产生的感应电动势开始沿着顺向推理的思路求解,请读者自行求解比较.

(3) 时间反演

相对于前面两种较简单、较直接的逆向思维形式来说,时间反演显得更为深奥一些.

所谓时间反演,就是把时间的流向倒转,好像我们用摄像机把真实的生活过程记录下来后,再倒过来放映一样.虽然在日常生活中的大多数现象并不能实现时间反演,但在研究物理问题时时间反演却不失为一种重要的思维方法.时间反演属于对称性操作过程.

在中学物理知识范围内,时间反演并不鲜见,例如表 3.3 所示.

表 3.3

顺着时间流向	逆着时间流向
列车进站做匀减速滑行直到停止	列车从车站出发反向做匀加速运动
小球做竖直上抛运动	小球做反向的自由落体运动
斜上方抛出的小球,从抛出点到最高点的斜抛运动	小球从运动轨迹的最高点做反向的平抛运动

3 中学物理中几种典型的求异思维形式

除了上述这些具有较明显特征的时间反演情况以外,实际上前面逆向推理中具有时间过程性的问题(如例题 1),也相当于时间反演.

通过时间反演的这种逆向思维操作,常会使得对问题的处理变得较为简单或容易找到突破口*.

3.2 转换角度

达·芬奇画蛋的故事至今还被人津津乐道.据说,达·芬奇从小爱好绘画,他的父亲把他送到意大利的名城佛罗伦萨,拜名画家佛罗基奥为师.老师不是先教他创作什么作品,而是要他从画蛋入手.达·芬奇画了十几天,有些不耐烦了,老师对他说:不要以为画蛋容易,要知道,一千个蛋中从来没有两个是形状完全相同的;即使是同一个蛋,只要变换一个角度去看,形状也就不同了.比方说,把头抬高一点看,或者把眼睛放低一点看,这个蛋的椭圆形轮廓就会有差异.达·芬奇领悟了这个道理,从此用心学习,经过长期艰苦的艺术实践,终于创作出许多不朽的名画,成为一代宗师.

画画中需要经常地变换角度,因为从不同的角度观察同一事物,可以画出不同的意境.例如,一头大肥猪,从侧面看,画出它的"肖像",果然非常逼真;如果从后面来看,画出这头大肥猪的屁股,也许更会使人感到它肥胖得可爱(图 3.3).

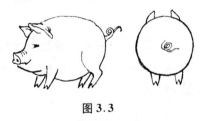

图 3.3

在物理学习中,同样也需要经常地变换角度——因为对同一个研究对象或物理过程,从不同的角度去考察,可以使认识更加深刻、

---

* 有关时间反演较详细的讨论和具体应用,请参阅本丛书《对称》一册.

丰满;同一个物理现象,通过不同角度的实验去进行验证,才能更有效地辨别出它的真伪;同一个物理问题,从不同角度用不同的规律去阐释、演算,只有能够得出一致的结果才正确无误.

广义地说,转换角度是求异思维的普遍形式.前面介绍的逆向思维,可以作为它的一个特例.

在中学物理学习中,转换角度的表现形式丰富多彩.例如:

一个常见的刹车滑行问题,分别可以从牛顿第二定律结合运动学公式、动能定理、动量定理等不同规律去求解,还可以运用图像方法求解.

物体处于平衡状态时,既可以从合力等于零($\sum F = 0$)的条件去分析,也可以从合力矩等于零($\sum M = 0$)的条件去求解.

对理想气体的性质,既要讨论其宏观规律(如气体的三条实验定律、理想气体状态方程等),又要深入研究其微观机理(如压强的微观解释、气体分子的速率分布等).

计算核反应的结合能,既可以从反应前后质量亏损出发,也可以从各个核子的平均结合能考虑.

……

这些,都可以属于转换角度的范畴.在中学物理学习中处理问题时,除了上述这样用不同的规律转换研究角度外,还有如下几方面具体的体现:

(1) 变换参考系

任何物体的运动都是相对于某个选定的参考系而言的.变换参考系就是选择不同的立足点,从不同的角度去研究、分析问题.一般来说,同一个运动物体从不同的参考系所作出的观察结果是不同的.巧妙地选择参考系,常可简化对运动的研究.

例如,若有甲、乙两个物体相对丙(如地球)的运动速度大小和方

3 中学物理中几种典型的求异思维形式

向都相同,那么选择其中一个物体(如甲)作为参考系时,另一个物体(如乙)就相对于它处于静止状态.通过这样变换参考系后,就相当于实现了"动静变换",有时会使原来比较复杂的问题变得很简单.

例题 1 一人驾舟逆流而上,行至某桥孔时,从船上掉下一木箱,直到航行至上游某处才发现木箱掉了.于是,他立即返航.假设往返过程中保持船对静水的速度不变,测得返航时经过 5 min 才追上木箱,此时木箱已顺水漂下距离桥孔有 600 m,试求水速的大小.

分析与解答 下面采用两种解法,可以很直观地有所比较.

① 以河岸(地球)为参考系:设船在静水中的速度为 v_1,水的流速为 v_2,船经时间 t_1 上行至离开桥孔 s_1 处才发现木箱失落,此时木箱已顺水漂离桥孔 s_2,则

$$s_1 = (v_1 - v_2)t_1, \quad s_2 = v_2 t_1$$

设从开始返航到追上木箱的时间为 t_2,船的航程为 s_3,这段时间内木箱又顺水漂下的距离为 s_4,则

$$s_3 = (v_1 + v_2)t_2, \quad s_4 = v_2 t_2$$

这几个距离的关系如图 3.4 所示.由此可见

$$s_3 = s_1 + s_2 + s_4$$

即

$$(v_1 + v_2)t_2 = (v_1 - v_2)t_1 + v_2 t_1 + v_2 t_2$$

得

$$t_2 = t_1$$

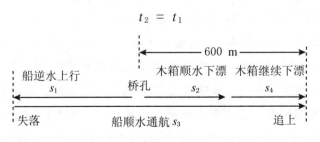

图 3.4

这就是说,船返航追到木箱的时间,正好等于船从桥孔上行到开始返航的时间. 在船运动的时间($t_1 + t_2$)内,木箱顺水漂下的距离共为

$$s_2 + s_4 = 600 \text{ m}$$

所以河水的流速为

$$v_2 = \frac{s_2 + s_4}{t_1 + t_2} = \frac{600}{300 + 300} \text{ m/s} = 1 \text{ m/s}$$

② 以水为参考系:因为船和木箱都在水中,都要随水漂移,因此不论船逆流而上还是顺流而下,船与木箱之间的相对速率都保持不变. 当以水作为参考系时,木箱相对于静水保持静止不动,船以对水一定的速率离开木箱,然后再以对水同样的速率靠近木箱. 所以,木箱从落水到船开始返航的时间 t_1,必然等于船返航追到木箱的时间 t_2. 也就是说,木箱从落水到被船追上所经历的时间为

$$t = t_1 + t_2 = 2 \times 5 \text{ min} = 10 \text{ min} = 600 \text{ s}$$

于是,立即可得水速

$$v_2 = \frac{600}{600} \text{ m/s} = 1 \text{ m/s}$$

说明 本题虽然只是一个匀速运动的问题,但由于涉及三个研究对象——船、木箱和水,而且还包含着往返运动,就显得有些棘手了. 有些同学初看题目,会觉得条件太少,有些茫然;也有些同学经过假设水速等物理量,仔细分析列出方程后,却又被几个未知数和方程搞得眼花缭乱. 实际上,只要能够领悟到改用水作为参考系,立即会豁然开朗. 转换参考系的作用,在本题中尽显风采.

例题 2 一辆车从静止开始以 1 m/s^2 的加速度沿着平直道路前进,某人从车后相距 $x_0 = 25 \text{ m}$ 处以 6 m/s 的速度同向匀速追赶,那么这个人能追上车吗?如追不上车,他与车之间的最小距离是多少?

分析与解答 这里有两个研究对象——人和车,分别做着两种不同的运动. 如果我们选车为参考系,那么原来的问题就转化为人相对于"静止的车"做着初速度 $v_0 = 6 \text{ m/s}$、加速度 $a = -1 \text{ m/s}^2$ 的匀减速运动. 这样就简化为一个研究对象. 当人相对于车的速度减小到零时,人就无法继续追车了.

设人相对于车的速度为零时的位移为 x,根据匀变速直线运动的速度与位移关系,由

$$v_t^2 = v_0^2 + 2ax \Rightarrow 0 = v_0^2 - 2ax$$

得

$$x = \frac{v_0^2}{2a} = \frac{6 \times 6}{2 \times 1} \text{ m} = 18 \text{ m} < 25 \text{ m}$$

可见,人无法追上车. 人追赶过程中与车之间的最小距离为

$$\Delta x = x_0 - x = (25 - 18) \text{ m} = 7 \text{ m}$$

说明 上面直接采用了变换参考系进行解答,请同学们再根据通常习惯,以地面为参考系求解,并相互比较,可加深对变换参考系的体会.

(2) 变换参数

大家知道,描述一个物体的运动,可以选用不同的参数. 例如:

为了反映一个物体以半径 r 做匀速圆周运动的快慢,既可以用转速 n(r/s)或周期 T(s),也可以用线速度 v(m/s)或角速度 ω(rad/s),它们之间的相互关系为

$$v = \frac{2\pi r}{T} = 2\pi rn, \quad \omega = \frac{2\pi}{T}, \quad v = \omega r$$

一个物体做平面运动,既可以用直角坐标中的两个参数 x 和 y 去确定它的位置,也可以用极坐标中的矢径 r 和角度 θ 去确定它的位置(图 3.5),两者之间的关系为

$$x = r\cos\theta, \quad y = r\sin\theta$$

灵活选用(或变换)不同的参数,也是转换角度考虑问题的一个方面,在中学物理学

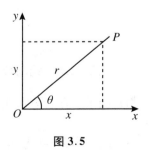

图 3.5

习中,无论是解题实践还是进行实验探究,都应用得相当普遍.尤其是当一些物理规律的参数之间存在着非线性关系的时候——进行验证性实验中,为了明确地显示这些参数之间的关系,或者,在进行探索性实验时,为了便于确定这些参数之间的关系,往往需要采用参数变换,将原来的非线性关系线性化.通过这样的转换,就可以把原来不容易描绘或不容易看出关系的曲线图像转换成直线图像了.例如:

在验证牛顿第二定律的实验中,外力一定时,根据运动物体的质量与加速度的一组数据(表3.4),若取横坐标表示质量 m,纵坐标表示加速度 a,画出的图像是一条曲线(图3.6),我们很难从这幅图像得出 a 与 m 间有什么定量的关系.

表3.4

m(kg)	a(m/s^2)
0.300	1.20
0.400	0.92
0.500	0.81
0.600	0.71
0.700	0.62

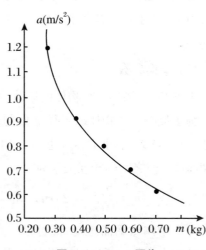

图3.6　$a-m$ 图像

如果能注意到图像中显示一个量增大,另一个量减小的情况,猜测其间可能存在着反比关系,我们可以尝试着变换一下参数,改用 $\dfrac{1}{m}$ 与 a 的一组数据(表3.5),作出 $a-\dfrac{1}{m}$ 图像(图3.7),结果得到一条通过原点的倾斜直线,表明在外力一定时,物体的加速度与其质量成反比.

表 3.5

$1/m(\text{kg}^{-1})$	$a(\text{m/s}^2)$
3.33	1.20
2.50	0.92
2.00	0.81
1.67	0.71
1.43	0.62

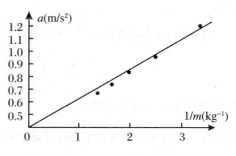

图 3.7 $a-1/m$ 图像

在用单摆测定重力加速度的实验中.由周期公式

$$T = 2\pi\sqrt{\frac{l}{g}}$$

显示出单摆的周期 T 与摆长 l 之间是一种非线性关系.如果将公式两边平方,则得

$$T^2 = 4\pi^2 \frac{l}{g} = cl \quad \left(c = \frac{4\pi^2}{g}\right)$$

这就是说,重力加速度一定时,单摆周期的平方与摆长成正比.因此,若变换参数,以 T^2 为纵轴,l 为横轴,在 T^2-l 直角坐标系内画出的图像就是一条通过原点的倾斜直线(图 3.8),其斜率为

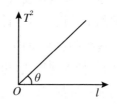

图 3.8 摆长与 T^2 的关系

$$k = \tan\theta = \frac{4\pi^2}{g}$$

所以,在这个实验中,也可以改变摆长,测出周期,通过画出 T^2-l 的图像去确定重力加速度.

使非线性关系线性化,类似的应用很多.又如:

在验证玻意耳定律的实验中,把原来的参数 (p,V) 变换成新的

参数 $\left(p, \dfrac{1}{V}\right)$ 后,在 $p - \dfrac{1}{V}$ 直角坐标平面内画出的就是一条倾斜直线.

在研究凸透镜成像时,原来的成像公式为

$$\dfrac{1}{u} + \dfrac{1}{v} = \dfrac{1}{f}$$

如果把原来公式里的参数 (u, v) 变换成新的参数 $\left(x = \dfrac{1}{u}, y = \dfrac{1}{v}\right)$,则在 $x - y$ 直角坐标平面内画出的图像也是一条直线.

(3) 变换测量对象

在物理实验设计中,常常借助于力、热、电、光、机械等方法之间的转换,把某些不容易直接测量的量(或显示的现象),用另一些容易直接测量的量(或显示的现象)来代替;或者,根据研究对象在一定条件下可以有相同的效果作间接的观察和测量等等.

例如,把流逝的时间转换成指针周期性的振动;用等高处抛出两球的水平位移代替初速度(如研究弹性碰撞的实验);把对物体质量和加速度(或角速度)的测量转换为电压、电流的测量;把对电压、电流的测量转换成对指针偏角的测量等.

这种测量对象的变换,都可以认为是属于求异思维中"转换角度"的一种表现形式,也是实验设计中最普遍的思想方法,几乎所有的物理测量都可以认为是通过"转换角度"设计的产物.

下面,我们先结合现行中学物理教材中比较典型的实验(或应用)进行分析,体会一下转换角度思想在物理实验和技术上的应用(结合物理解题中的应用,请参阅第 5 章).

卡文迪许实验的三次转换

作为对牛顿万有引力定律的直接证明,卡文迪许测定万有引力常数的著名实验(图 3.9)中,曾巧妙地作了三次转换:

由于两球之间的相互吸引力比较小,卡文迪许借助于 T 形架,增长了力臂,把对两球相互吸引力的测量转换为对旋转 T 形架的力矩的测量;T 形架转动时扭转石英悬丝,根据力矩平衡原理,把对旋转 T 形架的力矩的测量又转换为对悬丝扭转角度的测量;利用悬丝上的小平面镜,并适当增长平面镜到标尺的光路,把对平面镜偏转角度(即悬丝扭转角度)的测量转换成光点在标尺上位移的测量.

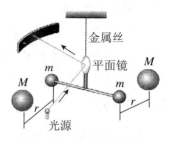

图 3.9　卡文迪许实验

如果实验中的 T 形架水平横梁长度为 l,质量分别为 m, M 的球位于同一水平面内,当横梁处于力矩平衡状态时,测得 m, M 连线长度为 r,且与水平横梁垂直;同时测得石英丝的扭转角度为 θ,由此得到扭转力矩 $k\theta$(k 为扭转系数且已知),则由万有引力公式知

$$2 \cdot \frac{GmM}{r^2} \cdot \frac{l}{2} = k\theta$$

可得引力常数的表达式为

$$G = \frac{k\theta r^2}{mMl} *$$

今天我们学习和重温卡文迪许的实验,不仅应该关注对万有引力常数 G 的测量结果,更应该体会其中的设计思想.

说明　卡文迪许的扭秤与法国物理学家库仑研究静电相互作用设计的扭秤,有异曲同工之妙**.下面这个练习,希望能进一步加深大家对扭秤实验方法的认识.

练习题

(2010　上海)　卡文迪许利用如图 3.9 所示的扭秤实验测量了

---

*　该例取自 2010 年上海高考题.
**　关于库仑的扭秤实验,请参阅本丛书《类比》一册.

引力常量 G. 为了测量石英丝极微小的扭转角,该实验装置中采取使"微小量放大"的主要措施是(   ).

A.减小石英丝的直径　　　B.增大 T 形架横梁的长度
C.利用平面镜对光线的反射　D.增大刻度尺与平面镜的距离

温度计的设计

大家知道,温度的通俗定义就是物体冷热的程度,从微观上说,它是物体内分子无规则运动平均平动动能的量度.为了显示物体温度的高低,可以借助于物体所具有的随温度变化的某些特性——如气体和液体体积的变化,金属电阻的变化,光谱颜色的变化等,从而设计出各种不同的温度计.可见,温度计的设计和温度的测量,就是转换思想的体现.

1593 年,伽利略制作的验温器,可以称为是世界上第一支温度计.它通过气体的热胀冷缩,把温度的变化转换为液柱高度的变化.下面这个例题,既回顾了历史,又作了探究,很有意义,值得大家共同体会.

例题 1(2002 上海) 有一组同学对温度计进行专题研究.他们通过查资料得知 17 世纪时伽利略曾设计过一个温度计,其结构为:一麦秆粗细的玻璃管,一端与一鸡蛋大小的玻璃泡相连,另一端竖直插在水槽中,并使玻璃管内吸入一段水柱,根据管中水柱高度的变化可测出相应的温度.

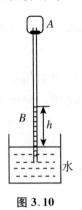

图 3.10

为了研究"伽利略温度计",同学们按照资料中的描述自制了如图 3.10 所示的测温装置.图中 A 为一小塑料瓶,B 为一吸管,通过软木塞与 A 连通,管的下端竖直插在大水槽中,使管内外水面有一高度差 h,然后进行实验研究.

(1) 在不同温度下分别测出对应的水柱高度

h,记录的实验数据如表 3.6 所示.

表 3.6

温度(℃)	17	19	21	23	25	27
h(cm)	30.0	24.9	19.7	14.6	9.4	4.2
$\Delta h = h_{n-1} - h_n$		5.1				

根据表中数据计算相邻两次测量水柱的高度差,并填入表内的空格.由此可得结论:

① 当温度升高时,管内水柱高度 h 将_____(填"变大""变小""不变").

② 水柱高度 h 随温度的变化而_____(填"均匀""不均匀")变化;试从理论上分析并证明结论(2)的正确性(提示:管内水柱产生的压强远远小于一个大气压).

(2) 通过实验,同学们发现用"伽利略温度计"来测温度,还存在一些不足之处,其中主要的不足之处有:①_____;
②_____.

分析与解答 (1) 根据 $\Delta h = h_{n-1} - h_n$,依次得表中空格数值为

$24.9 - 19.7 = 5.2$, $19.7 - 14.6 = 5.1$,
$14.6 - 9.4 = 5.2$, $9.4 - 4.2 = 5.2$.

① 由表中记录的数据可知,温度升高时,管内水柱高度变小.

② 考虑到实验的误差,由 Δh 值可知,水柱高度 h 随温度的变化作均匀变化.

假设水柱上部的封闭气体的体积为 V,忽略水柱产生的压强,当温度变化时可以认为这些封闭气体作等压变化.设温度升高 ΔT 时,引起气体的体积变化为 ΔT,由理想气体的盖·吕萨克定律得

$$\frac{V}{T} = \frac{\Delta V}{\Delta T} = k \quad 或 \quad \Delta V = k\Delta T = k\Delta t$$

式中 k 为一常数.设管的截面积为 S,则相应的水柱高度变化为

$$\Delta h = \frac{\Delta V}{S} = \frac{k \Delta t}{S}$$

可见水柱高度 h 随温度的变化而均匀变化.

(2)利用伽利略温度计测量温度的不足之处:① 测温范围比较小;② 温度的示数会受大气压的影响而有变化.

说明 伽利略温度计实际上就是气体温度计,它是利用容器中空气的热胀冷缩性质显示温度变化的.因此细管内液柱的高低,必然会受到大气压的影响.例如,当气温不变而大气压增大时,细管内液柱会上升,将会误判为温度的降低;同理,当气温不变而大气压减小时,细管内液柱下降,会误判为温度的升高.因此,伽利略温度计并没有得到推广使用.

用油膜法估测分子直径

用油膜法估测分子直径,实验所折射的思想方法是十分明显的——通过宏观量的测量转换为微观量.它也是中学阶段学习对微观量测量的典型实验.这个实验的基本步骤和油酸分子直径的计算,都体现在选用的下面例题中.

例题 2(2011 全国) 在"油膜法估测油酸分子的大小"实验中,有下列实验步骤:

① 往边长约为 40 cm 的浅盆里倒入约 2 cm 深的水,待水面稳定后将适量的痱子粉均匀地撒在水面上.

② 用注射器将事先配好的油酸酒精溶液滴一滴在水面上,待薄膜形状稳定.

③ 将画有油膜形状的玻璃板平放在坐标纸上,计算出油膜的面积,根据油酸的体积和面积计算出油酸分子直径的大小.

④ 用注射器将事先配好的油酸酒精溶液一滴一滴地滴入量筒中,记下量筒内每增加一定体积时的滴数,由此计算出一滴油酸酒精溶液的体积.

3 中学物理中几种典型的求异思维形式

⑤ 将玻璃板放在浅盘上,然后将油膜的形状用彩笔描绘在玻璃板上.

完成下列填空:

(1) 上述步骤中,正确的顺序是_____.(填写步骤前面的数字)

(2) 将 $1\ cm^3$ 的油酸溶于酒精,制成 $300\ cm^3$ 的油酸酒精溶液;测得 $1\ cm^3$ 的油酸酒精溶液有 50 滴.现取一滴该油酸酒精溶液滴在水面上,测得所形成的油膜的面积是 $0.13\ m^2$.由此估算出油酸分子的直径为_____ m(结果保留 1 位有效数字).

分析与解答 (1) 实验步骤的合理顺序为④①②⑤③.

(2) 根据油酸溶液中纯油酸的体积 V 和油膜面积 S,可计算出油膜的厚度 d.把油膜厚度 d 看成为油酸分子的直径 D,即

$$D = d = \frac{V}{S}$$

实验中的每滴油酸酒精溶液的体积是 $V_1 = \frac{1}{50}\ cm^3$,由于 $1\ cm^3$ 的油酸溶于酒精能制成 $V' = 300\ cm^3$ 的油酸酒精溶液,则一滴油酸酒精溶液中含纯油酸的体积是

$$V = \frac{V_1}{V'} = \frac{\frac{1}{50}}{300}\ cm^3 = \frac{1}{1.5} \times 10^{-4}\ cm^3 = \frac{1}{1.5} \times 10^{-10}\ m^3$$

因此,按题意保留一位有效数字后,得油酸分子的直径为

$$D = d\frac{V}{S} = \frac{\frac{1}{1.5} \times 10^{-10}}{0.13}\ m \approx 5 \times 10^{-10}\ m$$

说明 实际操作中,往往难以得到 10^{-10} m 的数量级.引起实验误差有多种原因,如油酸酒精溶液的浓度配制不准,用量筒测算每滴油滴的体积不准,在小方格纸上画出油膜轮廓后根据小方格数(大于半格的算 1 格,小于半格的舍去)确定的油膜面积不准确等,都会对

测量带来影响.

利用干涉现象测量微小长度

在测量物体长度时,我们已学习过游标卡尺和螺旋测微器(俗称千分尺)的使用,它们的准确度分别为 0.1 mm 和 0.01 mm. 不过,在工程技术上,有些测量要求达到更高的准确度时,这种机械式量具的直接测量方法就无能为力,这时光的干涉方法就可以一展身手了.

利用光的干涉方法进行测量,是通过形成的干涉条纹,算出待测物体尺度的(如薄膜的厚度、细金属丝的直径等). 显然,这是一种属于转换思想指导下的间接测量.

如图 3.11 所示,把待测薄膜夹在两块平玻璃之间,形成一个空气尖劈,垂直入射的单色光经空气劈的下表面和上表面反射(如 $a—a_1$,$b—b_1$),形成两束相干光. 在空气膜的一定厚度处发生干涉而形成明暗条纹.

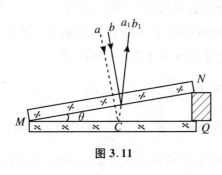

图 3.11

理论研究指出,在两玻璃板接触处(即尖劈的角顶)形成暗纹,任何两条相邻明纹或暗纹所对应的空气膜厚度相差 $\dfrac{\lambda}{2}$(图 3.12),因此明条纹(或暗条纹)的间距 l 满足条件

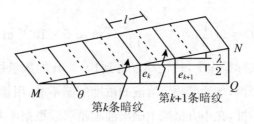

图 3.12

3 中学物理中几种典型的求异思维形式

$$l\sin\theta = \frac{\lambda}{2} {}^{*}$$

由上式可知:

θ 越小 → $\sin\theta$ 越小 → $\left(\dfrac{\lambda}{2}\text{一定时}\right)$ → l 越大,即干涉条纹的分布比较疏;

θ 越大 → $\sin\theta$ 越大 → $\left(\dfrac{\lambda}{2}\text{一定时}\right)$ → l 越小,即干涉条纹的分布比较密. 当空气劈的顶角相当大时,干涉条纹将密得无法分辨了**.

利用上式,就可以根据干涉条纹测量厚度或金属丝的直径. 如图 3.13 所示,将待测金属丝夹在两玻璃板之间,若量得金属丝与尖劈顶点相距 $L =$

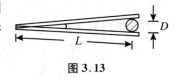

图 3.13

---

* 此式的推导很容易,仅需在中学物理知识基础上引入一个半波损失概念(可以看成实验结果):如图 3.11 所示,设某处 C 空气膜的厚度为 e,从膜的上下两表面反射的两束光(如 a_1, b_1),其光程差为

$$\delta = 2e + \frac{\lambda}{2}$$

式中 $\dfrac{\lambda}{2}$ 是由于下表面反射光产生半波损失所附加的光程差,因此反射光的相干条件分别为

明纹 $\delta = 2e + \dfrac{\lambda}{2} = k\lambda \quad (k = 1, 2, 3, \cdots)$

暗纹 $\delta = 2e + \dfrac{\lambda}{2} = (2k+1)\dfrac{\lambda}{2} \quad (k = 0, 1, 2, 3, \cdots)$

所以任何两条相邻暗纹(或明纹)的间距 l 一定满足条件

$$l\sin\theta = e_{k+1} - e_k = \frac{1}{2}(k+1)\lambda - \frac{1}{2}k\lambda = \frac{\lambda}{2}$$

** 在研究物理问题中转换角度,除了前面所说的变换参考系、变换参数和变换测量对象这几方面外,还有一类是从效果相同出发进行的变换——等效变换. 这类变换不拘一格,形式多样,完全是针对研究问题的需要,从某种效果相同出发引入的(并非意味着两者各个方面都等效). 有关这方面的详细阐述和具体应用,请读者参阅本丛书《等效》一册.

28.88 mm,用波长 $\lambda = 5893 \times 10^{-10}$ m 的单色光照射时,从显微镜中数出 $n = 30$ 条明纹的距离 $x = 4.295$ mm,则每两条明纹间距

$$l = \frac{x}{n-1} = \frac{4.295}{30-1} \text{ mm} = 0.148 \text{ mm}$$

又有

$$\sin\theta \approx \tan\theta = \frac{D}{L}$$

代入条纹间距表达式,由

$$l\frac{D}{L} = \frac{\lambda}{2}$$

得金属丝的直径

$$D = \frac{L}{l} \cdot \frac{\lambda}{2} = \frac{28.88 \times 10^{-3}}{0.148 \times 10^{-3}} \times \frac{5893 \times 10^{-10}}{2} \text{ m}$$

$$= 5.746 \times 10^{-5} \text{ m} = 0.05746 \text{ mm}$$

说明 由空气尖劈形成的干涉,称为等厚干涉,意思是说在相等厚度空气膜的地方满足同样的干涉条件,因此得到的是一系列平行的、间距相等的明暗条纹.中学物理中介绍利用这个现象可以检查平面(图 3.14).如果被检的平面某处不平整,就会形成如图 3.15 所示弯曲的条纹.

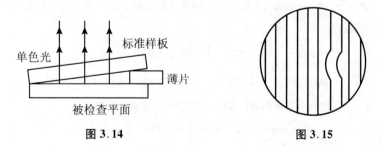

图 3.14   图 3.15

那么,弯曲处对应着平面上凸起还是凹陷呢?许多同学常常不知其所以然.其实,认识到了等厚干涉的特点就容易区别了.因为原来每两条明纹(或暗纹)相距 l 时才会形成 $\frac{\lambda}{2}$ 的光程差,图 3.15 条纹

的弯曲处意味着相距不到 l 已经能够形成 $\frac{\lambda}{2}$ 的光程差了(即提前形成所需要的光程差),可见该处有了凹坑.

或者,可以把图 3.15 的弯曲处看成条纹的分布变密,意味着与该处所对应的空气劈的顶角变大(图 3.16),表示该处出现了凹坑.

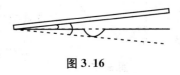

图 3.16

光的干涉应用很广泛,例如,根据等厚干涉条纹间距的公式,当已知尖劈的夹角 θ 时,就可以根据条纹间距测量波长.

3.3 发散联想

发散联想可以说是求异思维最重要的形式,它既可以是从尽可能多的方面去思考,也可以从某一个思维起点出发向不同方面辐射.通过前面两章的故事和事例,读者应该初步有所领悟,本节再作重点介绍.

(1) 两个显著的特点

① 变通性与独特性

发散思维的一个显著特点,是思维的变通性与独特性.它可以不受常规的束缚,善于从不同角度思考,勇于采用与众人、与前人不同的方法,独具卓识.第 1 章中介绍"三王子的蜡烛",因为用很少的钱是难以买来实物堆满房间的,于是他巧妙地改用烛光代替实物,充分显示了变通之灵活、构思之独特.

在中学物理学习中,无论是解题演算还是实验探究,都非常需要这种变通性和独特性.下面,我们通过两个具体问题体会一下.

例题 1 如图 3.17 所示,细线的一端拴一小球,另一端固定在顶板上.将细线拉至水平位置使线刚好伸直,然后将小球轻轻释放.试问:当细线与竖直方向间的夹角多大时,小球重力做功的功率最大?

这个最大的功率是多少?

分析与解答 假设当细线与竖直方向间夹角为 θ 时,小球的竖直分速度最大,此时小球重力做功的功率也最大.由机械能守恒

$$\frac{1}{2}mv^2 = mgl\cos\theta \Rightarrow v = \sqrt{2gl\cos\theta}$$

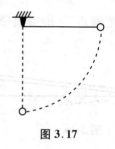

图 3.17

其竖直分量

$$v_y = v\sin\theta = \sqrt{2gl\cos\theta}\sin\theta$$
$$= \sqrt{2gl\cos\theta\sin^2\theta}$$

然后,对上式作三角变换,求出极值.

显然,按照这样常规的方法,在数学处理上是较为麻烦的.

一个同学很有创见地提出自己的看法:根据力的独立作用原理,小球摆动中的竖直加速度由重力和线中弹力的竖直分力产生,为此,若以释放点为原点建立直角坐标系(图 3.18),则小球运动至某一位置时竖直方向的运动方程为

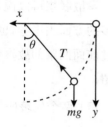

图 3.18

$$mg - T\cos\theta = ma_y$$

当 $mg > T\cos\theta$ 时,$a_y > 0$,小球的竖直分速度将增大,直到 $mg = T\cos\theta$.所以,竖直分速度达到最大的力学条件是

$$mg = T\cos\theta \qquad ①$$

设此时小球的线速度为 v,由圆运动的瞬时特性和机械能守恒得

$$T - mg\cos\theta = m\frac{v^2}{l} \qquad ②$$

$$\frac{1}{2}mv^2 = mgl\cos\theta \qquad ③$$

联立①、②、③三式,可得夹角

$$\theta = \arccos\frac{\sqrt{3}}{3}$$

把这个极值条件代入式③,将速度分解后即得最大的竖直分速度

$$v_{ym} = v\sin\theta = \sqrt{2gl\cos\theta}\sqrt{1-\cos^2\theta} = \frac{2}{3}\sqrt{\sqrt{3}gl}$$

所以重力的最大功率为

$$P_{max} = mgv_{ym} = \frac{2}{3}mg\sqrt{\sqrt{3}gl}$$

说明 这个方法,绕开了通常求极值的思路,完全是通过对物理原理的分析得到的,很有独到之处.这就是一种发散思维的表现.

为了加深体会和便于比较,下面再用常规方法求解极值条件:令竖直分量表达式中 $y = \cos\theta\sin^2\theta$,则

$$y^2 = \cos^2\theta\sin^4\theta = \frac{1}{2}\cdot 2\cos^2\theta\cdot(1-\cos^2\theta)\cdot(1-\cos^2\theta)$$

因为

$$2\cos^2\theta + (1-\cos^2\theta) + (1-\cos^2\theta) = 2 \quad (定值)$$

根据

$$a + b + c \geqslant 3\sqrt[3]{abc}$$

所以

$$y^2 \leqslant \frac{1}{2}\cdot\left[\frac{2\cos^2\theta + (1-\cos^2\theta) + (1-\cos^2\theta)}{3}\right]^3 = \frac{4}{27}$$

当 $2\cos^2\theta = 1-\cos^2\theta$,即 $\cos\theta = \frac{\sqrt{3}}{3}$ 或 $\theta = \arccos\frac{\sqrt{3}}{3}$ 时,上式取等号,y^2 得极大值.

或者,由

$$y^2 = \cos^2\theta\sin^4\theta = 4\cdot\cos^2\theta\cdot\frac{\sin^2\theta}{2}\cdot\frac{\sin^2\theta}{2}$$

因为

$$\cos^2\theta + \frac{\sin^2\theta}{2} + \frac{\sin^2\theta}{2} = 1 \quad (定值)$$

同理根据不等式性质,当 $\cos^2\theta = \frac{\sin^2\theta}{2}$ 时,即 $\cos^2\theta = \frac{1}{3}$ 或 $\theta = \arccos\frac{\sqrt{3}}{3}$ 时,不等式取等号,y^2 得极大值.

两者相比较,前面这位同学采用建立竖直方向运动方程的方法,物理意义清晰,数学运算简洁,优势是十分明显的.

例题 2　实验室里提供下列器材:磁钢(质量 m 已知)、铜螺帽、细铜线、支架、铁板、有机玻璃垫块(厚 5.0×10^{-3} m).请设计一个实验,测出磁钢底部离铁板 5.0×10^{-3} m 时,磁钢与铁板间相互吸引的磁力的近似值.

分析与解答　要求测出磁钢底部离铁板 5.0×10^{-3} m 时的磁力,可借助有机玻璃垫块,用细铜线将磁钢吊在铁板上方 5.0×10^{-3} m 处.由于没有测力计,无法直接测量,必须采用其他变通的方法.

因为磁钢吸引铁板,铁板也以同样大小的力吸引磁钢,对悬挂的磁钢来说,相当于地球外对它的重力增加了.设这时的"重力加速度"为 g_m,磁力为 F_m,则

$$mg + F_m = mg_m$$

即

$$F_m = m(g_m - g) \qquad ①$$

可见,只要设法测出此时的等效重力加速度 g_m,也就可以算出相互作用的磁力了.

为此,可使吊起的磁钢在铁板上方做小振幅的振动.根据单摆的周期公式,对应于重力加速度 g_m 的振动周期为

$$T_m = 2\pi\sqrt{\frac{l}{g_m}}$$

则

$$g_m = \frac{4\pi^2 l}{T_m^2} \qquad ②$$

如果能测出摆长 l，振动周期 T，也就可以算出等效重力加速度 g_m 的值了．可是实验室里没有提供米尺和秒表，于是，需要又一次地采用变通办法．

用细铜线吊起铜螺帽构成一个普通单摆，设法使两摆长相等．对普通单摆，由振动周期公式

$$T = 2\pi\sqrt{\frac{l}{g}}$$

知

$$g = \frac{4\pi^2 l}{T^2} \qquad ③$$

将②、③两式相比，得

$$g_m = \left(\frac{T}{T_m}\right)^2 g \qquad ④$$

这样，对 g_m 的测量就转换为对两摆周期的测量，也就可以避开没有米尺测摆长 l 的困难了．

为了不用秒表测量周期，也许会很自然地想到用自己的脉搏．不过，实验中规定必须使用所提供的器材，于是又得再一次作变通考虑．

如果我们使两摆从平衡位置的同一方向时开始摆动，因 $g_m > g$，则

$$T_m < T$$

因此，很快两摆就不再同步．当普通摆摆动 n 个周期使两摆再次同步时，磁钢摆摆动的次数应为 $(n+1)$，由

$$nT = (n+1)T_m \qquad ⑤$$

得

$$\frac{T}{T_m} = \frac{n+1}{n}$$

这样就可以又一次摆脱没有秒表的困难,只需数出摆动的次数.

联立①、④、⑤三式,即可得出磁力近似值的表达式

$$F_m = m(g_m - g) = m\left[\left(\frac{n+1}{n}\right)^2 - 1\right]g$$

说明 本题中作了多次变通——例如,为了计算磁力引入等效重力加速度;为了测出周期利用两个摆相互比较等.显然,如果不懂得作变通处理,许多地方就会碰壁而功亏一篑.

② 联动性与跨越性

发散思维的另一个显著特点是思维的联动性和跨越性.它能自如地"由此及彼",并且常能出乎意料地跨越不同事物的界限,把表面上"风马牛不相及"的事物巧妙地联系起来.

前辈物理学巨人牛顿跨越了空间,把地面上物体的运动与天体的运动联系起来;麦克斯韦把看不见的电磁波与看得见的光结合在一起;德国物理学家劳厄在晶体与 X 射线间架起了桥梁,做成功了著名的"一箭双雕"的实验;德布罗意从光的波粒二象性联想到微观粒子的波动性,进而提出物质波的新观点;爱因斯坦从青年时代起心中就充满了探索自然界统一性的乐趣,认为"那是一种壮丽的感觉",因此他在取得创立狭义相对论和广义相对论的划时代成就后,又开拓了对统一场论这一崭新方向的研究,并几乎耗费了他后半生的全部心血*……物理学家在研究工作中所体现出来的思维的联动性和跨越性随处可见.

也许,同学们会认为:这种思维的联动性和跨越性只是大科学家的事,那就完全想错了.实际上,任何工作和普通的日常生活中也都

---

* 在爱因斯坦时代,人们仅知道电磁场和引力场,尚未发现弱力场和强力场,要实现统一场论——尽管爱因斯坦倡导的仅是统一电磁场和引力场(称几何统一场论)——确是有很大的困难.不过,爱因斯坦的卓绝创见,表明他的思想远远超越了同时代人,今后爱因斯坦的思想必将以新的形式得以实现.

3 中学物理中几种典型的求异思维形式

会闪耀着思维联动性和跨越性的光辉.

举一些很通俗的事例:天气突变了,人们常常会牵挂出门在外亲人的冷暖;中东地区的政局发生了动荡,人们常常会联想到国内的油价乃至相关物品价格是否会有所波动;发生在鸡身上的"禽流感",使人们担心会引起人体的病变……类似这样的一些发生在不同学科领域或不同环境地域的"由此及彼"联想,或者对不同事物进行的比较(或类比),也可以称为思维的联动性和跨越性的表现.只是它们与科学研究中的问题,在思考的方向、问题的层次或处理方法上有所不同而已.因此,思维的联动性和跨越性并不神秘.

在中学物理学习中,思维联动性和跨越性的特点,同样也反映在对知识"由此及彼"的联想上,或者说对知识的迁移和扩散上.通过下面这两个比较典型的问题,同学们可以得到更具体的体会.

例题 1 人们从实践中观察到,不论海中的波浪向什么方向传播,当到达岸边时,总是沿着大约垂直于岸的方向传来,试解释这是什么道理? 已知波在浅水中传播时,水越浅波速越小.

分析与解答 如果要进行直接论证,不仅缺乏感性认识,也缺乏数学工具,显然是十分困难的.为了能从中学物理的数理知识水平上予以解释,我们可以根据水波在浅水中的传播特性,将它与光在不同介质中的传播作一类比联想:

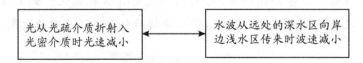

因此,如果一束光在折射率不断递增的介质中传播时,其折射线将会逐渐靠近法线,即越来越趋向于垂直介质分界面的方向,如图 3.19 所示.

同理可知,水波从深水区向浅水区传播时,不论原来水波的方向如何,总会变得越来越沿着垂直河岸的方向传播.

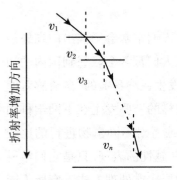
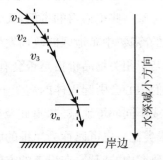

(a) 折射线越来越靠近法线　　(b) 水波传播方向越来越靠拢河岸的垂线

图 3.19

这里,把水波的传播与光的传播联系起来,进行了知识的迁移,正是发散思维的联动性和跨越性的表现.我们依靠着这一联系,才能轻松自如地解释水波在浅水滩靠岸的传播特性.否则,很可能一筹莫展.

例题 2　已知地球绕太阳运动的周期 $T = 365$ d,万有引力常数 $G = 6.67 \times 10^{-11}$ N·m^2/kg^2,你能否通过小孔成像实验,估测一下太阳的密度?说明你实验中需要测量的物理量,列出测量表达式.

分析与解答　初看这个问题,简直有些莫名其妙——小孔成像是光学中用于说明光沿直线传播的小实验;太阳密度和引力常数等往往属于力学知识部分.它们之间能有什么联系呢?如果画出了小孔成像示意图(图 3.20),仔细分析后就会发现其中的端倪.

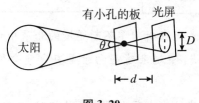

图 3.20

从图 3.20 中可以看到,由于太阳直径对小孔的张角 θ 与太阳在光屏上的像对孔的张角相等.量出小孔至光屏的距离 d,太阳在屏上的光斑(太阳的实像)直径 D,就可算出小孔对太阳的张角,即

$$\theta = 2\arctan\frac{D}{2d}$$

知道了这个张角,就可以建立起太阳直径 R 与日地间距 r 的联系,即

$$R = r\tan\frac{\theta}{2} \approx r\sin\frac{\theta}{2}$$

因为太阳密度与太阳直径 R(即太阳体积)及太阳质量 M 有关,从而也就可以联系上万有引力了,即

$$G\frac{Mm}{r^2} = m\frac{4\pi^2 r}{T^2}$$

则太阳密度

$$\rho = \frac{M}{\frac{4}{3}\pi R^3} = \frac{M}{\frac{4}{3}\pi\left(r\sin\frac{\theta}{2}\right)^3} = \frac{3\pi}{GT^2\sin^3\frac{\theta}{2}}$$

式中 $G=6.67\times 10^{-11}$ N·m²/kg², $T=365$ d.所以,从密度的表达式可以知道,只需要测出对太阳的张角,就可以算出太阳的密度.

说明 题中是从小孔成像示意图逆向推理去确定关系的,我们也可以从题目要求,根据相关物理量进行顺向推理,其过程可表示如下:密度(质量、体积)—万有引力—太阳半径、日地间距—小孔对太阳的张角.通过这样的分析联想,就把表面上看来属于不同部分的知识沟通起来了.

上面为了便于说明,对发散思维的两个特点结合具体实例分别作了阐释.必须提醒的是,学习中绝对不要呆板地去记忆、去划分.实际上它们两者之间也是相互交织,并非孤立存在的.

(2) 三个具体表现的方面

在上一节中介绍发散思维的两个显著特点时,已经举了几个比较典型的事例.从更广泛的意义上说,发散思维在中学物理学习中,

常常具体表现在以下的三个方面：

① 多角度与多方法

从多种角度去考虑、研究问题，从而形成多种不同的解题方法，可以有两种表现：一种表现就是通常所谓的一题多解——运用同一物理规律作不同角度思考，或者运用不同物理规律从不同角度思考．另一种表现为对同一"专题"从不同角度、用不同方法去进行研究．这是更广义也更为宏大的表现．

对于"一题多解"，这是同学们最为熟悉的方面，在第5章的应用部分会继续举例讨论．下面，以变力做功的计算作为一个研究性专题，从多种角度和方法，结合对不同问题的处理进行介绍．希望同学们领会"一题多解"的另一种表现，这样可以更有助于提高对知识的理解和驾驭能力．

平均力法

当作用力与位移成正比时，变力的功可以用力在位移过程中的平均值进行计算，即

$$W = \overline{F}s$$

例题 1 用锤击钉，如钉子受到木板的阻力与钉子进入木板的深度成正比，每次锤击钉所做的功相等．设第一次击钉时，钉子进入木板 1 cm，则第二次击钉时，钉子进入木板的深度为（　　）．

A. 1 cm　　B. 0.5 cm　　C. $\dfrac{\sqrt{2}}{2}$ cm　　D. $(\sqrt{2}-1)$ cm

分析与解答　设第一次击钉，钉尖从位置 A 深入到 B，$AB = x_1 = 1$ cm；第二次击钉，钉尖从位置 B 深入到 C，$AC = x_2$（图 3.21）．据题意，可把木板阻力 f 与进入深度 x 的关系表示为 $f = kx$，两次击钉受到的平均阻力和克服阻力做的功分别为

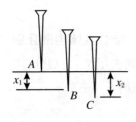

图 3.21

$$\bar{f}_1 = \frac{0 + kx_1}{2} = \frac{kx_1}{2}, \qquad W_1 = \bar{f}_1 x_1 = \frac{1}{2}kx_1^2$$

$$\bar{f}_2 = \frac{kx_1 + kx_2}{2} = \frac{k(x_1 + x_2)}{2}, \quad W_2 = \bar{f}_2(x_2 - x_1) = \frac{1}{2}k(x_2^2 - x_1^2)$$

因为每次做功相等,即

$$\frac{1}{2}kx_1^2 = \frac{1}{2}k(x_2^2 - x_1^2) \Rightarrow x_2 = \sqrt{2}x_1$$

所以,二次击钉进入木板的深度为

$$\Delta x = x_2 - x_1 = (\sqrt{2} - 1)x_1 = (\sqrt{2} - 1)\ \text{cm} \quad \text{(D 正确)}$$

说明 上面的计算为了配合平均力的意义,应用中也可以把钉尖到达位置 C 看成是连击两次的结果,由

$$W_1 = \frac{1}{2}kx_1^2, \quad 2W_1 = \frac{1}{2}kx_2^2$$

这样求解更为简捷.

微元分割法

当作用在物体上的力大小恒定、方向不断变化时,可以采用微元法,把力作用点的路径分割成许多小段,对每一小段采用恒力做功的公式计算,然后再将它们积累起来.

例题 2 如图 3.22 所示,在光滑的水平桌面上用一根长 $l = 1$ m 的细线,系住一个质量为 $m = 1$ kg 的小球,使它绕中心轴以速度 $v = 2$ m/s 做匀速圆周运动. 当小球从某位置起经过半周和一周半的过程中,设绳子拉力做功分别为 W_1 和 W_2,则下列判断中正确的是( ).

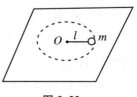

图 3.22

A. $W_1 = W_2 = 0$ B. $W_1 = W_2 = 8$ J

C. $W_1 = W_2 = 12.56$ J D. $W_1 = 12.56$ J, $W_2 = 37.68$ J

分析与解答 由于小球沿圆弧运动,为了计算拉力的功,可以

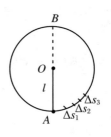

图 3.23

把小球经过的圆周分割成许多段极短的圆弧,并把每一小段圆弧近似看成直线,且与速度方向一致(图3.23).因此,拉力在整个半圆周(或整个圆周)上做的功,就等于在每一小段弧上做功之和,即

$$W = W_1 + W_2 + \cdots = F\Delta s_1 \cos\alpha_1 + F\Delta s_2 \cos\alpha_2 + \cdots$$
$$= F\Delta s_1 \cos 90° + F\Delta s_2 \cos 90° + \cdots = 0.$$

即小球无论是转动半周还是一周半,拉力做功均为零,A 正确.

由此可见,在匀速圆周运动中的向心力(题中即为绳子拉力)始终不做功.

说明 上面的解答采用微元法对匀速圆周运动中的向心力不做功作了证明,实际判断中,可以根据功的定义式中对位移的理解——由于在向心力的方向上没有位移,直接得到向心力不做功的结论.如果把题中的小球位移错误地理解成 $s = 2R$,$s = \pi R$ 等,就会错选为 B、C、D 等项了.

功率法

有些时候,可以根据公式 $W = Pt$ 直接算出功.例如,机车或汽车用恒定功率启动时,由于牵引力不断变化,无法从力与位移的关系计算时,如果已知功率 P,就可以通过运动时间 t 算出这段时间内牵引力所做的功.

例题 3(2009 上海单科) 质量为 5×10^3 kg 的汽车在 $t = 0$ 时刻速度 $v_0 = 10$ m/s,随后以 $P = 6 \times 10^4$ W 的额定功率沿平直公路继续前进,经 72 s 达到最大速度.该汽车所受的阻力恒定,其大小为 2.5×10^3 N.求:

(1) 汽车的最大速度 v_m;

(2) 汽车在 72 s 内通过的路程 s.

分析与解答 (1) 根据汽车达到最大速度时牵引力等于阻力的

关系,得

$$v_\mathrm{m} = \frac{P}{F} = \frac{P}{f} = \frac{6 \times 10^4}{2.5 \times 10^3} \text{ m/s} = 24 \text{ m/s}$$

(2) 由于汽车在这段时间内做变加速运动,根据动能定理

$$Pt - fs = \Delta E_\mathrm{k} = \frac{1}{2}mv_\mathrm{m}^2 - \frac{1}{2}mv_0^2$$

得

$$s = \frac{2Pt - m(v_\mathrm{m}^2 - v_0^2)}{2f}$$
$$= \frac{2 \times 6 \times 10^4 \times 72 - 5 \times 10^3 \times (24^2 - 10^2)}{2 \times 2.5 \times 10^3} \text{ m} = 1252 \text{ m}$$

等效替代法

如果直接作用在物体上的力,由于变化情况比较复杂,难以计算时,有时可以采用"迂回战术",改用与之等效的力所做的功进行替代.这也不失为是一种很实用的方法.

例题 4 用恒定的拉力 $F = 120$ N 竖直向下拉绳,通过定滑轮使质量 $m = 5$ kg 的物体从位置 A 移到位置 B. 已知在 A,B 两位置时绳与水平方向间的夹角分别为 $\alpha = 30°, \beta = 37°$,滑轮离地高 $h = 2$ m(图3.24). 不计绳子质量和滑轮摩擦,则在这个过程中人的拉力对物体做功为(   ).

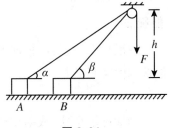

图 3.24

A. 208.8 J   B. 200.4 J   C. 192 J   D. 80 J

分析与解答 这是一个很典型的变力做功问题. 由于作用在物块上的力的方向不断变化,无法直接用它进行计算. 考虑到不计绳子与滑轮之间的摩擦时,人的拉力移动绳端所做的功,等于绳子对物块的力对物块所做的功,因此就可以进行转化——用拉力在绳端做的

功替代作用在物块上的力对物块做的功*.

当物体从位置 A 移到位置 B 时,施力的绳端向下位移的大小等于斜向绳子缩短的长度,即

$$s = \frac{h}{\sin\alpha} - \frac{h}{\sin\beta} = h\left(\frac{\sin\beta - \sin\alpha}{\sin\alpha\sin\beta}\right)$$

所以拉力做功

$$W = Fs = Fh\left(\frac{\sin\beta - \sin\alpha}{\sin\alpha\sin\beta}\right)$$

$$= 120 \times 2\left(\frac{\sin 37° - \sin 30°}{\sin 30°\sin 37°}\right) \text{J} = 80 \text{ J} \quad \text{(D 正确)}$$

说明 一些同学呆板地代公式或套用平均的方法,算成

$$W = Fh\cos\alpha = 120 \times 2\cos 30° \text{ J} = 208.8 \text{ J}$$

$$W = Fh\cos\beta = 120 \times 2\cos 37° \text{ J} = 192 \text{ J}$$

$$W = Fh\frac{\cos\alpha + \cos\beta}{2} = 120 \times 2 \times \frac{\cos 30° + \cos 37°}{2} \text{ J} = 200.4 \text{ J}$$

这样,当然完全错了.

能量法

一般情况下,可以根据力做功后引起物体能量的变化进行计算,最基本的关系就是

$$W = \Delta E$$

例如抛出小球(或射出子弹)、牵引小车、推倒木箱、刹车滑行等物理过程.在实际应用中,可以根据题设条件灵活应用动能定理、机械能守恒定律和功能原理等物理规律.

例题 5 给你一个秒表,要求用实验估测用手急速竖直向上抛出小球时,手对小球做的功.你认为还需要添置的器材是_____;实验中需要测量的物理量有_____;列出手对小球做功

---

* 严格地说,功的计算公式 $W = Fs\cos\alpha$ 中的 s 应该是力的作用点的位移.因此,本题也常常作为根据力的作用点位移计算功的一个典型实例.

3 中学物理中几种典型的求异思维形式

的表达式_____.

分析与解答 这是一个变力做功问题.根据动能定理,手对小球做的功等于小球获得的初动能,即

$$W = \frac{1}{2}mv_0^2$$

小球的初速度可根据它做竖直上抛运动时,从抛出到落回原处的时间 T 得到,即由

$$T = 2\frac{v_0}{g} \Rightarrow v_0 = \frac{gT}{2}$$

代入上式后得

$$W = \frac{1}{2}mg^2T^2$$

根据这个表达式可知,实验中需要再添置天平,并测出小球的质量 m、上抛运动中的往返时间 T,就可以估测手对小球做的功.

例题6(2012 福建) 如图3.25所示,用跨过光滑定滑轮的缆绳将海面上一艘失去动力的小船沿直线拖向岸边.已知拖动缆绳的电动机功率恒为 P,小船的质量为 m,小船受到的阻力大小恒为 f,经过 A 点时的速度大小为 v_0,小船从 A 点沿直线加速运动到 B 点经历时间为 t_1,A、B 两点间距离为 d,缆绳质量忽略不计.求:

(1) 小船从 A 点运动到 B 点的全过程克服阻力做的功 W_f;
(2) 小船经过 B 点时的速度大小 v_1.

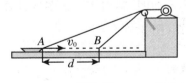

图3.25

分析与解答 (1) 由于小船受到的阻力恒定,因此从 A 点运动到 B 点的全过程克服阻力做的功为

$$W_f = fd$$

（2）小船从 A 点运动到 B 点的全过程受到的牵引力是个变力，当不计缆绳质量和滑轮摩擦时，电动机拖动缆绳的功率就等于缆绳对小船做功的功率．因此，对小船 $A \to B$ 的过程运用动能定理，有

$$Pt_1 - fd = \frac{1}{2}mv_1^2 - \frac{1}{2}mv_0^2$$

得

$$v_1 = \sqrt{v_0^2 + \frac{2}{m}(Pt_1 - fd)}$$

说明 原题还有一问：(3) 小船经过 B 点时的加速度大小 a．解答如下：

设小船到达 B 点时缆绳的牵引力为 F_B，与水平面的夹角为 θ，根据牛顿第二定律和电动机对缆绳的牵引功率与船速的关系，分别有

$$F_B\cos\theta - f = ma, \quad P = F_B v_1 \cos\theta$$

联立两式，得

$$a = \frac{P}{mv_1} - \frac{f}{m} = \frac{P}{\sqrt{m^2 v_0^2 + 2m(Pt_1 - fd)}} - \frac{f}{m}$$

图像法

如果通过题设条件，能够画出 F-x 图像，那么就可以根据图像上的面积（或利用图像指示的关系）算出相应位移内的功．在工程技术上，这样的图称为示功图．利用 F-x 图像计算功，无论对恒力还是对变力都可以适用（图 3.26）．

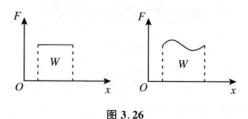

图 3.26

3 中学物理中几种典型的求异思维形式

例题 7(2013 北京) 蹦床比赛分成预备运动和比赛动作.最初,运动员静止站在蹦床上,在预备运动阶段,他经过若干次蹦跳,逐渐增加上升高度,最终达到完成比赛动作所需的高度;此后,进入比赛动作阶段.把蹦床简化为一个竖直放置的轻弹簧,弹力大小 $F = kx$(x 为床面下沉的距离,k 为常量).质量 $m = 50$ kg 的运动员静止站在蹦床上,床面下沉 $x_0 = 0.10$ m;在预备运动中,假定运动员所做的总功 W 全部用于其机械能;在比赛动作中,把该运动员视作质点,其每次离开床面做竖直上抛运动的腾空时间均为 $\Delta t = 2.0$ s,设运动员每次落下使床面压缩的最大深度均为 x_1.取重力加速度 $g = 10$ m/s²,忽略空气阻力的影响.

(1) 求常量 k,并在图中画出弹力 F 随 x 变化的示意图;

(2) 求在比赛动作中,运动员离开床面后上升的最大高度 h_m;

(3) 借助 F-x 图像可以确定弹性做功的规律,在此基础上,求 x_1 和 W 的值.

分析与解答 (1) 根据运动员静止站在蹦床上的力平衡条件
$$mg = kx_0$$
得
$$k = \frac{mg}{x_0} = \frac{50 \times 10}{0.10} \text{ N/m} = 5.0 \times 10^3 \text{ N/m}$$

根据弹力大小 $F = kx$ 的关系,画出 F-x 图像如图 3.27 所示.

(2) 设运动员从 $x = 0$ 处离开蹦床向上做竖直上抛运动,上升的时间为 $\frac{\Delta t}{2}$,上升的最大高度相当于在同一时间内自由落体通过的距离,即为

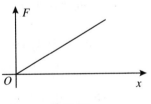

图 3.27

$$h_m = \frac{1}{2}g\left(\frac{\Delta t}{2}\right)^2 = \frac{1}{2} \times 10 \times \left(\frac{2.0}{2}\right)^2 \text{ m} = 5.0 \text{ m}$$

(3) 根据 $F-x$ 图像可知，蹦床对运动员的作用力 F 与其压缩量 x 成正比，因此做功为

$$W = \overline{F}x = \frac{1}{2}kx \cdot x = \frac{1}{2}kx^2$$

运动员从压缩的最大深度上升到最大高度的过程中，根据功能转换关系

$$\frac{1}{2}kx_1^2 = mg(x_1 + h_m)$$

代入数据，化简后为

$$5x_1^2 - x_1 - 5 = 0$$

得

$$x_1 = \frac{1+\sqrt{1+100}}{2\times 5}\text{ m} \approx 1.1\text{ m}$$

运动员站立在蹦床上时，相当已经贮存了一定的弹性势能 $\left(\frac{1}{2}kx_0^2\right)$，通过预备阶段所做的总功 W 后，才能最终反弹到最高点。由功能转换关系

$$W + \frac{1}{2}kx_0^2 = mg(x_0 + h_m)$$

得

$$W = mg(x_0 + h_m) - \frac{1}{2}kx_0^2$$

$$= 50\times 10\times (0.10 + 5.0)\text{ J} - \frac{1}{2}\times 5.0\times 10^3\times 0.10^2\text{ J}$$

$$= 2525\text{ J}$$

说明 题中不仅要求画出 $F-x$ 图像，还要求从图像确定弹力做功的关系，并结合着利用能量关系计算做功的方法，体现了对多方面能力的考查，应注意体会。

上面，我们围绕变力做功，结合具体问题采用了 6 种不同的方法，你在学习过程中对它们都有体会吗？类似于变力做功，物理学习

3 中学物理中几种典型的求异思维形式

中可以形成许多小专题,如果平时多注意归纳、整理,势必非常有助于提升自己的学习能力.

② 多变化与多形式

在中学物理中,一题多变与一题多解一样为同学们所熟悉,它们都可以认为是生动、浅显、全面地体现了发散思维的特点.

例题 1 真空中 A、B 两点相距 $d = 12 \text{ cm}$,与场源点电荷 Q 在一条直线上.已知 A、B 两点的场强大小之比 $\dfrac{E_A}{E_B} = 4$,试求场源电荷 Q 的位置.

分析与解答 设场源电荷 Q 的位置 P 点离开 A 点的距离是 r_1,离开 B 点的距离是 r_2.由 $E_A = 4E_B$,根据点电荷场强公式

$$k\frac{Q}{r_1^2} = 4k\frac{Q}{r_2^2}$$

得

$$r_2 = 2r_1 \qquad ①$$

因为 A、B、P 三点在一直线上且满足条件 $r_2 = 2r_1$ 时有两种可能,分别如图 3.28(a)与(b)所示.

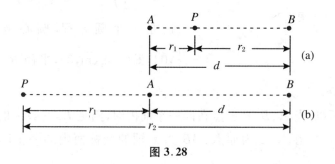

图 3.28

对情况(a),有

$$r_1 + r_2 = d \qquad ②$$

联立①、②两式,得

$$r_1 = \frac{d}{3} = 4 \text{ cm}, \quad r_2 = 2r_1 = 8 \text{ cm}$$

对情况(b),有

$$r_2 - r_1 = d \qquad ③$$

联立①、③两式,得

$$r_1 = d = 12 \text{ cm}, \quad r_2 = 2d = 24 \text{ cm}$$

说明 题中 A、B 两点限制在与场源电荷 Q 一条直线上,解题中能够注意到场源电荷位置的两种可能,已经是一种浅层次的发散.如果我们的思维更发散些,把题中条件进一步放宽,可以找出更一般的关系.

变化之一:设 A、B、P 三点在同一平面内,但不一定在同一直线上.

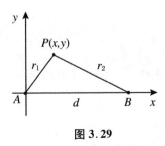

图 3.29

如图 3.29 所示,以 A 为坐标原点、AB 为 x 轴建立直角坐标系,设 Q 所在位置 P 点的坐标为 (x, y). 根据几何关系和已知条件整理后可得

$$\left(x + \frac{d}{3}\right)^2 + y^2 = \left(\frac{2}{3}d\right)^2$$

这是一个圆方程,圆心坐标为 $\left(-\frac{d}{3}, 0\right)$,即 $(-4 \text{ cm}, 0)$,半径 $R = \frac{2}{3}d = 8 \text{ cm}$.

所以,当 A、B、P 三点在同一平面内时,满足 $E_A = 4E_B$ 的场源电荷,可以在以 A 为原点、AB 为 x 轴的坐标面内的一个圆周上变动.

这样,我们就把场源电荷从原来限制在两个确定的"静态位置"扩展到可在一个圆周上的一系列"动态位置". 显然,这个结果应该包含着前面 A、B、P 三点在同一直线上的情况. 由 P 的轨迹方程和 AB

的直线方程,即由

$$\left(x + \frac{d}{3}\right)^2 + y^2 = \left(\frac{2}{3}d\right)^2, \quad y = 0$$

联立可得

$$x_1 = \frac{1}{3}d, \quad x_2 = -d$$

这就是前面得到的结果.

变化之二:A、B、P 三点既不在同一直线上,又不在同一平面内.

如图 3.30 所示,以 A 为坐标原点、AB 为 x 轴建立空间直角坐标系,设 Q 所在位置 P 点的坐标为(x, y, z).同理,根据几何关系和已知条件有

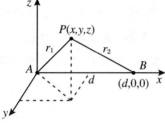

图 3.30

$$r_1^2 = x^2 + y^2 + z^2$$
$$r_2^2 = (d - x)^2 + y^2 + z^2$$
$$r_2 = 2r_1$$

联立三式,整理后得

$$\left(x + \frac{d}{3}\right)^2 + y^2 + z^2 = \left(\frac{2}{3}d\right)^2$$

这是一个球方程,球心在$\left(-\frac{d}{3}, 0, 0\right)$,半径 $R = \frac{2}{3}d$.也就是说,当 A、B、P 三点处于三维空间时,满足 $E_A = 4E_B$ 的场源电荷的点的轨迹是一个球.显然,这个结果更为普遍,它包含着前面的两种情况.

当 $z=0$ 时,转化为圆方程

$$\left(x+\frac{d}{3}\right)^2 + y^2 = \left(\frac{2}{3}d\right)^2$$

当 $y=z=0$ 时,就可以得到一直线上的结果

$$\left(x+\frac{d}{3}\right)^2 = \left(\frac{2}{3}d\right)^2$$

则

$$x_1 = \frac{1}{3}d, \quad x_2 = -d$$

这样,仿佛使我们从原来局限于一直线上的单向思维"立体化"起来了,像烛光一样地辐射到整个空间.

例题 2 如图 3.31 所示,质量为 m 的物体 A 以速度 v_0 在平台上运动,滑到与平台等高、质量为 M 的静止小车 B 上. 小车 B 放在光滑水平地面上,物体 A 与 B 之间的动摩擦因数为 μ. 不计 A 的体积,为使物体 A 不致滑出小车,试问小车 B 的长度至少应该是多少?

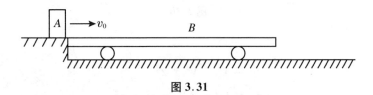

图 3.31

分析与解答 物体 A 滑上 B 后,受到 B 的摩擦力做匀减速运动,速度逐渐减小;B 受到 A 的摩擦力做匀加速运动,速度逐渐增大. 如 A 滑到 B 的最右端时,两者刚好速度相等,处于相对静止状态,A 就不会从 B 滑出. 设 A、B 两者相对静止的共同速度为 v,由于 A、B 相互作用中水平方向没有其他外力,整个系统的动量守恒. 由

$$mv_0 = (m+M)v$$

得

$$v = \frac{mv_0}{m+M}$$

设在这个过程中物体 A 的位移为 s_A,小车 B 的位移为 s_B,则由图 3.32 可知

$$s_A = s_B + l$$

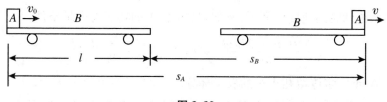

图 3.32

为求解车长 l,可以采用多种不同的方法.例如:可用牛顿第二定律结合运动学公式;用动能定理;用动量定理;运用 $v-t$ 图像等.得到的小车长度为

$$l = \frac{Mv_0^2}{2\mu(m+M)g}$$

说明 本例不仅是典型的"一题多解"问题(多种解法请同学们自己完成),也是具有丰富内容可以作"一题多变"的问题.例如:

变化之一:已知小车 B 的长度为 l 时,求物体 A 的速度最大为多少时,才不至于从小车上滑出去?

这相当于把原题作逆向转换,所得结果为

$$v_{\max} = \sqrt{\frac{2\mu(m+M)gl}{M}}$$

变化之二:已知小车 B 的长度为 l 时,求物体 A 的速度应为多大,滑上小车 B 后恰好能够停留在车的中央?

联系变化之一的解可知,当物体 A 的初速度为 $v_0 = v_{\max}$ 时,正好滑至小车右端停下.要求物体 A 停在小车的中央,可以设想换成一辆长 $l' = \dfrac{l}{2}$ 的小车 B',则停留在小车 B' 右端时应满足同样的最大速

度条件,即

$$v'_{max} = \sqrt{\frac{2\mu(m+M)gl'}{M}} = \sqrt{\frac{\mu(m+M)gl}{M}}$$

明白了这个道理,可以自由变换成停留在车上离开右端 $\frac{l}{n}$ 处的任何地方时,对物体 A 的速度要求.也很容易找出要求停留在车上什么范围时的速度区间了.例如,当物体 A 的初速度满足条件

$$\sqrt{\frac{2\mu(m+M)gl}{M}} \geqslant v_0 \geqslant \sqrt{\frac{\mu(m+M)gl}{M}}$$

物体 A 一定停留在小车的右半部分.

变化之三:如果把小车 B 分成相同的两节 B_1 与 B_2,如图 3.33 所示.每节车长 $l_1 = l_2 = \frac{l}{2}$,质量 $M_1 = M_2 = \frac{M}{2}$,那么当已知 A 滑上的初速度为 v_0 时,为使 A 不滑离小车,车长应为多少?

图 3.33

表面上看,似乎与原题没有什么区别,实质它与原题是不同的.原题中,B 车作为一个整体,A 滑上后 B 车各部分的速度相同.分成两节后,A 滑上后先在 B_1 上运动时,A 对 B_1 车的摩擦力推动 B_1、B_2 两节一起运动,此时两节车仍然相当于一辆车;当 A 离开 B_1 滑上 B_2 后,A 对 B_2 车的摩擦力驱使 B_2 部分加速,而 B_1 部分则保持 A 滑离时的速度匀速运动.此时,两节车的速度不同,将会分离,不能作为一个整体了.

设 A 滑离 B_1 时的速度为 v'_0,此时 B_1、B_2 的共同速度为 v_1,A 滑上 B_2 与之相对静止时的速度为 v,如图 3.34 所示.

![图 3.34 示意图]

图 3.34

从 A 滑上 B_1 至 A 滑离 B_1、最后 A 与 B_2 相对静止的整个过程中,$(A+B_1+B_2)$ 的整个系统水平方向动量守恒. 则

$$mv_0 = mv_0' + (M_1 + M_2)v_1 = M_1 v_1 + (m + M_2)v$$

从 B_1、B_2 分离至 A、B_2 相对静止时,可转化成 A 以 v_0' 滑上速度为 v_1、同向运动的小车 B_2 的问题. 根据能的转换,有关系式

$$\frac{1}{2}mv_0^2 = \frac{1}{2}mv_0'^2 + \frac{1}{2}(M_1 + M_2)v_1^2 + \mu mg l_1$$

$$\frac{1}{2}mv_0^2 = \frac{1}{2}M_1 v_1'^2 + \frac{1}{2}(m + M_2)v^2 + \mu mg(l_1 + l_2)$$

且 $l_1 = l_2 = \dfrac{L}{2}$,$M_1 = M_2 = \dfrac{M}{2}$. 联立上述各式,即可得解.

变化之四:如果在小车 B 的左端固定一段带光滑曲面的导槽 B',已知槽的质量为 M',当物体 A 从离开车面高 h 处的导槽顶端由静止下滑时,为不使 A 滑出小车 B,小车 B 的长度 l 至少为多少? 设 A 与 B 之间的动摩擦因数为 μ(图 3.35).

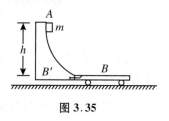

图 3.35

如果简单地认为此时相当于物体 A 以速度 $v_0 = \sqrt{2gh}$ 滑上静止小车 B,那就错了.

因为 A 下滑过程中与 $(B' + B)$ 这个整体相互作用,由水平方向动量守恒知,物体滑上小车的速度 $v_0 \neq \sqrt{2gh}$,且此时小车也并非处于静止状态,而是具有与 A 反向的速度,所以决不能照搬原来的结论.

设 A 滑上 B 时的初速度为 v_0,此时 $(B + B')$ 的共同速度为 u_0,

则由水平方向动量守恒和机械能守恒知

$$0 = mv_0 + (M + M')u_0$$

$$mgh = \frac{1}{2}mv_0^2 + \frac{1}{2}(M + M')u_0^2$$

联立得

$$v_0 = -\sqrt{\frac{2(M + M')}{M + M' + m}gh}$$

$$u_0 = \sqrt{\frac{2m^2gh}{(M + M')(M + M' + m)}}$$

两者速度方向相反. 因此, A 滑上小车 B 时相当于 A 以 v_0 滑上与其速度方向相反、以 u_0 运动的小车 B''(B'' 的质量为 $M + M'$), 如图 3.36 所示. 显然, 如此难度又有了提高.

图 3.36

前面的几次变化中, 仍然保持地面光滑这个限制条件, 因此当物体滑上小车后的相互作用中, 系统水平方向的动量守恒. 如果把条件进一步放宽, 设小车与地面间不光滑, 那么又可以形成其他的多种变化.

不过, 需要提醒的是, 一题多变的问题绝对不要单纯地追求变化形式的多样, 应该侧重于通过变化所要达到的目的——如说明某些区别, 强化某个概念、法则或某种方法等.

③ 多种可能结果

在中学物理的学习中, 会遇到许多问题, 它们并不需要像上面那样进行变化, 其结果却非只有一个, 而是可能有多种不同的或一系列的答案*,形成所谓的"特解"与"通解(一般解)".如果解题的思维活动上不够宽阔,仅囿于比较狭窄的单一层面上,往往只算出一个特解就认为"完工大吉".殊不知,这样的"浅尝辄止",等于煮好的鸭子只喝了几口汤,还是让它"飞走"了.

这种多个答案或一系列答案的情况,在具有周期性运动特征的问题中(如圆周运动、机械振动和波动等)尤为常见.

例题 1 电风扇有三个叶片,互成120°角(图3.37).当它在每秒闪光 30 次的闪光灯下转动时,观察者感觉叶片不动,则电风扇的转速为多少?已知电风扇的转速不超过 1400 r/min.

图 3.37

分析与解答 闪光周期 $T = \dfrac{1}{30}$ s,说明在一次闪光的周期内,若叶片转过的角度 θ 恰好满足条件

$$\theta = k\dfrac{2\pi}{n} \quad (k = 1, 2, 3, \cdots)$$

则由于人眼的视觉残留现象,会感觉有 n 个叶片仿佛静止不动.此时叶片转动的角速度 ω 和对应的转速 N 分别为

$$\omega = \dfrac{\theta}{t} = \dfrac{k\dfrac{2\pi}{n}}{T} = \dfrac{2\pi k}{nT}$$

$$N = \dfrac{\omega}{2\pi} = \dfrac{k}{nT} = \dfrac{60k}{nT} \text{ r/min}$$

当观察到这个电风扇的叶片不动时,取 $n = 3$ 代入得转速

$$N = \dfrac{60k}{3 \times \dfrac{1}{30}} \text{ r/min} = 600k \text{ r/min}$$

---

* 除下面提出的特解与通解外,还较多地出现在实验问题中:当只提出对实验结果的要求时,就可以在器材的选择、实验方法的应用和实验步骤的安排等方方面面有所不同,从而得到不同的具体结果.

由于最大转速为 1400 r/min,上式中取 $k=1$,$k=2$ 代入得转速分别为

$$N_1 = 600 \text{ r/min}, \quad N_2 = 1200 \text{ r/min}$$

说明　解题时,不能只写成 $\theta = \dfrac{2\pi}{n}$,这样只能得到一个 $k=1$ 的值(600 r/min),会造成漏解.本题如没有转速的限制条件(或转速的限制条件放宽),可以有更多的解.

例题2　一个小球 A 从半径 R 很大的光滑小盘的边缘由静止滑下,另一个小球 B 从盘子中央正上方高 h 处自由下落(图3.38).要使两小球相碰,h 和 R 的大小应该满足什么条件?

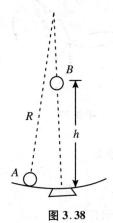

图3.38

分析与解答　小球在盘内的运动,可以看成摆长为 R 的单摆运动.它运动到盘子中央(即摆动中的平衡位置)的时间为

$$t_A = \frac{T}{4} + n\frac{T}{2} = \left(\frac{1}{4} + \frac{n}{2}\right)T$$

$$= \frac{1+2n}{4} \cdot 2\pi\sqrt{\frac{R}{g}}$$

$$= \frac{(1+2n)\pi}{2}\sqrt{\frac{R}{g}} \quad (n=0,1,2,3,\cdots)$$

小球 B 自由下落到盘子中央的时间为

$$t_B = \sqrt{\frac{2h}{g}}$$

要求两球相碰,需满足条件 $t_A = t_B$,即

$$\frac{(1+2n)\pi}{2}\sqrt{\frac{R}{g}} = \sqrt{\frac{2h}{g}}$$

所以

$$h = \frac{\pi^2}{8}R + \frac{n+n^2}{2}\pi^2 R \quad (n=0,1,2,3,\cdots)$$

说明 如果不注意小球 A 运动的周期性特点,仅写出关系式

$$\frac{T}{4} = \sqrt{\frac{2h}{g}}$$

这样得到的结果就不完整了.

例题 3(2010 福建) 一列在 x 轴上传播的简谐横波在 $t=0$ 时刻的波形如图 3.39 中的实线所示, $t=0.02$ s 时刻的波形如图中虚线所示.若该波的周期 T 大于 0.02 s,则该波的传播速度可能是(   ).

A. 2 m/s   B. 3 m/s   C. 4 m/s   D. 5 m/s

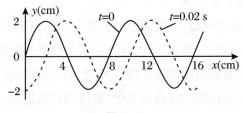

图 3.39

分析与解答 由于没有指明波的传播方向,需要分向左和向右传播两种情况考虑.

① 当波向右传播时,根据波的传播特点可知,在 $t=0$ 时刻位于 $x=4$ cm 处的质点往上振动,设经历 Δt 时间它运动到波峰的位置,则

$$\Delta t = \left(\frac{1}{4} + n\right)T \quad 即 \quad T = \frac{4\Delta t}{4n+1} = \frac{0.08}{4n+1} \text{s}$$

取 $n=0$,则相应的周期和速度分别为

$$T = 0.08 \text{ s} > 0.02 \text{ s}, \quad v = \frac{\lambda}{T} = \frac{0.08}{0.08} \text{ m/s} = 1 \text{ m/s} \quad (无选项)$$

取 $n=1$,则相应的周期 $T = \frac{0.08}{5}$ s $= 0.016$ s < 0.02 s,不合题中条件.

② 当波向左传播时,根据波的传播特点可知,在 $t=0$ 时刻位于 $x=4$ cm 处的质点往下振动,设经历 Δt 时间它运动到波峰的位

置,则

$$\Delta t = \left(\frac{3}{4} + n\right)T, \quad T = \frac{4\Delta t}{4n+3} = \frac{0.08}{4n+3}$$

取 $n=0$,则相应的周期和速度分别为

$$T = \frac{0.08}{3} \text{ s} > 0.02 \text{ s}, \quad v = \frac{\lambda}{T} = \frac{0.08}{\frac{0.08}{3}} \text{ m/s} = 3 \text{ m/s}$$

取 $n=1$,则相应的周期 $T = \frac{0.08}{7}$ s <0.02 s,不合题中要求.

所以,正确答案是 B.

说明 本题很典型,不仅需要考虑波向左右两个方向的传播,还要通过周期的通式(一般表达式)结合题设条件去确定最终的波速.

波传播时,波形的周期性体现在经过 nT(周期)或 $n\lambda$(波长)时波形重复.上面是根据时间的周期性,通过列出周期的一般表达式求解.此外,也可以列出传播距离的一般表达式求解,请同学们自行研究比较.

3.4 反常求异

在中学物理教学中,反常求异虽然远不如前面所说的逆向、转换和发散等形式普遍,但它却是求异思维不可忽视的一个重要窗口.它不仅可以使我们认识到大千世界的丰富性、多样性,除了遵循一般规律的物质以外还存在着不同寻常的"另类",更是发展人们思维独立性的难得机会,有助于创造性花蕾的自由绽放.

下面,我们从两个主要方面加以阐述.

(1) 利用反常问题扩展视野

在第 1 章,我们已介绍过一个很典型的反常现象——姆潘巴问题.自然界中最普通、最常见的反常现象是水的反常膨胀.水在 4 ℃以上时,温度升高体积变大,称为正常膨胀;在 0~4 ℃范围内,温度

升高体积变小,称为反常膨胀.因此,即使严冬空气温度极低时,较深的河(或湖)底的水仍然保持着 4 ℃不会结冰.仿佛大自然的造化,保障了鱼儿依然能够在水中欢快地游弋而不被冻死.

如今,随着科学的发展,新技术、新材料层出不穷,反常现象也经常会有所发现.人们早已熟悉的超导现象等,都可以看成是一种反常现象.近年来取得重大突破的反常量子霍尔效应*,是又一个突出的事例.

在中学物理学习中,利用反常问题,认识不同条件下的反常现象,无疑是对一成不变的概念的一种有力的挑战,极有利于扩展视野.

例题 1(2014 北京) 以往,已知材料的折射率都为正值($n>0$).现已有针对某些电磁波设计制作的人工材料,其折射率可以为负值($n<0$),成为负折射率材料.位于空气中的这类材料,入射角 i 与折射角 r 依然满足 $\dfrac{\sin i}{\sin r}=n$,但是折射线与入射线位于法线的同一侧(此时折射角取为负值).若该材料对电磁波的折射率 $n=-1$,正确反映电磁波穿过该材料的传播途径的示意图是(   ).

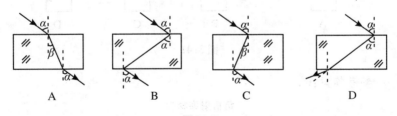

图 3.40

分析与解答 根据负折射率的意义,折射线与入射线位于法线的同侧,A 和 D 均可先排除(D 的出射线与材料中的入射线分居法线两侧).

---

* 反常量子霍尔效应请参阅本书 4.3 节.

因为这种负折射率材料仍然满足折射定律,当其折射率 $n = -1$ 时,意味着在这种材料中的折射角的大小与入射角相等,同样道理,从这种材料出射时,在材料中的入射角和空气中的出射角的大小也应该相等,所以 B 正确.

说明 本题难度不大,命题的目的可能就是为了扩展同学们的视野.大家都会记忆犹新,初中物理学习折射定律时,反复强调折射线和入射线一定"分居法线两侧".在负折射率材料中,却显示了反常行为,这相对于习惯认识是很令人震惊的.下面是一个类似的问题,可以再熟悉一下.

练习题

(2011年复旦大学自主招生试题) 有一种新型材料的折射率 $n = -1$,则图 3.41 中从空气中一点光源发射的光线射向这种材料的光路图是( ).

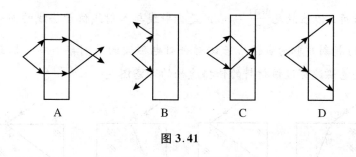

图 3.41

参考答案:C.

负折射率材料

1968 年,苏联物理学家 V. G. Veselago 首先预言了存在负折射率材料的可能性,但直到 2001 年,才由美国加州大学的一个研究小组首次人工合成了样品.此后,对负折射率材料的研究迅速取得多项突破性成果,被美国《科学》杂志评为 2003 年世界十大科技进展之一.

负折射率材料有很广阔的应用前景.例如,用普通材料做眼镜片,为了避免失真需要将镜片磨成弧形,利用负折射率材料就可以制成平面近视镜片;将负

3 中学物理中几种典型的求异思维形式

折射率材料涂在物体表面,可以设法让反射光绕开观察者,起到"隐形"作用等等.

由于折射率材料具有独特的电磁特性和诱人的潜在应用前景,因此,对它的研究目前已成为一个热点.我国复旦大学等多所大学的研究小组已积极开展研究,并已取得一定的成果.

例题 2(2002 上海) 太阳从东边升起,西边落下,是地球上的自然现象,但在某些条件下,在纬度较高地区上空飞行的飞机上,旅客可以看到太阳从西边升起的奇妙现象.这些条件是( ).

A. 时间必须是在清晨,飞机正在由东向西飞行,飞机的速度必须较大

B. 时间必须是在清晨,飞机正在由西向东飞行,飞机的速度必须较大

C. 时间必须是在傍晚,飞机正在由东向西飞行,飞机的速度必须较大

D. 时间必须是在傍晚,飞机正在由西向东飞行,飞机的速度不能太大

分析与解答 首先要认识清楚飞机飞行方向的意义:因为地球自西向东旋转,因此顺着地球自转方向为向东,逆着地球自转方向为向西.

地面上的人随地球自转,通常看到太阳从东边升起、西边落下.要求在飞机上看到太阳从西边升起,飞机相对太阳必须由东向西运动(图 3.42),并且应该使飞机的速度大于该处地球自转的线速度.

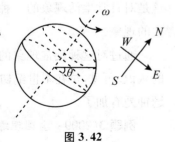

图 3.42

设地球上某处的纬度为 θ,则应满足条件

$$v_{飞机} > v_{自转} = \omega R \cos\theta$$

以 $\omega = \dfrac{2\pi}{T} = \dfrac{2\pi}{86400}$ rad/s $= 7.27 \times 10^{-5}$ rad/s，$R = 6370 \times 10^3$ m，取 $\theta_1 = 60°$，$\theta_2 = 45°$ 估算，则

$v_{1(60°)} \approx 232$ m/s $= 835$ km/h，$v_{2(45°)} \approx 327$ m/s $= 1177$ km/h

通常大型民航客机的巡航速度为 800 km/h 左右，要求满足题设条件，飞机的速度应该比较大。在高纬度处，由于随地球自转的线速度较小，容易满足上述条件。由此可见，B、D 可先排除。

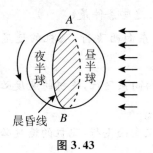

图 3.43

画出从北极上空对地球的俯视图，地球上各处都绕地轴逆时针转动（图 3.43）。由地理知识可知，傍晚时若飞机所处的位置恰在"晨昏线"上（如图 3.47 中 A 点），则当 $v_{飞机} > v_{自转}$ 时，随着地球的自转，飞机对太阳的倾角（太阳高度角）正由 $0°$ 变大，感觉上就像平时看日出一般。因此，当以飞机为参考系时，从飞机上就可以看到太阳从西边升起的奇妙现象。所以正确的是 C。

说明 本题不仅是物理（相对运动和圆周运动的知识）与地理的结合，还渗透着一种反常求异的思维。本题中旅客看到的景象，仿佛完全颠覆了日常生活中的"规矩"，目睹着太阳从西边出来了。显然，这是对日常生活现象的一种反常，当然只能是在特定条件下才能产生的现象。

通过对这种反常现象的研究，无疑已潜移默化地扩展了对事物的认识。可见，早在本世纪初，高考的命题者已经匠心独具，对反常问题钟爱有加了。

例题 3（2009 全国理综） 如图 3.44 所示，P，Q 为某地区水平地面上的两点，在 P 点正下方一球形区域内贮藏有石油，假定区域周围岩石均匀分布，密度为 ρ。石油密度远小于 ρ，可将上述球形区域视为空腔。如果没有这一空腔，则该地区重力加速度（正常值）沿竖直方

向;当存在空腔时,该地区重力加速度的大小和方向与正常情况有微小偏离,重力加速度的原竖直方向(即 PO 方向)上的投影相对正常值的偏离叫做"重力加速度反常".为了探寻石油区域的位置和石油贮量,常利用 P 点附近重力加速度反常现象,已知引力常数为 G.

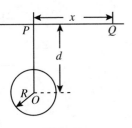

图 3.44

(1) 设球形空腔体积为 V,球心深度为 d(远小于地球半径), $PQ = x$,求空腔所引起的 Q 点处的重力加速度反常.

(2) 若在水平地面上半径为 L 的范围内发现,重力加速度反常值在 δ 与 $k\delta (k>1)$ 之间变化,且重力加速度反常的最大值出现在半径为 L 的范围中心.如果这种反常是由于地下存在某一球形空腔造成的,试求此球形空腔球心的深度和空腔的体积.

分析与解答 (1) 由于空腔会造成附近重力异常,那么空腔填满岩石后附近地区的重力加速度就可以回到正常值.可见,空腔所引起的重力异常可以由填满空腔的物质来确定.

设空腔填满岩石后对位于 Q 处质量为 m 的质点产生的附加重力加速度为

$$\Delta g = \frac{\Delta F}{m} = \frac{G\dfrac{Mm}{r^2}}{m} = \frac{GM}{r^2}$$

式中

$$M = \rho V, \quad r^2 = x^2 + d^2$$

代入后得

$$\Delta g = \frac{G\rho V}{x^2 + r^2}$$

根据题意可知,"重力加速度反常"的值,就是这个附加重力加速度在竖直方向的投影(图 3.45),即

$$\Delta g' = \Delta g \cos\theta = \Delta g \frac{d}{r} = \frac{G\rho V d}{(x^2+d^2)^{3/2}}$$

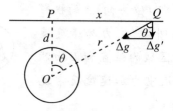

图 3.45

(2) 根据重力加速度反常的表达式,当 $x=0$ 和 $x=L$ 时,分别可得到重力加速度反常的最大值和最小值,即

$$(\Delta g')_{\max} = \frac{G\rho V d}{d^3} = k\delta, \quad (\Delta g')_{\min} = \frac{G\rho V d}{(L^2+d^2)^{3/2}} = \delta$$

两式相比,整理后即得空腔球心的深度,即

$$\frac{(L^2+d^2)^{3/2}}{d^3} = k \Rightarrow d = \frac{L}{\sqrt{k^{2/3}-1}}$$

将 d 值代入上述反常的最大值或最小值表达式,即可解得空腔的体积为

$$V = \frac{k\delta L^2}{G\rho(k^{2/3}-1)}$$

说明 本题介绍的是一种比较典型的反常现象——重力异常. 由于情景新颖,且题文较长,为了顺利求解,需要突破三点:
(1) 理解重力加速度反常的含义;(2) 实现空腔与填满空腔的球体两者之间的转换;(3) 熟悉有关的数学运算要求(主要是深度和体积的计算).

关于重力勘探

重力勘探是一种地球物理勘探方法. 它通过测量与周围地区有密度差异的地质体所引起的重力异常,确定这些地质体存在的空间位置、大小和形状,从而判断该地区的地质构造和矿产分布. 在 20 世纪 30 年代,由于重力仪的研制成功,重力勘探获得了广泛应用,并且进一步发展为海洋、航空和井中重力测量

3 中学物理中几种典型的求异思维形式

技术.

利用重力勘探时,观测到的重力加速度大小除了与该地区的密度分布有关外,还与地球形状、测点高度和地形不规则等因素有关.因此,根据测量值作出地质解释前必须对观测重力加速度的值作相应的改正,才能比较正确地反映出地下密度分布所引起的重力异常.

通常,重力勘探适宜用于被探测的地质体与周围地区的密度存在一定的差别,或者被探测的地质体有足够大的体积和有利的埋藏条件等情况.

例题 4(2009 全国理综Ⅰ) 材料的电阻率 ρ 随温度变化的规律为 $\rho = \rho_0(1+\alpha t)$,其中 α 称为电阻温度系数,ρ_0 是材料在 $t = 0\ ℃$ 时的电阻率.在一定的温度范围内 α 是与温度无关的常数.金属的电阻一般随温度的增加而增加,具有正温度系数;而某些非金属如碳等则相反,具有负温度系数.利用具有正负温度系数的两种材料的互补特性,可制成阻值在一定温度范围内不随温度变化的电阻.已知:在 $0\ ℃$ 时,铜的电阻率为 $1.7 \times 10^{-8}\ \Omega \cdot m$,碳的电阻率为 $3.5 \times 10^{-5}\ \Omega \cdot m$,在 $0\ ℃$ 附近,铜的电阻温度系数为 $3.9 \times 10^{-6}\ ℃^{-1}$,碳的电阻温度系数为 $-5.0 \times 10^{-4}\ ℃^{-1}$.将横截面积相同的碳棒与铜棒串接成长 $1.0\ m$ 的导体,要求其电阻在 $0\ ℃$ 附近不随温度变化,求所需碳棒的长度(忽略碳棒和铜棒的尺寸随温度的变化).

分析与解答 根据电阻率与温度的关系,当温度变化 Δt 时引起电阻率的变化为

$$\Delta \rho = \rho_0 \alpha \Delta t \quad ①$$

设碳棒与铜棒原来的长度分别为 l_1 与 l_2,则当温度变化 Δt 时,对应的电阻变化分别为

$$\Delta R_1 = \Delta \rho_1 \frac{l_1}{S} = \rho_{10} \alpha_1 \Delta t \frac{l_1}{S} \quad ②$$

$$\Delta R_2 = \Delta \rho_2 \frac{l_2}{S} = \rho_{20} \alpha_2 \Delta t \frac{l_2}{S} \quad ③$$

要求将横截面积相同的碳棒与铜棒串接后的电阻不随温度变化,只需使它们的电阻随温度变化时产生的变化量互相抵消,即应该

满足关系
$$\Delta R_1 + \Delta R_2 = 0$$
即
$$\rho_{10}\alpha_1 l_1 + \rho_{20}\alpha_2 l_2 = 0 \quad \text{④}$$
又有已知条件
$$l_1 + l_2 = 1.0 \text{ m} \quad \text{⑤}$$
联立④、⑤两式得碳棒长
$$l_1 = \frac{\rho_{20}\alpha_2}{\rho_{20}\alpha_2 - \rho_{10}\alpha_1}$$
$$= \frac{1.7\times 10^{-8}\times 3.9\times 10^{-3}}{1.7\times 10^{-8}\times 3.9\times 10^{-3} - 3.5\times 10^{-5}\times(-5.0\times 10^{-4})}\text{ m}$$
$$\approx 3.8\times 10^{-3}\text{ m}$$

说明 通常金属的电阻随温度升高而增大(如常见的白炽灯的灯丝),这是大家熟知的现象,如果把它作为"正常"现象的话,那么具有负温度系数的某些非金属就属于"反常"特性了.

其实,具有负温度系数的材料并不神秘.有一种以钛酸钡为主的新型半导体材料(PTC),在低于(或高于)某个设定的温度时,它的电阻率随温度升高而减小,显示出负温度系数的特点.这种材料就具有发热和温控双重作用.

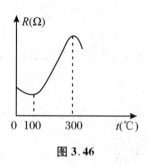
图 3.46

例如,夏天家用电热灭蚊器电热部分的主要元件就是 PTC 材料制的,其电阻随温度变化的图像如图 3.46 所示.通常将工作的温度设定在 165 ℃左右,当它因偶然因素温度升高(或下降)时,其电阻增大(或减小),电功率减小(或增大),从而使温度下降(或上升),自动维持在设定的温度附近.

这种 PTC 材料也被广泛用于家用的陶瓷取暖器、陶瓷电热水器等设备中.如图 3.47(a)所示的电热水壶,其发热元件(R_T)为 PTC 材料制作的电阻,它的电阻温度特性如图 3.47(b)所示.你能够解释它的工作原理吗?

(a)

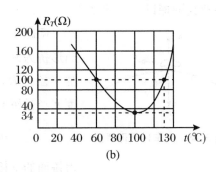
(b)

图 3.47

(2) 提出反常问题、引发兴趣

先介绍一件小事:一个小孩被他的妈妈抱着第一次坐汽车,看着两旁的行道树欢快地说:妈妈、妈妈,这些树跑起来好快啊! 同车的许多叔叔阿姨们都乐了,"傻孩子,不是树跑得快,是我们的汽车开得快!"

那么,这个孩子真的傻吗? 学过物理的同学都会知道,这个天真的孩子一点都不傻,他是以自己(汽车)为参考系作出判断的.这些叔叔阿姨们,习惯了以地面为参考系,对于以其他物体为参考系作出判断时,就认为反常、傻了!

从这件小事可以知道,除了前面那些科学发现和技术上的反常现象和事例外,在平时的生活和学习中,可以提出许多与"通常情况"相反的问题,或作出许多与习惯认识"反常"的设想.这些问题或设想,往往充满活力、妙趣横生,很值得探究.

例如,我们都习惯了太阳"从东方升起,西方落下",日常生活中有句俗话:"除非太阳从西边出来."意思是说明某件事物具有绝对的不可能性.前面所介绍的 2002 年的高考题,恰好就出现了完全不同

于日常习惯的"反常".类似这样的问题(或其他设想),你在平常的学习过程中是否有所体会?

下面,我们以同学们学习过程中提出的若干"反常"问题或设想,作些有趣的探讨.

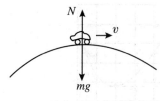

图 3.48 汽车过凸形桥顶

问题 1 研究向心力时通常都会以凸形桥为例——如图 3.48 所示,设桥面圆半径为 R,一辆质量为 m 的汽车以速度 v 经过桥面顶端时,由

$$mg - N = m\frac{v^2}{R}$$

得桥面的支持力为

$$N = mg - m\frac{v^2}{R} < mg$$

根据牛顿第三定律,汽车对桥面的压力大小

$$N' = N < mg$$

即小于车的重力.而且随着汽车速度的增大,对桥面的压力也越小.

一个同学提出了这样的问题:既然车速越大,对桥面的压力越小(对平桥而言,$R \to \infty$,$N = mg$),那么为什么当桥梁出现隐患时,常常会在桥头看到限速慢行的标志呢?

这个现实生活中的标志仿佛是对上面理论的一种"反常",引起了许多同学的兴趣,大家争先恐后地议论起来.

经过讨论,大家有了比较一致的认识:汽车运动过程中产生上下的振动(颠簸)才是对桥梁威胁最大的"元凶",桥梁的安全主要也是从车辆运动中不可避免的上下振动出发考虑的.如果把车简化为一个竖直弹簧-木块系统,车速较大时桥面稍有不平整就会引起突然的振动(颠簸),会在竖直方向产生加速度.假设在竖直方向产生加速度 $a = 0.3g$,那么就会对桥面引起附加压力

$$\Delta F = 0.3mg$$

相当于车重增加了30%. 这是一个很大的负载,每天有许多车辆频繁地经过时,桥梁就会不堪重负.

关于危桥与车速的一个趣味问题

儒勒·凡尔纳在小说《八十天环游地球》里描写了这样一个情节:在落基山里有一道铁路吊桥,由于桁架已经损坏,随时都会坍塌.但是勇敢的司机却决定带旅客从桥上面开过去(图3.49).

图 3.49 飞车过危桥

那么,这样的事是否可能呢? 著名的科普作家别莱利曼在他所著的《趣味力学》中,认为小说里讲的并不是没有道理. 关键在于列车应该在极短促的时间里驶过桥,以至在这样短的一瞬间,桥还来不及坍塌下去. 接着,别莱利曼作了估算:

假设车速为 $v = 41$ m/s ≈ 148 km/h*,考虑到山区的水流大概不会太宽,可设桥长仅为 $l = 10$ m,则列车过桥时间为

$$t = \frac{l}{v} = \frac{10}{41} \text{ s} \approx \frac{1}{4} \text{ s}$$

假设桥在最初一瞬间开始断裂的话,断裂的一端在 $t = \frac{1}{4}$ s 内只落下距离

$$x = \frac{1}{2}gt^2 = \frac{1}{2} \times 9.8 \times \left(\frac{1}{4}\right)^2 \text{ m} \approx 0.3 \text{ m}$$

由于桥并不是一下子都断的,而是列车驶入的那一端先断. 当这一端开始落下最初几厘米时,另外一端应该仍然和岸连接着,因此不长的列车来得及在这一端也断裂之前驶到对岸.

---

* 在别莱利曼时代(20世纪二三十年代),车速为 $v=41$ m/s$\approx$148 km/h 是不可能的. 现在的高铁车速可达 300 km/h$\approx$83 m/s 以上,通过 $l=10$ m 的小桥所需时间和断裂端落下距离仅分别为

$$\Delta t = \frac{10}{83} \text{ s} \approx \frac{1}{8} \text{ s}, \quad \Delta x = \frac{1}{2}g(\Delta t)^2 \approx 0.08 \text{ m}$$

更有安全感了. 不过,实际情况下,是不允许这样冒险的!

问题 2 在学习天体运动和万有引力的内容时,有位同学提出问题:研究运动时参考系的选择是任意的,托勒密以地球为参考系,哥白尼以太阳为参考系,那么为什么认为哥白尼的理论更合理呢?

这个问题很有深度,无疑也是对公认理论的一次质疑或"反常".但是在中学物理范畴内,无法对托勒密体系和哥白尼体系进行详细的比较.

考虑到实际情况——人们通常都只是关心太阳和地球的运动,因此可以将太阳系简化为太阳和地球两个天体,同时把问题表述得更直接一些:为什么认为地球绕太阳转动,比认为太阳绕地球转动更合理?

为此,我们可以把太阳与地球看成一个双星系统(即不考虑其他天体对运动的影响).研究双星系统有两个要点:① 由两者相互作用的引力作为它们绕系统公共中心(即系统的质量中心)转动的向心力;② 两者绕公共中心旋转的角速度相同,转动半径分别为各个天体到公共中心的距离.

设太阳和地球的质量分别为 M 和 m,两者相距为 r,太阳和地球绕公共中心的转动的角速度设为 ω,旋转半径分别为 r_1 和 r_2. 根据由相互间的万有引力作为向心力,对太阳和地球分别有

$$G\frac{Mm}{r^2} = M\omega^2 r_1, \quad G\frac{Mm}{r^2} = m\omega^2 r_2$$

则

$$\frac{r_1}{r_2} = \frac{m}{M} \qquad ①$$

又

$$r_1 + r_2 = r \qquad ②$$

联立①、②两式可得

$$r_1 = \frac{m}{m+M}r, \quad r_2 = \frac{M}{m+M}r$$

3 中学物理中几种典型的求异思维形式

查阅有关数据知:$m = 5.98 \times 10^{24}$ kg, $M = 1.99 \times 10^{30}$ kg, $r = 1.496 \times 10^{11}$ m,因此

$$\frac{r_1}{r_2} = \frac{m}{M} = \frac{5.98 \times 10^{24}}{1.99 \times 10^{30}} \approx 3 \times 10^{-6}$$

或

$$r_1 = \frac{m}{m+M}r = \frac{5.98}{5.98 + 1.99 \times 10^6}r$$
$$= 3 \times 10^{-6} r = 4.488 \times 10^5 \text{ m}$$
$$r_2 = \frac{M}{m+M}r = \frac{1.99 \times 10^6}{5.98 + 1.99 \times 10^6}r$$
$$= 0.99999699 r = 1.49599 \times 10^5 \text{ m} \approx r$$

由此可见,地球绕公共中心转动的轨道半径,非常接近于太阳与地球之间的距离,相当于地球在绕太阳转动;而太阳的轨道半径比太阳与地球之间的距离小得多,即太阳仅在自己的中心附近做微小的振动,近似地可以看作不动.

根据这个计算结果,我们可以看到:以太阳为参考系,认为地球绕太阳转动显得更为合理,在处理问题时把太阳看成"静止不动"更加简便.

同学们在学习物理的过程中,常常会产生许多远离人们生活习惯的问题或设想——相当于是对习惯认识的"反常",开始往往会被人看成是一种狂妄的幻想.其实,这样的问题或设想,有许多跟科学家的展望很相像.例如,一些同学当年在苏联发射成功第一颗人造卫星后就曾提出问题:将来能否架一座"天梯",可以直接方便地进入太空? 在 20 世纪 60 年代,这样的想法肯定被认为是不切实际、甚至是违背常规的.如今,随着科学技术的发展,这种"反常"的幻想变为现实已为期不远了.下面这个问题所介绍的,就是很有信心的一种展望.

问题 3(2014 四川) 石墨烯是近些年发现的一种新材料,其超

求异

高强度及超强导电、导热等非凡的物理化学性质有望使 21 世纪的世界发生革命性的变化,其发现者由此获得 2010 年诺贝尔物理学奖. 用石墨烯制作超级缆绳,人类搭建"太空电梯"的梦想有望在本世纪实现. 科学家们设想,通过地球同步轨道站向地面垂下一条缆绳至赤道基站,电梯仓沿着这条缆绳运行,实现外太空和地球之间便捷的物质交换.

图 3.50

(1) 若"太空电梯"将货物从赤道基站运到距地面高度为 h_1 的同步轨道站,求轨道站内质量为 m_1 的货物相对地心运动的动能. 设地球自转角速度为 ω,地球半径为 R.

(2) 当电梯仓停在距地面高度 $h_2 = 4R$ 的站点时,求仓内质量 $m_2 = 50$ kg 的人对水平地板的压力大小. 取地面附近重力加速度 $g = 10$ m/s², 地球自转角速度 $\omega = 7.3 \times 10^{-5}$ rad/s,地球半径 $R = 6.4 \times 10^3$ km.

分析与解答 (1) 货物在同步轨道站时离开地心的线速度为

$$v_1 = \omega(R + h_1)$$

因此相对地心的动能为

$$E_k = \frac{1}{2}m_1 v_1^2 = \frac{1}{2}m_1 \omega^2 (R + h)^2$$

(2) 设地球质量为 M,在离开地心为 r 处的重力加速度为 g_r,由万有引力公式知

$$mg_r = G\frac{Mm}{r^2} \quad \Rightarrow \quad g_r = \frac{GM}{r^2}$$

因此离开地面高度 $h_2 = 4R$ 的站点处的重力加速度 g_2 与地面附近重力加速度 g 的关系为

$$g_2 = \frac{R^2}{(R + h_2)^2}g = \frac{1}{25}g$$

3 中学物理中几种典型的求异思维形式

设在该站点内地板对人的支持力为 N，则由向心力公式知

$$mg_2 - N = m\omega^2(R + h_2)$$

得

$$N = mg_2 - m\omega^2(R + h_2)$$
$$= \frac{1}{25}mg - 5m\omega^2 R$$
$$= \frac{1}{25} \times 50 \times 10 \text{ N} - 5 \times 50 \times (7.3 \times 10^{-5})^2 \times 6.4 \times 10^6 \text{ N}$$
$$= 11.5 \text{ N}$$

根据牛顿第三定律，人对地板的压力大小为

$$N' = N = 11.5 \text{ N}$$

说明 本题结合新材料提出了一种很有意义的设想，综合了牛顿运动定律、圆周运动、万有引力和动能等多方面的知识．解题中需要注意的是，不要把站点离开地面的距离误认为是离开地心的距离，同时，最后应根据牛顿第三定律转换为人对地板的压力．

在学习过程中，应该有勇气多提各种各样的问题、多作各种各样的设想——包括"反常"的问题和"反常"的设想．如果一个学生对于提出问题和作出这样的设想都没有勇气，大概也很难指望他将来能够作出比较大的创新和贡献．

著名物理学家、诺贝尔物理学奖得主李政道说："一个人想要做点事业，非得走自己的路．要开创新路子，最关键的是你会不会自己提出问题，能正确地提出问题就是迈开了创新的第一步．"这是值得大家铭记的话！

★ 3.5 似中求异

在中学物理学习中，也常会遇到许多许多很相近的情景或许多很相似的物理问题，许多同学往往受到习惯思维（思维定势）的影响，容易感到迷茫，或者失足落入窠臼．

从相似中求异,正好可以与前面的"反常求异"成为遥相对应的两个方面.我们学习和运用求异思维,既要求能从常规的、一般的思维路线中脱颖而出;也要求能从相似的、似是而非的问题中发现不同之处.

那么,如何能够实现似中求异的成功呢?

首先,离不开基础知识的根底.例如,初学高中物理时,常常会把"加速度"从字面上去理解为"加出来的速度",就是因为基础知识还很浅薄的缘故.

其次,懂得必要的方法——学会对问题做仔细的分析,从具体问题的条件找出它的特点及其与相似问题的本质区别.

第三,重视积累.德国著名物理学家索末菲曾对他的学生这样勉励:"要勤奋地去做练习,只有这样,你才会发现,哪些你理解了,哪些你还没有理解."显然,这里的"做练习"绝不是深陷题海,而是在于达到理解的目的.

下面,选择若干同学们在学习中容易遇到的问题,对比着因思维定势的失误,共同体会一下,如何通过分析达到求异成功.

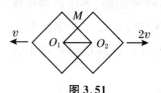

图 3.51

例题 1 两个相同的正方形铁丝框如图 3.51 放置,并沿对角线方向分别以速度 v 和 $2v$ 向左右运动,则两框交点 M 的速度大小为( ).

A. $3v$ B. $\dfrac{\sqrt{2}}{2}v$ C. $\dfrac{3\sqrt{2}}{2}v$ D. $\dfrac{\sqrt{10}}{2}v$

分析与解答 一些同学根据以往处理运动合成问题的相似性,直接假设右框不动,左框相当于以速度 $3v$ 滑行,于是就认为交点 M 的速度为 $3v$ 或 $3v\cos 45° = \dfrac{3}{2}\sqrt{2}v$,因此选择 A 或 C.也有些同学直接把它看成两个速度的合成,得

$$v = \sqrt{v_1^2 + v_2^2} = \sqrt{5}\,v$$

因没有选项而不知所措.

3 中学物理中几种典型的求异思维形式

这些同学都没有辨析本题与以往一些问题的不同之处：这里交点的速度并非直接由左、右两个速度合成，而是由它们沿着框边的两个分速度所合成．正确的解答如下：

假设右框不动，左框以速度 v 向左运动，则交点 M 沿框边滑行的速度为

$$v_1 = v\cos 45° = \frac{\sqrt{2}}{2}v$$

若左框不动，右框以速度 $2v$ 向右运动，则交点 M 沿框边滑行的速度为

$$v_2 = 2v\cos 45° = \sqrt{2}v$$

当左右两框同时运动时，相当于交点 M 同时参与上述两种运动（图 3.52），因此其速度为

图 3.52

$$v_M = \sqrt{v_1^2 + v_2^2} = \sqrt{\frac{1}{2}v^2 + 2v^2} = \frac{\sqrt{10}}{2}v \quad (D\text{ 正确})$$

图 3.53

例题 2 如图 3.53 所示，竖直光滑直杆上套有一个小球和两根轻弹簧，两弹簧的一端各与小球相连，另一端分别用销钉 M，N 固定于杆上．小球处于静止状态．设拔去销钉 M 的瞬间，小球加速度的大小为 $12\ \text{m/s}^2$．若不拔去销钉 M 而拔去销钉 N 的瞬间，小球的加速度可能是（取 $g = 10\ \text{m/s}^2$）（　　）．

A．$22\ \text{m/s}^2$，竖直向上　　　　B．$22\ \text{m/s}^2$，竖直向下
C．$2\ \text{m/s}^2$，竖直向上　　　　D．$2\ \text{m/s}^2$，竖直向下

分析与解答 本题显然属于牛顿第二定律的应用问题．许多同学对牛顿第二定律的瞬时性印象非常深刻，因此看到这个问题，立即跟头脑中原有的模式沟通起来（图 3.54），把题中拔去销钉看成原有模式中的剪断细绳，认为弹簧会瞬时保持原来的形变，弹力不变，小球怎么会产生加速度呢？由于认识上的这个障

图 3.54

碍,进一步深入也就难以为继了.

这些同学思想上的混淆,源于对弹力产生条件缺乏正确的认识,以致不会从两个相似的情景中区分出物理实质的不同.应该注意,轻质弹簧形成弹力时,其两端必须受到沿着弹簧方向的大小相等、方向相反的挤压或拉引作用.图 3.54 中剪断细绳,弹簧两端依然受到约束,图 3.53 中拔去销钉,弹簧的一端立即失去了约束.由于弹簧没有质量,即没有惯性,因此弹簧的形变量可瞬间变化(减小)为零,弹簧中的弹力也就不存在了.

认识了这个差异后,再考虑到原来下弹簧的形变不明确,就知道应该分两种情况考虑:

若原来下弹簧处于压缩状态,其弹力 F_2 方向向上,由牛顿第二定律

$$F_2 - mg = ma \Rightarrow F_2 = m(a+g)$$

若原来下弹簧处于拉伸状态,其弹力 F_2' 方向向下,同理有

$$F_2' + mg = ma \Rightarrow F_2' = m(a-g)$$

当拔去销钉 N 的瞬间,下弹簧的弹力突然消失,而上弹簧由于球的惯性,瞬间保持弹力不变.因此,此时小球所受合外力的大小就等于下弹簧消失的弹力,其方向与消失的弹力相反.于是,由牛顿第二定律可以列出两个方程

$$F = F_2 = m(a+g) = ma_1 \quad 和 \quad F = F_2' = m(a-g) = ma_1'$$

得加速度分别为

$$a_1 = a + g = 22 \text{ m/s}^2 \quad (方向竖直向下)$$
$$a_1' = a - g = 2 \text{ m/s}^2 \quad (方向竖直向上)$$

所以正确的选项是 B、C.

说明 为了进一步认识轻质弹簧两端受约束时产生弹力的特

征,对下面这个练习仔细体会一下是很有意义的.

例题 3(2012 江苏) 2011年8月,"嫦娥二号"成功进入了绕"日地拉格朗日点"的轨道,我国成为世界上第三个造访该点的国家,如图3.55所示,该拉格朗日点位于太阳与地球连线的延长线上,一飞行器位于该点,在几乎不消耗燃料的情况下与地球同步绕太阳做圆周运动,则此飞行器的( ).

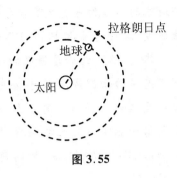

图 3.55

A. 线速度大于地球的线速度
B. 向心加速度大于地球的向心加速度
C. 向心力仅由太阳的引力提供
D. 向心力仅由地球的引力提供

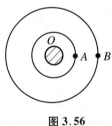

图 3.56

分析与解答 许多同学看到这个问题,立即在脑海中出现一个熟悉的模型:如图 3.56 所示,A,B 两颗行星(或人造卫星)绕同一恒星(或地球)O 转动的情景.于是,仿照这个模型列出地球和"嫦娥二号"在太阳引力作用下的关系式

$$G\frac{M_{日}m_{地}}{r_{日地}^2} = m_{地}a_{地} = m_{地}\frac{v_{地}^2}{r_{日地}}$$

$$G\frac{M_{日}m_{嫦}}{r_{日嫦}^2} = m_{嫦}a_{嫦} = m_{嫦}\frac{v_{嫦}^2}{r_{日嫦}}$$

两式相比,分别得

$$\frac{a_{地}}{a_{嫦}} = \frac{r_{日嫦}^2}{r_{日地}^2}, \quad \frac{v_{地}^2}{v_{嫦}^2} = \frac{r_{日嫦}}{r_{日地}}$$

于是得

$$a_{地} > a_{嫦}, \quad v_{地} > v_{嫦}$$

即地球的向心加速度和线速度分别大于"嫦娥二号"的向心加速度和线速度.认为选项A、B和D均错,C正确.

其实,这个结论是错误的,这些同学没有认识到在相似的外表下所掩盖的物理实质不同.在图3.56中的两颗卫星(或行星)仅受中心天体的引力作为向心力,而处于拉格朗日轨道的"嫦娥二号"由太阳和地球的引力共同提供它绕太阳做圆周运动的向心力,并且"嫦娥二号"与地球以相同角速度同步绕太阳做圆周运动.根据圆周运动公式

$$a = \omega^2 r \quad 和 \quad v = \omega r$$

可见"嫦娥二号"的向心加速度和线速度均比地球的向心加速度和线速度大,因此选项A、B都正确,C、D均错.

说明 拉格朗日轨道是一个新概念,也是首次出现在高考试题中.试题中C、D两项联合起来实际上已经作了提示,从中可以领悟到"嫦娥二号"应该同时受到太阳和地球的引力作用.

什么是拉格朗日点?

拉格朗日点是指在两个大质量的天体引力作用下,能使第三个小质量的天体受力平衡,与两个大质量天体处于相对静止.例如,在太阳和地球两大天体引力作用下,在它们的轨道平面上存在某些特殊的点,当小质量的卫星位于这些点上时,太阳和地球对卫星引力的合力,恰好等于它与两大天体一起转动所需要的向心力.这也就是说,当卫星位于这些点上时,能保持与太阳、地球两大天体的相对位置始终不变.

实际上,这是属于"平面圆形限制性三体问题"——两个大质量天体在相互引力作用下绕其公共质心做圆周运动,第三个小质量天体不对这两个大质量天体的运动造成任何影响.1767年,瑞士数学家欧拉首先在两大天体的连线上找出了三个点L_1、L_2、L_3.1772年,法国数学家拉格朗日又在两个大天体的连线外对称位置上找出了另外两个点.因此,在两个大质量天体的平面内,共有5个这样的点,分别表示为L_1、L_2、L_3、L_4和L_5,如图3.57所示.后来就把这些点

称为拉格朗日点.

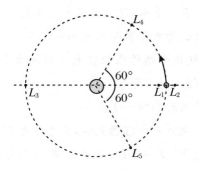

图 3.57 拉格朗日点

拉格朗日点对科学研究有重大的意义,可以归纳为三方面:

(1) 利用拉格朗日点可以作为宇宙探索的基地——例如,L_2 位于日地连线上、地球外侧约 150 万千米处,卫星在 L_2 点只需消耗很少的燃料就可以长期驻留,因此是放置宇宙探测器、天体望远镜定位和观测太阳系的理想位置,可以为人类了解空间获取更多有价值的科学研究数据.

(2) 利用拉格朗日点还可以建立空间中转站——例如,拉格朗日点 L_4 和 L_5 具有非常好的稳定性,物体在这些点上即使有移动,也不会脱离,而是绕这些点摆动.因此,可以在月—地系统和日—地系统的拉格朗日点 L_4、L_5 建立空间中转站,作为今后实现远距离星际航行和宇宙移民的"码头",提供中途的物质等方面的补给.

(3) 利用拉格朗日点建立太空高速路和太空通信网络——例如,如果将拉格朗日点连接成太空高速公路,航天飞机和宇宙飞船依照由拉格朗日点布局成的高速公路行驶,可以缩短时间,节省能源.

例题 4 如图 3.58 所示,把一个平行板电容器接在电压 $U=10\text{ V}$ 的电源上,现进行下列四步动作:① 合上 S;② 在两板中央插入厚为 $\dfrac{d}{2}$ 的金属板;③ 打开 S;④ 抽出金属板.则电容器两板间的电势差为(   ).

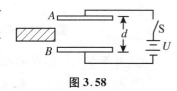

图 3.58

A. 0 V　　　　B. 10 V　　　　C. 5 V　　　　D. 20 V

分析与解答　表面看来,这个电容器又恢复了原来的状态,因此一些同学不假思索认为电容器两板间的电势差等于 0. 实际上,这些同学没有认识到,这几个动作已经使电容器经历了一系列的微观过程,这个电容器已经不同于原来了.

每一步动作产生的影响如下:

① 合上 S——电源对电容器充电,至电压为 U. 设电容器的电容量为 C,此时带电量 $Q_1 = CU$,板间形成一个匀强电场,场强 $E_1 = \dfrac{U}{d}$.

② 在两板中央插入厚为 $\dfrac{d}{2}$ 的金属板——极板的两侧出现等量异号的感应电荷,上下形成两个匀强电场区域,其宽度均为 $\dfrac{d}{4}$. 由于整个金属板为等势体,则极板 A 与金属板之间、金属板与极板 B 之间的电势差均为 $\dfrac{U}{2}$,其场强增为原来的 2 倍,即 $E_2 = 2E_1$(图 3.59). 可见,在插入过程中,电源必然对 A,B 两板继续充电,因此极板上的电量也增为原来的 2 倍,即 $Q_2 = 2Q_1$.

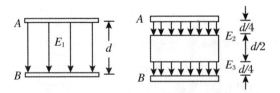

图 3.59　两板间电场线的形象化表示

③ 打开 S——A,B 两极板的电量保持不变,即 $Q_3 = Q_2 = 2Q_1$.

④ 抽出金属板——电容器的电容量恢复为 C,而电量为 $2Q_1$,所以两板间的电势差为 $U' = \dfrac{2Q_1}{C} = 2U = 20$ V.

所以正确的是 D.

说明 这个结果颇有些出人意料,却是千真万确的.必须注意:电容器的电容量由它的几何结构与介质特性决定,而电容器的带电量和两板间的电势差与外界条件有关.

例题 5 如图 3.60 所示,在磁感应强度为 B 的匀强磁场中,放置两根很长的光滑竖直导轨,上端接入一个电容器 C.垂直导轨搁一根质量为 m 的金属杆 MN,它和电路其他部分的电阻都不计.现使金属杆紧贴着导轨由静止滑下,对它的运动判断正确的是(　　).

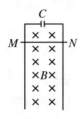

图 3.60

A.金属杆做自由落体运动

B.金属杆做加速度小于 g 的匀加速运动

C.金属杆先做匀加速运动,后做匀速运动

D.金属杆先做变加速运动,后做匀速运动

分析与解答 一些同学粗枝大叶,认为接入电容器也相当于开路,等同于图 3.61 中的情况,杆中没有感应电流,不会受到安培力作用,因此金属杆在重力作用下做自由落体运动,认为 A 正确.

也有些同学不作分析,套用常见的图 3.62 中的情况,认为有感应电流产生,使杆受到向上的安培力作用.设杆的有效长度为 l、电阻为 R,杆的运动方程为

$$mg - F_A = ma$$

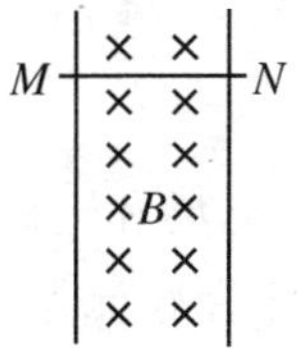

图 3.61 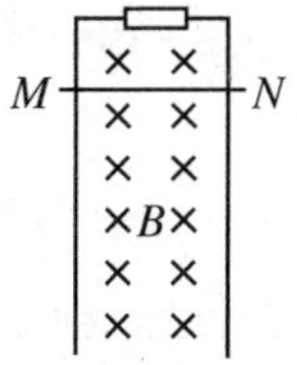　　　　　图 3.62

即

$$mg - \frac{B^2 l^2 v}{R} = ma$$

随着下落速度的增大,安培力也增大,因此金属杆向下做加速度越来越小的变加速运动.当加速度最终变为零时,金属杆就以稳定的速度做匀速运动,即认为 D 正确.

实际上,这两个结果都错,主要是这些同学混淆了不同电路的特点,疏忽了电容器具有通过变化电流的特性——当金属杆下落速度变化时,杆中产生大小变化的电流,可以对电容器不断地充电,如同有电流通过一样.

设下落过程中杆在某时刻 t 的速度为 v,在 $t + \Delta t$ 时刻的速度为 $v + \Delta v$,对应于这两个时刻的感应电动势分别为 $E = Blv$ 和 $E' = Bl(v + \Delta v)$,在时间 Δt 内使电容器产生的电量变化和通过电容器的电流分别为

$$\Delta q = C\Delta U_C = C(E' - E) = CBl\Delta v$$

$$I = \frac{\Delta q}{\Delta t} = CBl\frac{\Delta v}{\Delta t} = CBla$$

因此,金属杆下落时在重力和安培力共同作用下的运动方程为

$$mg - F_A = ma \Rightarrow mg - B \cdot CBla \cdot l = ma$$

得金属杆下落的加速度为

$$a = \frac{mg}{m + CB^2 l^2} < g$$

可见,它是一个恒量,表明金属杆下落后做加速度小于 g 的匀加速运动,B 正确.

说明　本题综合了牛顿第二定律、静电场和电磁感应等方面的知识,是一个综合性很强的问题.如果再使导轨倾斜,杆与导轨间有一定的摩擦,则仅在动力学方面稍稍作了提升,基本方法不变.请同学们用下面的问题作一次自我检测.

3 中学物理中几种典型的求异思维形式

练习题

(2013 全国新课标 I) 如图 3.63 所示,两条平行导轨所在平面与水平地面的夹角为 θ,间距为 L.导轨上端接有一平行板电容器,电容为 C.导轨处于匀强磁场中,磁感应强度大小为 B,方向垂直于导轨平面.在导轨上放置质量为 m 的金属棒,棒可沿导轨下滑,且在下滑过程中保持与导轨垂直并良好接触.已知金属棒与导轨之间的动摩擦因数为 μ,重力加速度大小为 g.忽略所有电阻.让金属棒从导轨上端由静止开始下滑,求:

(1) 电容器极板上积累的电荷量与金属棒速度大小的关系;

(2) 金属棒的速度大小随时间变化的关系.

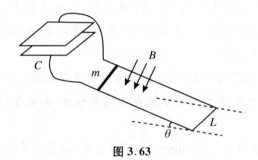

图 3.63

参考答案:(1) $Q = CBLv$;(2) $v = \dfrac{m(\sin\theta - \mu\cos\theta)}{m + B^2L^2C}gt$.

例题 6 如图 3.64 所示为氢原子的能级图,为了使得处于基态的氢原子被激发,一个同学提出了两种方案:采用波长为 $\lambda = 120$ nm 的光子照射,或采用能量为 11.0 eV 的电子照射.讨论中,有以下几种不同看法,你认为正确的是( ).

A. 两种办法都可以

B. 两种办法都不行

C. 用光子激发可行,用电子激发不行

D. 用光子激发不行,用电子激发可行

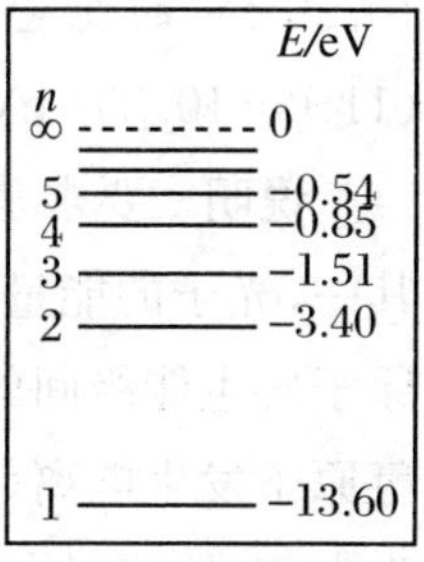

图 3.64

分析与解答 根据氢原子的能级值

$E_1 = -13.60 \text{ eV}, \quad E_2 = -3.40 \text{ eV}, \quad E_3 = -1.51 \text{ eV}, \cdots$

则各激发态与基态的能量差分别为

$\Delta E_{21} = E_2 - E_1 = -3.40 \text{ eV} - (-13.60 \text{ eV}) = 10.20 \text{ eV}$

$\Delta E_{31} = E_3 - E_1 = -1.51 \text{ eV} - (-13.60 \text{ eV}) = 12.09 \text{ eV}$

……

波长为 $\lambda = 120$ nm 的光子能量为

$$E_{光子} = h\frac{c}{\lambda} = \frac{6.63 \times 10^{-34} \times 3 \times 10^8}{120 \times 10^{-9}} \text{ J}$$

$= 10.36 \text{ J} = 1.6575 \times 10^{-18} \text{ eV}$

认为两种办法都可行(选 A)的同学,其理由是 $E_{光子} > \Delta E_{21}$ 和 $E_{电子} > \Delta E_{21}$;认为两种办法都不行(选 B)的同学,其理由是 $E_{光子} \neq \Delta E_{21}$ 和 $E_{电子} \neq \Delta E_{21}$.

实际上,他们全错了.这些同学都没有正确认识玻尔理论能量的量子化,同时也混淆了用光子激发和实物粒子(如电子)激发的不同条件.

当用波长为 $\lambda = 120$ nm 的光子照射时,由于光子的能量 $E_{光子} \neq \Delta E_{21}$,氢原子无法吸收,不能激发.

当用能量为 11.0 eV 的电子照射时,氢原子可吸收其中 $\Delta E_{21} = 10.20$ eV 的能量,从基态跃迁到 $n = 2$ 的能级,电子自身还余下 $(11.0 - 10.20)$ eV $= 0.8$ eV 的动能.所以 D 正确.

说明 要求氢原子能够吸收光子的能量,只有两种可能情况:其一,光子的能量满足条件 $h\nu = \Delta E$(氢原子能级的能量差),使氢原子发生能级间的跃迁;其二,光子的能量 $h\nu > 13.60$ eV,从而使氢原子发生电离(13.60 eV 称为氢原子的电离能).而原子一旦发生电离,原来的结构即被破坏,也就不再遵循有关原子结构的理论了.

要求氢原子能够吸收实物粒子(如电子)的能量,只需满足一个条件,即粒子(如电子)的能量 $E \geqslant \Delta E$,都可以使氢原子受激发跃迁到较高能级.但是,在这个过程中,氢原子吸收的能量依然只能是任何两个能级的能量差,余下的能量就是实物粒子(如电子)的动能.

所以,在处理氢原子被激发的具体问题时,必须分清光子激发和电子激发的不同情况.

3.6 反证归谬

反证(reductio ad absurdum)在数学上用得较早和较多.在古希腊亚历山大学派的创始人欧几里得的光辉巨著《几何原本》中提出了第五公设*,历史上有许多数学家曾用反证法企图证明它可证或不可证,并最后引出非欧几何.1993年世界十大科技新闻之一,就是英国数学家安德鲁·怀尔斯用反证法证明了费马大定律完全可以成立**.

一般程式

从思维方法的意义来说,反证法就是一种特定的逆向思维方法,也由于这个缘故,本书专列一小节予以简单介绍.

反证法的基本程式(或步骤),通常可以形成"三步曲":

第1步,反设——根据原命题提出它的逆命题.假设原命题不成立(或不正确),则其逆命题成立(或正确).

第2步,归谬——从假设的逆命题出发,运用已知的定律、公式等进行推理,论证逆命题非真.也就是说,设法证明逆命题不成立(或

---

* 欧几里得第五公设又称为平行公设,它的内容是:同一平面内一条直线和另外两条直线相交,若在某一侧的两个内角的和小于两个直角和,则这两条直线经无限延长后必在这一侧相交.

** 费马大定律也叫费马猜想,是费马(P. Fermat,1601~1665)死后,后人在其手稿中发现的,用现代术语表示:不可能有满足 $x^n + y^n = z^n (xyz \neq 0, n > 2)$ 的整数 x、y、z、n 存在.

不正确).归谬的含义也在于此.这是反证法的一个核心环节.有时,根据它在反证法中所居的地位,也把反证法称为归谬法.

第3步,结论——肯定原命题成立(或正确).

若以 A 表示原命题,B 表示其逆命题,上述步骤可表示成两种等价的逻辑证明形式:

若A,则B	若非A,则B
非B	非B
所以,非A	所以,A

解题应用

虽然,反证法较多地应用于数学,但并非为数学的"独家专利".它作为一种科学思维方法,在自然科学的许多学科和社会科学中都有应用.同样,在中学物理学习中也有着丰富的实例.

图3.65

例题 1 如图 3.65 所示,一个光滑小球放在水平桌面上,一部分与倾斜的挡板相接触.证明:小球静止时,挡板与小球之间一定没有弹力作用.

分析与解答 为了证明倾斜挡板不会对小球产生弹力,可先提出它的逆命题——假设挡板能对球产生弹力,设为 N_2,其方向垂直挡板斜向上,如图3.66所示.

这样,小球共受到三个力的作用:重力 G、水平桌面的弹力 N_1、挡板弹力 N_2.其中,N_2 的水平分力将驱使小球向右做加速运动,小球也就无法在光滑桌面上保持平衡,即与命题条件相矛盾(归谬).

所以,倾斜挡板会对小球产生弹力的逆命题不成立,即挡板与球之间没有弹力作用.

3 中学物理中几种典型的求异思维形式

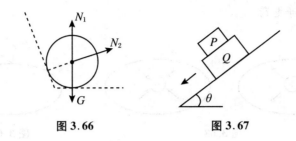

图 3.66　　　　　图 3.67

例题 2　如图 3.67 所示,叠放着的 P,Q 两物体一起沿倾角为 θ 的粗糙斜面下滑,证明:P 与 Q 之间必定存在着摩擦力.

分析与解答　为了证明原命题的结论,可先提出它的逆命题——假设 P,Q 间不存在摩擦力.

根据这个逆命题可知,物体 P 相当于沿光滑斜面下滑,它的加速度为

$$a_P = g\sin\theta$$

由物体 B 的受力分析可知,它沿斜面下滑的加速度为

$$a_Q = \frac{m_Q g\sin\theta - \mu(m_P + m_Q)g\cos\theta}{m_Q} = g\sin\theta - \frac{m_P + m_Q}{m_Q}\mu g\cos\theta$$

因为 $a_Q < a_P$,则两物体必然发生相对滑动,无法一起沿斜面下滑,即与题设条件相悖(归谬).可见,P,Q 之间不可能没有摩擦力.所以,P,Q 两物体一起沿倾角为 θ 的粗糙斜面下滑,它们之间必定存在着摩擦力.

例题 3　证明:在电场中的导体达到静电平衡时,导体内部一定不存在净电荷,导体表面的场强一定与表面处处垂直.

分析与解答　对于前一个结论,可先假设导体内部存在净电荷(提出逆命题).那么,无论这种净电荷是正电荷还是负电荷,它周围都必然会形成电场,可以画出电场线(图 3.68),表示导体内部的场强不等于零.显然,根据这个逆命题得到的这个结论,与导体在电场中达到静电平衡时导体内部场强等于零的基本特征相矛盾(归谬).可见,上述逆命题不正确,也就是说导体达到静电平衡时,导体内部不

应该存在净电荷.

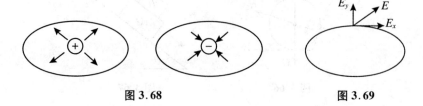

图 3.68　　　　　　　　　图 3.69

对于后一个结论,可假设导体表面的场强与表面不垂直(提出逆命题).把导体表面某处的场强 E,沿着导体表面的切线方向和垂直导体表面的法线方向分解为 E_x 和 E_y 两个分量(图 3.69).其中,沿切线方向的分量 E_x 将使导体表面的电荷受到沿着表面的力,从而驱使电荷沿表面移动(另一个分量 E_y 对沿表面移动的电荷不起作用),这样就破坏了达到静电平衡的题设条件(归谬).所以,导体达到静电平衡时,导体表面的场强一定与表面处处垂直.

例题 4　试证:不存在电场线是平行直线的非匀强电场.

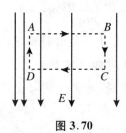

图 3.70

分析与解答　为了证明上述命题,可先提出它的逆命题——假设存在电场线是平行直线的非匀强电场.如图 3.70 所示,表示场强方向处处相同、场强大小从左至右逐渐递减的一个非匀强电场的电场线.

设想在这个电场中,沿闭合路径 ABCDA 移动一个正电荷.根据电场力做功的公式可以知道:

在 AB,CD 两段,由于电场力与位移垂直,电场力对电荷不做功,即

$$W_{AB} = W_{CD} = 0$$

在 BC,DA 两段,电场力一次做正功,一次做负功,即

$$W_{BC} > 0, \quad W_{DA} < 0$$

并且,由于 BC 段的场强较弱,AD 段的场强较强,电场力在这两段位移上移动电荷做功的大小不等,即

$$|W_{BC}| \neq |W_{DA}|$$

因此,将这个电荷沿闭合路径移动一周时,电场力所做的功不等于零,即

$$W_{AB} + W_{BC} + W_{CD} + W_{DA} \neq 0$$

这样,就与静电场的基本性质——电场力做功与路径无关,沿闭合路径一周电场力做功为零——相矛盾(归谬).所以,前面的逆命题不成立,也就是说,电场线是平行直线的非匀强电场是不存在的.

上面这几个问题,都是按照反证法的一般程式进行论证的.在中学物理中,还常会遇到某些包含着"反证韵味"的问题(以选择题较多),往往只需把握反证的核心步骤——假设一个结论(或选项),然后证明其真或非真.我们也将它们归并在反证法中,可以作比较认识.

例题 5(2005　上海)　如图 3.71 所示的皮带传动装置,下列说法中正确的是(　　).

A. A 轮带动 B 轮沿逆时针方向旋转
B. B 轮带动 A 轮沿逆时针方向旋转
C. C 轮带动 D 轮沿顺时针方向旋转
D. D 轮带动 C 轮沿顺时针方向旋转

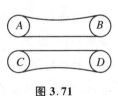

图 3.71

分析与解答　皮带传动是依靠摩擦力来实现的.主动轮转动时,依靠摩擦力带动皮带;皮带依靠摩擦力带动从动轮.

设 A 为主动轮,沿逆时针方向转动,它需要依靠皮带去带动 B 轮,皮带的上方必定会拉紧,可见 A 错.反之,若 B 为主动轮,沿逆时针方向转动,它依靠皮带去带动 A 轮,皮带的下方必定会拉紧,B

正确.

同理,设 C 为主动轮,沿顺时针方向转动,它依靠皮带去带动 D 轮,皮带的下方必定会拉紧,可见 C 错.反之,若 D 为主动轮,沿顺时针方向转动,它依靠皮带去带动 C 轮,皮带的上方必定会拉紧,D 正确.

⊕----------⊕
A   B
图 3.72

例题 6 如图 3.72 所示,在真空中 A,B 两点固定两个等量正电荷.一个具有初速度的带负电的粒子仅在这两个电荷作用下,可能做的运动是(　　).

A.匀速直线运动　　　　　B.匀变速直线运动
C.匀变速曲线运动　　　　D.匀速圆周运动

分析与解答 假设粒子做匀速直线运动,要求它受到两正电荷的合力为零;假设粒子做匀变速直线运动或曲线运动,要求它受到两正电荷的合力是一个大小与方向都不变的恒力.画出两个等量正电荷的电场线,可以看到它是以两电荷连线的中垂面为对称面呈对称分布的,如图 3.73 所示.在中垂面两侧

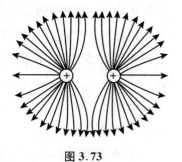
图 3.73

各点的合场强的大小、方向各不相同.因此,带负电的粒子进入该电场后,它受到的合力既不可能为零,也不是一个恒力,即刚才的两种假设都不能成立,可见,A、B、C 都错.

如果使这个粒子在中垂面内运动,由于它受到两电荷的电场力的合力大小相等,方向始终指向两电荷的连线中点,正好可以提供粒子做匀速圆周运动的向心力,所以 D 正确.

例题 7(2007　广东理科) 用电压表检查如图 3.74 所示电路中的故障,测得 $U_{ad} = 5.0$ V,$U_{cd} = 0$,$U_{bc} = 0$,$U_{ab} = 5.0$ V,则此电路

的故障可能是(　　).

A. L 断路　　　　B. R 断路

C. R' 断路　　　D. S 断路

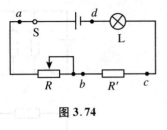

图 3.74

分析与解答　假设灯 L 断路或电阻 R' 断路,用电压表在 a、b 两点测量时的 $U_{ab}=0\neq 5.0$ V,与题意相悖,即 L 与 R' 不可能断路,A、C 都错.

假设开关 S 断路,用电压表在 a、d 两点测量时的 $U_{ad}=0\neq 5.0$ V,与题意相悖,即 S 不可能断路,D 也错.

假设滑动变阻器 R 断路,电路中无电流,b、c、d 三点等电势,因此用电压表测得的 $U_{cd}=U_{bc}=0$,$U_{ad}=U_{ab}=5.0$ V(即电源电动势),所以 B 正确.

说明　实验中(或电子技术中)电路有故障时,用电压表逐点测量电压是最方便和常用的一种方法.在中学物理学习中常用的判断故障的方法是,一般先简化电路(即画出等效电路),接着先假设某处产生故障(或根据某选项),然后依此逐步推理,从而确定假设的真伪,最后作出判断.

例题 8(2009　全国Ⅱ)　如图 3.75 所示为测量某电源电动势和内电阻时得到的 U-I 图线.用此电源与三个阻值均为 3 Ω 的电阻连接成电路,测得路端电压为 4.8 V,则该电路可能为图 3.76 中的哪一幅?

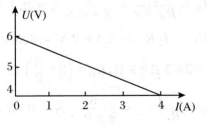

图 3.75

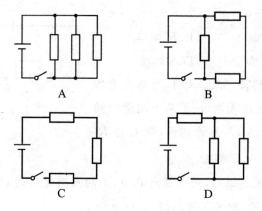

图 3.76

分析与解答 由伏安特性线的纵坐标与图线斜率(图线与横轴夹角的正切值)知,电源电动势和内阻分别为

$$E = 6 \text{ V}, \quad r = \tan\theta = \frac{6-4}{4} \ \Omega = 0.5 \ \Omega$$

假设 A 图正确,其外电阻 $R_A = \frac{3}{3} \ \Omega = 1 \ \Omega$,对应的电流和路端电压分别为

$$I_A = \frac{E}{R_A + r} = \frac{6}{1 + 0.5} \text{A} = 4 \text{ A}, \quad U_A = I_A R_A = 4 \times 1 \text{ V} = 4 \text{ V}$$

假设 B 图正确,其外电阻 $R_B = \frac{3 \times 6}{3 + 6} \ \Omega = 2 \ \Omega$,对应的电流和路端电压分别为

$$I_B = \frac{E}{R_B + r} = \frac{6}{2 + 0.5} \text{ A} = 2.4 \text{ A}$$

$$U_B = I_B R_B = 2.4 \times 2 \text{ V} = 4.8 \text{ V}$$

同理,由 $R_C = 3 \times 3 \ \Omega = 9 \ \Omega, R_D = \left(3 + \frac{3}{2}\right) \ \Omega = 4.5 \ \Omega$,分别得

$$I_C = \frac{E}{R_C + r} = \frac{6}{9 + 0.5} \text{ A} = 0.63 \text{ A}$$

$$U_C = I_C R_C = 0.63 \times 9 \text{ V} = 5.67 \text{ V}$$

$$I_D = \frac{E}{R_D + r} = \frac{6}{4.5 + 0.5} \text{A} = 1.2 \text{A}$$

$$U_D = I_D R_D = 1.2 \times 4.5 \text{V} = 5.4 \text{V}$$

根据题设条件,对照各组数据可知,B 正确.

说明 本题需要先从伏安特性线确定电动势和内电阻.值得注意的是,图中纵坐标并非从 0 开始,这是根据实验数据画出物理图像的一个技巧.也就是说,画物理图像时,可以根据实验数据的变化范围(而不是量值本身),合理和灵活地选取坐标原点,并非一定选取 (0,0) 为原点.

例题 9(2004 上海) 两圆环 A, B 置于同一水平面上,其中 A 为均匀带电绝缘环,B 为导体环.当 A 以如图 3.77 所示的方向绕中心转动的角速度发生变化时,B 中产生如图所示的感应电流.则( ).

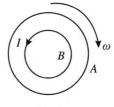

图 3.77

A. A 可能带正电,且转速减小

B. A 可能带正电,且转速增大

C. A 可能带负电,且转速减小

D. A 可能带负电,且转速增大

分析与解答 带电环转动时,相当于形成一个环形电流,同样会产生磁场.

假设 A 正确,即 A 环带正电,按图中顺时针方向转动时,形成顺时针方向的电流;转速减小,表示顺时针方向的电流减小.因此,A 环所产生垂直纸面向里、穿过 B 的磁通量减小,B 环中应该产生顺时针方向的感应电流.这与题设条件相悖,可见 A 错.

同理可知,若 A 环带正电、转速增大,形成的顺时针方向的电流增大,则它所产生的垂直纸面向里、穿过 B 的磁通量增加,B 环中应该产生逆时针方向的感应电流.B 正确.

假设 C 正确,即 A 环带负电,按图中顺时针方向转动时,形成逆时针方向的电流;转速减小,表示逆时针方向的电流减小.因此,A 环所产生垂直纸面向外、穿过 B 的磁通量减小,B 环中应该产生逆时针方向的感应电流.这与题设条件一致,可见 C 正确.

同理可知,若 A 环带负电、转速增大,形成的逆时针方向电流增大,则它所产生的垂直纸面向外、穿过 B 的磁通量增加,B 环中应该产生顺时针方向的感应电流.这与题设条件相悖,D 错.

4 求异思维对学习和运用物理知识的指导作用

求异思维,有时也常常被人们称为发散思维.它的精髓就是不受常规束缚,竭力寻求变异.它可以不受现代知识的局限,不受传统知识和方法的束缚,能多方法、多角度、多层次地提出问题、分析问题和解决问题.求异思维是创造性思维的核心.美国著名心理学家吉尔福特说过,"正是在发散思维中,我们看到了创造性思维的最明显的标志".

求异思维对学习和运用物理知识的指导作用,集中体现在它有助于培养和发展良好的思维素质,即思维的批判性、思维的灵活性、思维的深刻性等教学功能方面.

4.1 孕育批判的火种——思维的批判性

对传统的理论不盲从,对权威的著作(思想、言论)不迷信,不人云亦云,勇于对奉为金科玉律的规律有所怀疑,从中发现异端,揭示矛盾,进而提出新的见解,这就是思维的批判性.

如果我们沿着前辈物理学家的足迹,回顾一下物理学的发展之路,到处可以发现由思维的批判性所引燃的火种是如何蔓延成熊熊大火,并在火光中诞生新的理论的.

(1) 怀疑精神——科学批判的起点

近代科学奠基者之一的笛卡儿,他的科学方法的出发点就是怀

疑精神。他曾这样说过:"要追求真理,我们必须把一生中所有事物都来怀疑一次。"我国著名的地质学家李四光生前也有一句名言:"不怀疑,不能见真理。"可以这么说,怀疑就是思维批判性的起点,也是发现科学真理的起点。

伽利略的榜样

伽利略奠定近代实验科学的基础,就是从怀疑亚里士多德的观点开始的。当时,人们都把亚里士多德的字句当成永世不能怀疑的至高无上的绝对真理。伽利略却认为不应该这样。他在比萨大学读书时就指出,亚里士多德生活在2000年之前,后来的世界已经发生了很大的变化;亚里士多德一生中没有离开过地中海区域,现在的人们已经能够环球航行;亚里士多德只了解世界上的一个角落,因此他不可能永远正确,不犯错误。他说:科学的真理不应在古代圣人的蒙着灰尘的书上去找,而应该在实验中和以实验为基础的理论中去找。他还说:当科学家们被权势吓倒,科学就会变成一个软骨病人。尤其难能可贵的是,伽利略能够批判地吸收亚里士多德的观点。他说:"……老实说,我赞成看亚里士多德的著作,并进行精心研究。我只是责备那些使自己完全沦为亚里士多德奴隶的人。"正是由于伽利略具有这种科学的批判精神,才促使他认真地研究了落体运动,完成了斜面实验,纠正了人们长期以来对力和运动关系的错误观点,热情地捍卫和宣传哥白尼的学说,开创了实验研究的先风,最终成为物理学的一代宗师。

霍尔的成功

如果缺乏怀疑精神,丧失了思维的批判性,往往会失去许多宝贵的机遇。相反,如果勇于怀疑,抓住了批判的线索,就可能取得新的成果。例如,关于霍尔效应的发现就是一个很耐人寻味的事例。

4 求异思维对学习和运用物理知识的指导作用

19世纪70年代,英国物理学家麦克斯韦完成了物理学史上的第二次大综合,无疑地被尊为电磁学研究方面的权威.英国有一位物理学家想做一个实验,研究电磁铁对电流的作用.不过,当他看到权威的麦克斯韦在《电磁学》一书中所说的话:"在导线中流动的电流本身完全不受附近磁场或其他电流的影响",立即被权威的结论吓回去了,轻易地放弃了他所萌发的这个十分有价值的想法.

与此同时,在大洋彼岸的美国青年霍尔(E. H. Hall)也萌发了这样的想法.不过,他却是"初生牛犊不畏虎",对权威著作的结论表示怀疑,并勇敢地决定让实验做裁判.

当时,霍尔年仅24岁,是约翰·霍普金斯大学罗兰(H. A. Rowland)教授的研究生.于是,他在罗兰教授的指导下,开始了实验的探索.

那时,电子还没有被发现,对金属导体的导电机理是不清楚的.霍尔设想,如果情况不像麦克斯韦所说的,固定在导线中的电流本身能被磁场吸引,那么由于电流被拉向导线的一侧,会造成电阻的增大.根据这样的思路,霍尔做了许多次实验.起先,他在磁场中放进一个通以电流的银质扁平螺线,后来又改为在磁场中放进一个通以电流的金属圆盘……这些实验中均未发现有电阻增大的现象.但是,他不改初衷继续着进行试验.后来,他改用薄金箔,期待已久的现象终于出现了.

如图4.1所示,当垂直磁感线方向放在磁场中的金箔通以从左向右的电流时,在垂直于电流方向的左右两侧会产生电势差,因而能形成电流.

这一实验现象,后来被人们称为霍尔效应.英国著名物理学家开尔文(Lord

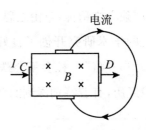

图 4.1 霍尔实验示意图

Kelvin)曾给予霍尔高度的评价,认为霍尔的发现简直可以和法拉第的发现相比拟.

值得指出的是,与霍尔同时期,瑞典物理学家爱德朗在一篇文章中曾这么说过:"磁铁作用在固态导体中的电流上,恰如作用在自由运动的导体上一样."虽然他的说法正好与麦克斯韦的结论相反,可是,爱德朗仿佛只是想象似的说了一下,并没有对自己的话表示出百倍的信心,并用实验进行验证.

霍尔的成功就在于他不盲目地迷信权威,敢于从权威的著作中找寻疑点,并且能进行深入地探究.这无疑也是他所具有的思维批判性的一次胜利.

(2) 自由思想——科学批判的灵魂

思维的批判性和自由的思想密切相关.因为,要求能够对包括权威在内的科学理论或观点有所怀疑并非易事,除了自身有着坚实的科学基础和强烈的思维能动性外,也离不开一个宽松的外部环境,才能容得下自由的思想,提出批判性的意见.而自由的思想,可以说是科学批判的灵魂,也是不断激励进步的推进器.美国著名物理学家、诺贝尔奖得主费恩曼说:"我们正在试图尽可能快地证明自己错了,因为只有这样我们才能进步."

1929 年,著名历史学家陈寅恪教授在清华大学任教时首先提出以"独立之精神,自由之思想"为追求的学术精神与价值取向,曾对当时的学术研究开创了良好的先风.而一旦思想的自由被扼杀,陷入"万马齐喑"*,社会就会跌进愚昧的深渊.欧洲在文明发展史上的一段经历,有着特别深刻的教训.

---

* 清代思想家、诗人龚自珍写过这样一首著名的诗:"九州生气恃风雷,万马齐喑究可哀,我劝天公重抖擞,不拘一格降人才."

4 求异思维对学习和运用物理知识的指导作用

大家知道,古希腊时期是城邦制国家,思想比较自由开放,允许各种学派共存,因此出现了不少著名的哲学家和思想家,像毕达哥拉斯、泰勒斯、德谟克里特、赫拉克利特以及最为耀眼的三位巨星——苏格拉底、柏拉图和亚里士多德等,他们提出了许多影响深远的学说与观点*.

但是,到了中世纪时代(公元 5 世纪至 15 世纪),古希腊的璀璨文明受到野蛮的摧残.原来自由争论的哲学流派已不复存在,一统天下的是陈腐空洞的经院哲学;原来生气勃勃的科学思想已被扼杀,自然科学被消融在形而上学里;批判的思想被驱逐出社会空间,哲学完全沦为神学的婢女.与此相应的是,欧洲的科学技术也完全处于"休眠状态",没有得到任何进展,形成了人类文明史上的"黑暗"时期.

直到"文艺复兴运动"重新开创一种新的气氛,出现了一个需要巨人和产生巨人的时代.意大利的达·芬奇、英国的弗朗西斯·培根、法国的笛卡儿和著名科学家伽利略等许多著名的哲学家、思想家

---

* 毕达哥拉斯(前580~前500)学派重视数与形的研究,提出了"数的和谐"和科学美的观点.柏拉图(前427~前347)在他创办的学院门上写着:"不懂数学者莫入."而且继承和发展了毕达哥拉斯学派科学美的主张,认为科学美与艺术美同样重要.

泰勒斯(前580左右)开创自然哲学的先河,他和阿那克西曼德(前611~前547)、阿那克西米尼(前550~前475)都提出了探索万物本源的主张(元素说),已隐含着物质不灭的思想.此后,留基伯(前500~前440)明确地提出原子的概念,经其学生德谟克利特(前500~前400)进一步发展为原子论,后来又得到伊壁鸠鲁(前342~前270)和卢克莱修(前98~前55)对原子论的进一步发展,并作了系统的叙述.

赫拉克利特(前540~前480)提出了许多具有明显辩证思想的观点,他的名言"太阳每天都是新的"、"人不能两次踏进同一条河流"等一直流传至今.

苏格拉底(前469~前399)、柏拉图和亚里士多德(前384~前322),他们都留下了完整的著作,对欧洲文明产生重大的影响.其中,亚里士多德可以称为西方古代知识的集大成者,在物理学方面对后人产生的影响特别大.

和科学家*，纷纷对经院哲学展开猛烈的批判，并努力地倡导和营造了一个思想自由、重视经验和知识、崇尚科学和真理的氛围，极大地推动了欧洲文明的进程，文学、艺术、科学、技术都得到空前的繁荣和发展，乃至最终掀起了第一次工业革命的高潮，为推动世界文明的进步作出了巨大的贡献．

(3) 设问与解疑——批判性学习的象征

思维的批判性在中学物理学习中同样有着极为重要的意义．可以这么说，在学习任何新知识时，都需要也都应该进行一番思考：这是什么？怎么样？为什么会这样？……学习过程中的每一个设问、每一个疑团，都可以称为是一次批判性的思考，也都是一个个非常可贵的闪光点．而不断地消除（或解开）疑团，才能心悦诚服地、愉快地接受新知识，并牢固地烙在自己的脑海中．因此，主动的设问与解疑可以认为是批判性学习的一个象征．这方面，在中学物理学习中是不

---

* 达·芬奇(1452～1519)是一位多才多艺、知识渊博的杰出天才．他首先高举批判经院哲学的大旗，否定只凭"心灵"就能产生和完成知识的唯心观点，提倡重视经验，同时也强调重视数学和理性的作用．他说："热衷于实践而不要理论的人好像一个水手上了一只没有舵和罗盘的船，拿不稳该往哪里航行．实践永远应当建立在正确的理论上……""人类的任何探讨，如果不是通过数学的证明进行的，就不能说是真正的科学．"

弗朗西斯·培根(1561～1626)是杰出的唯物主义哲学家和现代实验科学的始祖．他重视科学技术，把我国的印刷术、火药和指南针看成是"改变了全世界的整个面貌和事物状态"的三大发明；他珍视知识的作用，坚定地相信人类理智的能力，提出了"知识就是力量"的著名口号．

笛卡儿(1596～1650)是近代欧洲哲学的奠基者之一．他提出"我思想，所以我存在"的著名命题，作为他的哲学的第一条原理．他批判经院哲学，强调科学与理性，提出"怀疑原则"作为反对那些被信以为真而实际上是毫无根据的原理，创立真正科学的可靠出发点．

伽利略(1564～1642)是近代物理学乃至近代自然科学的奠基人．他把物理学与天文学和数学结合起来掀起了一场影响深远的科学革命，为建立在实验基础上的近代科学的诞生拉开了序幕．他倡导把数学与实验结合起来研究物理现象的方法以及理想实验方法，推动了整个近代自然科学的发展．

乏先例的.

浮力的反作用力

学习牛顿第三定律时,同学们对两个具体物体间的作用与反作用比较容易理解和接受.关于液体对其中物体浮力的反作用,由于不易觉察它的存在,一些同学常常不那么信服,以致在分析具体问题时往往会遗漏浮力的反作用.

浮力究竟有没有反作用力?它的大小是否遵循牛顿第三定律?如果你有了这样的设问,表示思维已进入了批判的境界,进一步就要考虑如何解开这个疑团,而解开这个问题的最好方法是自己动手做一次实验.

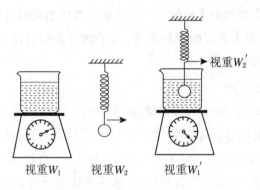

图 4.2

如图 4.2 所示,在托盘秤上放半杯水,称出其视重为 W_1.另用弹簧秤吊起一铁块,其视重为 W_2.然后,把弹簧秤吊起的铁块浸入水中,可以看到:弹簧秤的示数减小为 W_2',而托盘秤的示数增大为 W_1',并且在误差的范围内,满足关系

$$W_2 - W_2' = W_1' - W_1$$

这就是说,对弹簧秤所减少的拉力恰好等于对托盘秤所增加的压力,这正是浮力的作用与反作用的结果.

这样,原来存在的疑问在实验事实面前消失了,我们心中会非常

舒坦,知识也更为巩固了.

气功表演之谜

不少同学都看过类似这样的表演:一位气功师仰卧在钉有许多大铁钉的木板上,身上再压一块大石头,旁边的助手抡起大锤猛击石块,气功师面不改色;有时,石块都被打碎了,气功师仍然安然无恙.这时,现场都会爆发出热烈的欢呼声,拍手叫好、暗暗称奇.当然,也会有观众窃窃私语,甚至认为其中有诈.

对这个现象产生疑问,这就是思维批判性的反映.但是,仅有疑问还不够,如何剖析这个疑问呢?

其实,类似这样的气功表演完全是真实的.这里,有着气功师长期锻炼的真本领和助手的配合——要求气功师能仰卧在钉板上不被刺伤,还能顶起大石块的千斤之重,助手的打击很有技巧,同时也借助着物理原理的保证.

根据动量定理

$$F\Delta t = \Delta mv \quad 或 \quad F\Delta t = m\Delta v \quad (m一定时)$$

当力的作用时间 Δt 极短时,即使作用力 F 很大,力的冲量($F\Delta t$)仍然很小,由此引起物体的动量变化(或速度变化)也很小,物体在冲量作用的时间 Δt 内发生的位移极小.如果物体的质量 m 足够大,则在这个过程中物体的速度变化 Δv 几乎等于零,物体不会发生可觉察的位移,因而对支持物也就不会产生附加的压力.这就是说,在气功师有足够的功力顶起石板时,石板越重(m 越大),锤击时所产生的附加压力就越小,仿佛没有敲击一样.所以,这个表演也必须有训练有素的助手配合.

为了进一步消除疑团、加深认识,可以做一个模拟性的实验:取一架托盘秤,在盘子里放上比较重的物体,并记下指针的示数.然后取一根有弹性的细竹条(像敲击扬琴用的琴签),对秤盘上的物体快速敲击一下(需要先练习几次),可以发现,指针继续保持在原来的位置上,几乎纹丝不动——说明快速敲击时,并没有对托盘秤产生明显的附加压力(图 4.3).

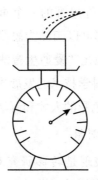

图 4.3 用弹性片快速轻敲秤盘

如果要求表演更精彩、惊人,还可以做一次模拟表演:伸开手掌平放在桌面上,在手掌上叠放一堆瓦片(为避免不平整而压痛手掌,可在手掌上下垫以厚实的毛巾),然后用另一只手抡起锤子,快速击打瓦片(锤与瓦片的接触时间要尽可能地短).可以发现,瓦片被击碎了,手掌的感觉却与瓦片上没有锤击时几乎一样.同样的道理,在手掌可支持的情况下,叠放的瓦片越多,锤击时对手掌引起的附加压力也越小*.相反,如果你只在手掌上放一小块瓦片,抡起锤子猛击瓦片时,可能就会把手掌砸烂——连气功师也不敢在胸口放一小块石子让助手用铁锤猛击,奉劝你千万别去充"好汉"冒险!

总结一下这个过程可以表示为:

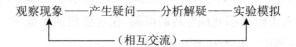

这样,就完成了一次很充实的批判性学习过程.在这个过程中你的学习能力和对有关问题的认识深度,无疑都会得到显著的提高.

---

* 这个模拟表演,需在老师的指导下练习才行.

4.2 张开灵活的风帆——思维的灵活性

思维的灵活性是发散性思维的一个重要标志.前面所说发散联想(3.3节)的两个特点,都可以归结为思维灵活性的结果.除了如第1章中介绍的"三王子的烛光""爱迪生智测灯泡容积"和"全息照相"等大家熟知的事例外,在科学技术的发展史上,展示出这种思维的灵活性,还有许多富有传奇色彩的人才和鲜活的事例被人们津津乐道.

(1) 灵活地转移研究对象

思维灵活性的突出表现是转移研究对象的能力——能够迅速地、自然地从一类对象转变到另一类对象,甚至内容相距很远的另一类对象.下面这两位"陌生"的人物,称得上是这一类思维灵活性的典型.

科学家——社会活动家

如果在同学们中进行问卷调查:"贝尔纳(J. D. Bernal,1901~1971)是何许人也?"估计绝大部分同学说不上来.实际上,他却是一位在英国乃至全世界都很了不起的人物,称得上是一位"百科全书"式的天才科学家,也是一位具有思维灵活性的代表人物.

贝尔纳在年轻时就表现出对科学的广泛兴趣.中学时代,他既喜欢数学又善于动手做物理和化学实验,考试时设计的一个测量电阻的实验获得了物理奖金,同时又是一个天文爱好者.1918年进入剑桥大学后,先后学习数学、化学、地质学、矿物学和物理学.他说:"在那里一切人类财富都展现在我的面前.在这思想的天地中,我无所偏爱,我所看到的一切都使我如痴如醉."

大学毕业后,他应著名物理学家布拉格(W. H. Bragg)的邀请进入"戴维—法拉第研究实验室"从事晶体学研究,2年后就完成了一篇重要的论文,不到5年已成为有影响力的实验晶体学家.1927年受聘在剑桥大学任教,继续着晶体学的研究.1932年已成为将X射线晶体学用于研究生物分子的先驱之一,次年,又首先获得单晶蛋白质的 X 射线照片,并最先研究出烟草花叶病毒的结构等,短短几年就在科学界崭露头角.

贝尔纳从 1938 年起直到退休,一直在伦敦大学伯克贝克学院做研究工作.他继续着对晶体学的研究,创建了 X 射线晶体学,所做的研究几乎涉及晶体学的全部领域;他还把物理学和化学带进生物学,并将其作为生物学研究的重要工具,研究了氨基酸、维生素、激素、蛋白质和病毒等生物有机物质,都取得了骄人的成绩.他还继承和发展了老师布拉格的事业,将对有机结构的研究扩展到生物大分子结构,为分子物理学的发展作出了突出的贡献……贝尔纳以他丰富的知识和不胜枚举的研究成果,自然地赢得了学术权威的地位.

贝尔纳兴趣广泛,涉猎了科学研究的许多领域,思维极为灵活.他有一个特点:常常能敏锐地提出一个问题、抛出一个思想,在自己涉足一番后,就留给别人去完成最后的成果.他为许多年轻人确定了合适的研究方向,经过他指导的学生或同事,有多人后来获得了诺贝尔奖.贝尔纳的同事和学生都坚信,按照贝尔纳的创造天赋,他可能不止获一次诺贝尔奖.虽然这一天始终没有来到,可全世界有许多原始思想源于贝尔纳论文的成果.

他不仅做科学研究,还非常重视对社会问题的研究,深入探讨科学功能和社会结构的关系,强调科学教育和普及工作,进行了大量的有关科学组织规划与管理以及科学技术史的研究.1939 年出版了奠基性的科学学著作《科学的社会功能》*.他认为科学家的责任就在于把握科学的社会功能,最大限度地避免科学成为掌握在特权阶级手中用于剥削和压榨人民的武器.

---

* 商务印书馆于 1986 年出版了汉译世界学术名著丛书,贝尔纳著《科学的社会功能》(陈体芳译,张今校)是丛书之一.

更为难能可贵的是,他身体力行地参与各种社会活动和政治活动,在许多科学家和政治团体中担当领袖人物,热心致力于科学为民所用的和平事业,完全称得上是一位优秀的社会活动家.第二次世界大战时,曾担任军队的科学顾问,成为在战争中运用运筹学方法的先驱之一,并直接参与盟军的诺曼底登陆计划,设计了利用气球进行空中摄影的方法,为取得诺曼底海滩资料提供了帮助.第二次世界大战后,频繁地在世界各地进行和平宣传活动,曾担任英国科学者协会主席、世界科学者协会副主席、世界和平理事会执行委员会主席等重要职务.

贝尔纳的一生中,一直不停地在转换角色——从物理学家到化学家、从晶体学家到生物学家、从教授到行政管理员、从科学家到社会活动家……而且他在所参与的各个研究领域中都取得了可喜的成就.可以这么说,思维的灵活性在贝尔纳身上已经发挥到了极致,为后人树起了一根需要加倍努力才能超越的标杆!

银行家——物理学家

这是一位同样很陌生并具有代表性的人物.他就是传奇色彩特别浓厚的美国物理学家鲁梅斯(A. L. Loomis,1887～1958).

白天,他是一位有亿万资产的银行家,活跃于华尔街从事金融事务,沉浸于一堆貌似枯燥的数据中,感受着世界各处的汇率波动.夜晚及星期天,他是一位物理学家,埋头于自己的物理实验室,专心致志地享受着物理世界奇妙的乐趣.研究对象的转移,在鲁梅斯身上表现得淋漓尽致.

鲁梅斯在纽约图克塞多公园建有华丽的私人实验室,不惜重金购置许多一流的仪器设备,并常常邀请许多著名的物理学家去聚会.他在自己的实验室里从事着超声波、雷达、时间的精确测定等方面的研究;也从事着有关生物学、脑电波等方面的研究.美国物理学家劳伦斯当年筹建184英寸(1英寸＝25.4 mm)大型回旋加速器时,曾得到鲁梅斯很大的支持.

鲁梅斯也参与了美国第一颗原子弹的制造、代号为"曼哈顿"工程的组织管理.他既能周旋于美国当时的军政要人之间,也常常慷慨资助许多物理学朋友.有一件小小的趣事——在20世纪40年代,美国经济大萧条时期,当时凡向《物理学评论》杂志提供文章者,都会收到一个按页计费的清单和一张便条,声明编辑和他的机构无力付款,有关费用将由一位匿名的美国物理学界朋友支付.后来得知,这个神秘的幕后人就是鲁梅斯.

鲁梅斯是20世纪颇有影响的物理学家之一.在第二次世界大战末期,劳伦斯在谈到鲁梅斯对雷达研究的贡献时说:"我完全相信,如果没有鲁梅斯,雷达将会发展得非常缓慢."

一点启示

贝尔纳和鲁梅斯不停地"华丽转身",不仅显示了从事不同领域工作的乐趣,也让我们充分领略到了人的智慧和潜能.显然,太狭隘地"文理分家"是不适宜的.北京大学赵凯华教授曾说起大约发生在20世纪80年代的一件事:一位到美国去攻读经济学的研究生,在入学一开始的课程里,老师就介绍大爆炸宇宙学、黑洞等内容.可以想象,这对于当时学经济的、早已排斥物理学的中国学生来说,都是闻所未闻并且有着巨大困难的.

科学的发展虽然分支似乎越来越多、越来越细致,但不同学科的交叉也越来越广、越来越紧密.可以预料,未来的创造型人才必须要求具备更为宽广、丰富的知识基础.他们不仅要知道《奥赛罗》《红楼梦》,也要知道宇宙大爆炸、黑洞;不仅会欣赏毕加索、徐悲鸿,也会欣赏爱因斯坦、霍金.美国著名科学家拉比这样说过:"只有把自然科学和人文科学融为一体,我们才能期望达到与我们的时代和我们这一代人相称的智慧的顶点."

(2) 处理问题思路开阔,妙思涌泉

思维灵活性最基本的表现,集中地反映在善于处理具体问题的能力上——思路开阔,妙思涌泉.可以这么说,凡是大有作为的人,除了在专业知识上有很深的造诣和成就外,其共性都是思维灵活,反应敏捷.很难设想,一个思想呆滞的人会在某个领域作出创造性的建树.

法国物理学家傅科用单摆证明地球的自转,就是在思维灵活性的指导下所设计的一个十分生动有趣的实验.

19世纪中叶,物理学家面前横着一个难题:如何用地面上的实验证明地球的自转.乍一听来,这样的实验似乎是不可能成功的,因为地面上的任何物体都随着地球做同样的转动.年轻的傅科通过对摆的研究,发现摆有一个奇妙的特性:在没有外界干扰时,保持振动面不变,由此形成一个巧妙的想法.

如图 4.4 所示,在一个转台上安置一个单摆.开始时,使摆的振动面与摆架平面一致.待桌面旋转一个角度后,虽然摆架也跟着桌面旋转了,摆的振动面对观察者来说却没有发生变化,但它相对于摆架来说,反方向转过了同样的角度,如图 4.5 所示.

图 4.4 转动桌面　　　　图 4.5 振动方向保持不变

傅科根据摆的这个特性,立即敏感地想到:如在地球的北极安置一个单摆,开始时使它的振动方向对着某颗恒星,当地球自西向东自

4 求异思维对学习和运用物理知识的指导作用

转90°后,单摆的振动方向仍然对着这个恒星,然而相对于摆架来说,却反方向转过90°(图 4.6). 这样,站在地面上的观察者只需要根据单摆的振动面相对于摆架位置的改变,就可以判知地球的转动了. 将这个摆放置在地球上其他地方,当然也会有同样的效应,只是摆转动一周的时间有所不同. 理论计算指出,在地球上纬度为 φ 的地方,傅科摆转动一周的时间为

$$t_\varphi = \frac{24}{\sin \varphi} \text{ h}$$

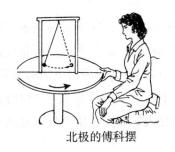
北极的傅科摆

地球自转90°后

图 4.6

1851 年,傅科在巴黎的一个大教堂里,悬挂了一个摆长 67 m、摆球质量达 28 kg 的巨摆. 在摆球的下方安装一根金属针,伸向放在下面的沙盘里,以便划出摆动的痕迹. 实验开始后,众人眼看着巨摆从容地改变着方向,仿佛直接看到了地球的自转一样(图 4.7). 傅科的这个实验使人们心悦诚服地认识了地球的自转. 以后,人们把这样的摆称为傅科摆.

图 4.7 巴黎国葬院内保留的傅科摆

在我国北京的天文馆里,有一个长 10 m 的傅科摆. 由于北京的

地理纬度 $\varphi \approx 40°$,因此北京的傅科摆每小时转过的角度为

$$\theta_\varphi = \theta_{北极}\sin\varphi = 15°\sin\varphi \approx 9.6°$$

(式中 $\theta_{北极} = 15°$ 是北极的傅科摆每小时转过的角度.)即大约每隔 37 小时,摆动面会顺时针向旋转一周.如果你有机会去北京天文馆参观,只要静候约半小时,就能领略到地球自转的感觉了.

(3) 及时抛弃错误,迅速拨正航向

思维的灵活性也反映在处理问题时能够及时抛弃某些错误的假设(或观点),迅速拨正航向.

许多科学家由于所处时代的局限性、背景各异或长期从事某项研究以及受某种理论的影响,也会形成思维定势,有时甚至会很遗憾地成为原来非常活跃的思路上的绊脚石,妨碍他们做出重大的发现、取得巨大的成功.在物理学史上,由于思维灵活性出现了"暂时打顿",最让人扼腕的事例可能就是小居里夫妇痛失三次诺贝尔奖的机遇了.

小居里夫妇,就是世界上第一个荣获两次诺贝尔奖的居里夫人的女婿和女儿.女婿叫约里奥·居里,女儿叫伊伦娜·居里,他们都是物理学家,非常聪明、努力,继承着居里夫人的工作,专注于放射性的研究,并因发现人工放射性的重大成果,荣获 1935 年度诺贝尔化学奖.不过,他们也曾因囿于陈见,一时打不开思路而与三次伟大发现失之交臂.

第一次机会,是有关中子的发现.在德国物理学家波特和贝克用 α 粒子轰击铍(Be)核观察到一种未知射线的实验后,小居里夫妇很有创意地用这种未知射线去轰击石蜡,并检测到了从石蜡中被打出的质子.然后,他们还从能量方面进行了理论计算,意识到了用一种质量几乎为零的光子打出质子的不可能性.这时候,如果在思想上再前进这么一步:认为这种未知射线是由一种新的粒子组成的,那么,凭着他们的聪明才智和实验技能,就完全可以确定这种新粒子的性

4 求异思维对学习和运用物理知识的指导作用

质.这样,查德威克也就失去了发现中子的机会.可惜的是,他们不仅没有跨出这最后的一步,反而继续沿着波特和贝克的错误思路走下去.于是,一次获得诺贝尔奖的机会就这样拱手相让了*.

第二次机会,是有关正电子的发现.小居里夫妇在利用云室研究钋射线对铍核的轰击时,曾经清楚地显示过这种粒子的径迹,可惜他们错以为这是一个反向运动的电子,一时的疏忽怠慢了它,结果又丧失了这个有重大发现的机会.

第三次机会,是有关铀核裂变的发现.1938年夏,小居里夫妇和他们的合作者、南斯拉夫的萨维奇重复费米用中子轰击铀核的实验.他们在反应产物中分离出一种比铀轻、位于周期表中间的放射性物质,只是他们对这种放射性物质的来源并没有考虑成熟,决断上比较迟疑.其实,他们三人已经走到了一个伟大发现的边缘,可惜他们缺乏作出核分裂的判断的胆识,又功亏一篑.

著名哲学家凯特林说过一段很中肯的话:"摆脱陈旧规则和解决这一问题本身一样费劲."从小居里夫妇引出的教训最能让我们坚信,这是千真万确的话.

(4) 条条大道通罗马——培养和发展思维灵活性的重要途径

爱因斯坦这样说过:"在科学上,每一条道路都应该走一走,即使发现一条走不通的道路,也是对科学的一大贡献."

科学大师的话对我们很有启示.反映在中学物理的具体学习中,就是应该激励自己多作各种可能的设想.当一条思路碰壁时,应该考虑换用另一条思路;一种方法行不通时,应该迅速换用另一种方法.所谓"条条大道通罗马",许多解决问题的方法,到达成功彼岸的途径,往往不是唯一的.

---

* 有关中子和核分裂发现比较详细的介绍可参阅本丛书《猜想与假设》一册,有关正电子的发现可参阅本丛书《对称》一册.

求异 QIUYI

在学习过程中,如果经常能主动地、大胆地寻找解决问题的各种可能方向和突破口,通过从不同角度、不同途径获得解决问题的方法,可以使我们更加全面、深入地理解物理原理,并从多种不同方法的比较中,学会选出最佳方案.同时,这也是培养和发展自己思维灵活性的一个很重要的途径,久而久之,我们就会变得越来越聪明.

要求掌握解决问题的多种方法,离不开学习中对知识内容和研究方法的归纳整理.这种归纳整理可以对某个单元,也可以对整章或整篇.

例如,学习了直线运动后,可以对常用的解题方法进行整理如下:

① 应用平均速度

$$\bar{v} = \frac{v_1 + v_2}{\Delta t_{12}} \Rightarrow x_{12} = \bar{v}\Delta t_{12}$$

② 应用位移规律

$$x \propto t^2 \quad (v_0 = 0) \quad \text{或} \quad \Delta x = aT^2$$

③ 巧选参考系

④ 逆向转换(即逆着原来的运动过程考虑)

⑤ 应用 v-t 图像

如果各种方法再配合一个自己特别有体会的例题,并附加一些应用要点和注意事项等,就是一篇很好的学习心得了.

又如,对力学部分的解题思路,可整理如图 4.8 所示.

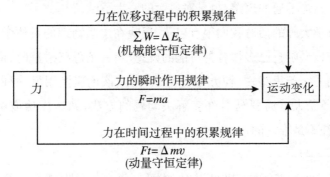

图 4.8

4 求异思维对学习和运用物理知识的指导作用

许多有关力学的综合题基本上都可以从这样三条线索考虑.

中学物理学习中的"一题多解",可以说也是培养和发展思维灵活性的一个方面.有关它的应用实例,请参阅第 5 章的内容.

探求深刻的底蕴——思维的深刻性

在探究未知世界的过程中,能够不断地扩大收获,寻根刨底;或者,能够不满足于既成的经验和普遍的认识,深入开掘,这就是思维的深刻性.

在科学上没有顶峰,也没有一成不变的绝对真理.平时我们在学习中认识到的许多物理现象不断地得到充实、完善,许多科学真理不断地得到发展、更新,正是依赖于科学家们思维的深刻性和持之以恒的不断探索所结出的硕果.

(1) 思维深刻性的表现——寻根刨底、深入开掘

思维深刻性的突出表现是具有寻根刨底、深入开掘的精神.下面,我们先重温一下两个很著名的事例,可以很好地认识思维的深刻性.

开普勒的四次探索

开普勒是哥白尼学说的拥护者,但是他觉得哥白尼学说似乎还没有充分揭示出宇宙的数的和谐性.于是,他对天体的运动规律进行了四次探索,称得上是一个物理学家思维深刻性的典型事例.

1596 年,他出版了第一部著作《宇宙的神秘》,提出用五个正多面体说明当时已知的六大行星运动轨道的模型.可是他后来发现这个模型是人为的.年轻的开普勒对宇宙运动的第一次探索失败了.不过,他追求宇宙的数的和谐性的信念并没有丝毫的动摇.

1600 年,开普勒与第谷在布拉格见面,并成了第谷的助手.翌年,第谷去世后,开普勒在整理第谷的观测资料时,发现无论用托勒密模型还是哥白尼模型,都不能与第谷长期的实际观测很好地吻合.于是,他就以征服战神玛尔斯(火星)为突破口,第二次踏上了揭开行

星运动奥秘的征途.

他一次次地根据第谷的观测数据进行演算,结果都不理想.开普勒风趣地描绘着:"留在天球上的诡计多端的敌人,出乎意料地扯断我用方程构成的锁链,从表格的监牢里冲了出去.""在一次次的战斗中,它使我的由物理因素构成的军队受到损失,挣断了束缚,逃向自由去了."即使达到最好的相差 8 弧分(0.133°)的误差,开普勒也并未感到满足.最后他抛弃了旧模型中认为行星沿正圆轨道做匀速运动这个沿袭几千年的传统观念,决心按照实际观测重新确定行星的运动.于是,他在 1609 年首先发现了行星运动的第一定律和第二定律.开普勒高兴地说:"敌人到底被我关在运行表的监牢里了."

不过,开普勒并没有陶醉于已经取得的成果中,他觉得行星的运动还有秘密未被发现.于是,开普勒又在已开垦的土地上辛勤耕耘,开始了他的第三次探索.又经历了 9 年的苦战,终于发现了行星运动的数的和谐性,找出了行星运动的第三定律.至此,行星的运动规律才被全面、清楚地揭示出来,开普勒真不愧为"天空的立法者".*

那么,行星是依靠着怎样的一种力维系着它的周期运动呢?开普勒马不停蹄地又进行第四次探索.他像英国学者吉尔伯特一样作过磁力的假设,也提出过重力的猜想等.虽然开普勒的第四次探索没有成功,因积劳过度、贫病交加,只活了 59 岁就过早地去世了.然而,他研究问题时所表现出来的思维的深刻性、对科学真理的执着追求,将永远激励着后人.

霍尔效应老树开花

深刻的思维往往能浇灌枯萎的老树,使它重新萌发新枝并开出绚丽的花朵.量子霍尔效应的发现可以称为是一个非常生动的事例.

自从 1879 年发现霍尔效应后,许多物理学家围绕这一现象又作

---

* 有关开普勒对行星运动探索的详细介绍,可参阅本丛书《模型》一册.

了多方面的研究,很快又发现了四个伴生现象.

霍尔效应的四个伴生现象:

① 厄廷好森(Ettinghausen)效应:由于自由电子速度的不一致,将使大于和小于平均速度的电子聚集在不同的地方,引起温差电动势.

② 能斯特(Nernst)效应:引线与金属薄片接触处(如图 4.9 中 c、d 两处)由于电阻不同,电流通过时产生不同的焦耳热,引起温差电动势.

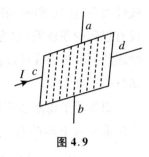

图 4.9

③ 里纪-勒杜克(Righi-Leduc)效应:由能斯特效应产生的电流也会引起附加电动势.

④ 不等位电势差:当金属薄片通以电流时,薄片中垂直电流的各个截面的电势逐渐降低.若霍尔电势的引出线(如图 4.9 中 a、b)的位置不对称,也会引起附加电势差.

至此,对有关霍尔效应的研究,科学界普遍认为已经彻底解决,似乎不可能再对它作出什么惊人之举了.

然而,在 100 年后,德国物理学家冯·克利青(Klaus von Klitzing)通过对这一古老的发现作了更深层次的研究后,出乎意料地向人们展示了老树开出鲜花的奇妙景象.

冯·克利青把金属氧化物半导体场效应晶体管(MOSFET)放在磁感应强度为 18 T 的强磁场和 1.5 K 的深低温下,发现了 MOSFET 管霍尔电阻的分布规律

$$R_H = \frac{h}{ie^2} \quad (i = 1,2,3,\cdots,\text{正整数})$$

也就是说,在这样的条件下,霍尔电阻不是一种连续变化,而是会呈现出量子化的分布规律,并且它不因材料性质、器件的尺寸而转移,完全是由基本物理常数 h(普朗克常数)和 e(电子电量)确定的量,

有着极高的精确性和重复性.

我们知道,在通常情况的霍尔效应中,霍尔电阻与电流之间呈现线性关系.在强磁场中霍尔电阻呈现的量子化效应完全是一种人们没有想到的新现象,称为量子霍尔效应.它被认为是20世纪凝聚态物理的一项辉煌成就,冯·克利青也因这一重大贡献荣获1985年度诺贝尔物理学奖.

根据量子霍尔效应可以取得电阻的实用参考基准,1986年国际计量委员会下属的电学咨询委员会第17届会议决定,从1990年1月1日起,以量子霍尔效应所取得的霍尔电阻 $R_H = \dfrac{h}{e^2}$ 作为欧姆的国际参考标准,从此世界各国都有了统一的国际电阻标准.更为重要的是,量子霍尔效应的发现极大地推动了对二维电子系统的研究,并由此催生出许多重要的成果.

1982年,美籍华裔物理学家崔琦和另外两位科学家施特默(美国)与劳克林(德国),进一步在更强的磁场(20 T)和更低的温度(0.1 K)下,发现了分数量子霍尔效应——观测到霍尔电阻更精细的台阶结构,并共同荣获1998年诺贝尔物理学奖.

进入21世纪后,从量子霍尔效应引发的研究进一步深入,尤其可喜的是华人科学家的成果斐然.

由美国斯坦福大学张首晟教授与其母校复旦大学合作开展的"量子自旋霍尔效应"的研究,已为实验所证实,并被美国《科学》杂志评为2007年十大科学进展之一.

由清华大学薛其坤院士领衔,包括清华大学、中国科学院物理所和美国斯坦福大学等单位共同组成的合作团队,在反常霍尔效应的研究中取得重大突破,已经引起国际上的广泛关注.所谓的"反常霍尔效应",就是一种不需要外加磁场的霍尔效应.它是由材料本身的自发磁性产生的.这种材料前景非常宽广,一旦研制成功,有可能发展为新一代的低能耗晶体管和电子学器材,可以成功地解决目前让

4 求异思维对学习和运用物理知识的指导作用

人们感到烦恼的电脑发热等问题,未来的个人电脑等电子器件可以得到进一步更新.

如果回顾一下量子霍尔效应,我们可以发现,实际上,有关霍尔电阻曲线的阶梯性,在1978年已有多起文献记载,可是并没有引起人们足够的重视,只有冯·克利青敏锐地意识到它的意义并做时了不懈的努力,才使得被认为已经研究透彻的霍尔效应又焕发出新的活力.因此,量子霍尔效应的发现也可以说是冯·克利青超人的思维深刻性的巨大成功,而在冯·克利青的发现后所涌现的崭新成果,无疑是思维深刻性的又一次展示.

(2) 思维深刻性的根基——冰冻三尺非一日之寒

大家都熟知这样的故事:德国著名数学家高斯在孩提时,有一次上算术课,老师出了一道算术题,$1+2+\cdots+100$,要求孩子们计算,结果老师刚把题目说完,高斯就举起小手回答:5050.

无独有偶,发生在我国著名数学家苏步青教授身上也有一个小故事.据说,苏步青年少时,有人曾考问他一道智力题:甲、乙两人相距 100 m 相对而行,他们的速度分别为 3 m/s 和 2 m/s.有一条小狗,以速度 8 m/s 同时往返于甲、乙两人之间.那么,当甲、乙两人相遇时,小狗一共跑了多少路程?这个人刚把问题说完,苏步青脱口而出:160 m.

高斯和苏步青为什么能够这样快就得出正确的结果呢?这就在于他们都抓住了问题的"要领"——高斯看出了这列数对应的头、尾两数之和都等于101;苏步青能够从小狗与甲、乙两人的运动中,迅速地抓住运动的等时性这一隐蔽的内涵,即小狗的运动时间与甲、乙两人从起步到相遇的运动时间相同.

在分析研究问题时,要求能够迅速地抓住"要领",势必需要对问题洞察得比较深刻,这就是思维深刻性的表现.像高斯和苏步青这样在儿童少年时就崭露头角,显然都是智商极高的表现,属于"人中之

龙",通常在人群中是不多见的.

对于绝大多数人而言,思维的深刻性主要源于坚实的知识基础、丰富的实践经历以及持之以恒的不断学习、更新. 这样,面对问题时才能知道其困难在哪里,有几条可行的途径,前人(或他人)已经做了哪些工作,受到过什么样的挫折,等等. 冰冻三尺非一日之寒,思维深刻性同样不是一蹴而就的. 著名美国科学史家和科学哲学家库恩(T. S. Kuhn)说过:"看一张气泡室照片*,学生看到的是混乱而曲折的线条,物理学家看到的是熟悉的亚核事件的记录(图 4.10). 只有有了许多次这样的视觉印象之后,学生才成为科学家世界的一个居民……"库恩的话,道出了隐藏在"聪明"后面思维深刻性的真相.

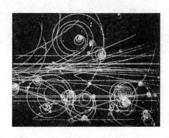

图 4.10 分散的亚原子粒子径迹

1978 年《人民文学》第 1 期刊登了作家徐迟的报告文学《哥德巴赫猜想》,后来经大报转载后,曾经在国内轰动一时,激励了无数的中国人.

"哥德巴赫猜想"是一个世界数学难题**,自从 1742 年问世以来,曾经吸引过成千上万的数学家,他们都企图用各种方法对这个猜想做出证明,但是整个 18 世纪、整个 19 世纪都没有人成功. 虽然从 20 世纪 20 年代起,包括我国数学家在内,对这个问题的研究有所推进,

---

* 气泡室与中学物理学习过的威尔逊云室一样,也是探索高能粒子径迹的一种重要仪器. 它是 1952 年由美国科学家格拉泽发明的.

** 哥德巴赫猜想是属于数论研究方面的一个问题. 1742 年,德国的一位中学教师、数学家哥德巴赫发现,每一个大偶数都可以写成两个素数之和. 他对许多偶数进行了检验,都说明是正确的,但没有办法证明(由于没有证明,只能称为猜想). 后来,他就写信请教当时赫赫有名的瑞士的大数学家欧拉,结果欧拉直到 1787 年死去,也没有能够证明. 于是,200 多年了,这个猜想就成为世界数学上的一个著名难题.

但离问题的解决还很遥远.

徐迟在这篇报告文学中,介绍了数学家陈景润为了摘取这朵皇冠上的明珠,在不足6平方米的斗室中,承受着环境的折磨、病体的煎熬,矢志不移,顽强地向着这个著名的世界数学难题冲击的过程——他从打好基础开始,首先精深地钻研了华罗庚的《堆垒素数论》和厚厚的《数论导引》. 接着,他继续做了有关数论研究的许多外围工作,世界上有关数论方面三十多道难题中,攻了六七道,推进了它们的解决——仅是这些成果,他的贡献就已经很大了. 为了能直接阅读外国资料和文献,借鉴国外的经验和成就,他在中学和大学学习英语和俄语外,还自学了德语、法语、日语、意大利语和西班牙语,努力吸收和消化前人的智慧和果实. 陈景润做了这么多工作后,具备了深刻认识这个难题的条件,才勇敢地向哥德巴赫猜想挺进. 1965年,他写出了一篇200多页的论文初稿,对哥德巴赫猜想作了详细的论证,后来经过进一步完善,终于攀登到了当今世界最前沿的"1+2"的境界.

纵观人类的科学文明史,无论是做出伟大发现的科学家还是有杰出成果的发明家,他们在获得对未知世界的深刻认识或突破某项核心技术的过程中,往往都经历过艰苦的摸索、失败的锤炼和精心的准备. 几乎都有过"衣带渐宽终不悔,为伊消得人憔悴"的经历,然后,才能最终把握住客观世界深刻的真谛,到达光辉的顶点.

(3) 勤思考与多积累——培养与发展思维深刻性的基本体会

思维的深刻性与思维的灵活性一样,同样依赖于对人的能动性的培养和训练. 在中学学习阶段,正是对未知世界充满着憧憬和好奇的年华,也是形成思维个性的一个黄金时期. 如果能够面对学习和生活实践中的许多问题,养成肯思考、勤思考的习惯,不满足于表面的结论,有寻根刨底的强烈欲望,同时注意认真总结和不断积累,就会使自己的思维逐渐提升并进入善于思考、深入思考的境界. 解决问题

时也就容易抓住事物的本质特征,深刻地洞察其中所蕴含的奥秘,迅速找到突破口.

在中学物理学习中,有许多问题可以吸引我们去深入地分析和思考.例如:

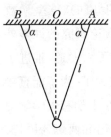

图 4.11

对于图 4.11 中常见的双线摆,它在垂直于纸面的方向来回做小振幅振动时,大多数同学都能熟练地根据它等效于一个摆长为 $l' = l\sin\alpha$ 的单摆,得到振动周期

$$T = 2\pi\sqrt{\frac{l\sin\alpha}{g}}$$

在写出这个周期算式时,如果你能主动地想到探究其中的原因,说明你的认识已超越了表面的结论,迈出了可喜的一步. 如果你能继续通过实验或理论的分析,验证这个结果,说明你的认识进入了较深刻的境界.

可见,思维的深刻性并不神秘,它也是从学生时代、从许多普通的问题起步的!

5 求异思维在研究和解决中学物理问题中的应用

中学物理中,有相当多的问题,采用常规的直接思考或逻辑推理往往不易解决,需要作一些灵活的变通,才能寻觅到解题的途径或扩大解题的收获.这类问题,给我们的思维提供了自由驰骋的天地,也正是锻炼求异思维的极好机会.为了便于阅读,现根据求异思维在中学物理中最为常用、影响最大的逆向、转换、发散等形式,就解题和实验中的应用,分成几个比较具体的小专题,分别阐述如下.

5.1 逆向探索

逆向思维在中学物理解题中应用得相当普遍,涉及各个方面.它既可以逆着原来的物理过程重新安排,也可以逆着原来的求解结果和已知条件反向考虑.

下面,选择若干较为典型的问题,分为三部分:第一部分通过与常规解法的比较或思路分析,可进一步领会这种思维方法的特点;第二部分直接采用逆向思维方法求解问题;第三部分专题介绍光学中逆向思维的应用,即光路可逆方法.

常规解法与逆向解法

例题1 一颗水平飞行的子弹,恰好能依次穿过固定竖立着的三块木板.假定子弹在木板中所受阻力恒定,且每块木板对子弹的阻力和子弹穿过每块木板的时间都相同,不计子弹在两木板之间的飞行时间,则三块木板的厚度之比为多少?

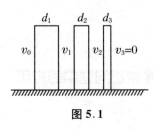

图 5.1

常规解法 因子弹在木板中运动时受到的阻力恒定,所以子弹做匀减速运动.由题意知,它穿过第三块木板后的速度刚好为零,且每块板的厚度必然逐渐减小(图 5.1).设子弹原来的速度为 v_0,穿越每块板后的速度分别为 v_1、v_2、v_3($v_3=0$),由

$$0 - v_0^2 = 2(-a)(d_1 + d_2 + d_3)$$

得子弹在木板中的加速度大小为

$$a = \frac{v_0^2}{2(d_1 + d_2 + d_3)}$$

设子弹在木板中穿越的总时间为 t,则

$$t = \frac{d_1 + d_2 + d_3}{\bar{v}} = \frac{2(d_1 + d_2 + d_3)}{v_0}$$

穿过每块板后的速度分别为

$$v_1 = v_0 - at_1 = v_0 - a\left(\frac{t}{3}\right)$$

$$= v_0 - \frac{v_0^2}{2(d_1 + d_2 + d_3)} \cdot \frac{2(d_1 + d_2 + d_3)}{3v_0} = \frac{2}{3}v_0$$

$$v_2 = v_0 - at_2 = v_0 - a\left(\frac{2t}{3}\right)$$

$$= v_0 - \frac{v_0^2}{2(d_1 + d_2 + d_3)} \cdot \frac{4(d_1 + d_2 + d_3)}{3v_0} = \frac{1}{3}v_0$$

$$v_3 = v_0 - at = 0$$

所以,每块木板的厚度依次为

$$d_1 = \frac{v_0 + v_1}{2} \cdot \frac{t}{3} = \frac{5v_0}{6} \cdot \frac{t}{3}$$

$$d_2 = \frac{v_1 + v_2}{2} \cdot \frac{t}{3} = \frac{3v_0}{6} \cdot \frac{t}{3}$$

$$d_3 = \frac{v_2 + v_3}{2} \cdot \frac{t}{3} = \frac{v_0}{6} \cdot \frac{t}{3}$$

它们的厚度之比

$$d_1 : d_2 : d_3 = 5 : 3 : 1$$

逆向思考 从第三块木板右边逆着时间流向观察时,子弹在木板中从右向左做的是初速度为零的匀加速直线运动.木板的厚度之比就等于从 $t = 0$ 开始子弹在连续相等的时间内通过的位移之比,即

$$d_3 : d_2 : d_1 = s_1 : s_2 : s_3 = 1 : 3 : 5$$

所以,子弹依次通过的三块木板的厚度之比为

$$d_1 : d_2 : d_3 = 5 : 3 : 1$$

显然,它比采用常规的方法,把子弹作为匀减速运动来研究简单得多.

说明 如果本题改为竖立着 n 块木板,子弹水平穿入时刚好能通过,且在每块木板内所受阻力和运动时间均相同,根据同样的道理很容易判知,这 n 块木板的厚度之比为

$$d_1 : d_2 : d_3 : \cdots : d_{n-1} : d_n = (2n-1) : (2n-3) : \cdots : 5 : 3 : 1$$

例题 2 一个小球做竖直上抛运动,测得它在到达最高点前的 1 s 内上升高度是其上升最大高度的 1/5,则这个小球上升的最大高度是多少? 取 $g = 10 \text{ m/s}^2$.

常规解法 设上抛初速度为 v_0,上升到最大高度的时间为 t,上升高度为 h. 根据题意,可画出示意图(图 5.2),由匀减速运动公式知

$$\frac{4}{5}h = v_0(t-1) - \frac{1}{2}g(t-1)^2$$

$$h = v_0 t - \frac{1}{2}gt^2$$

$$t = \frac{v}{g}$$

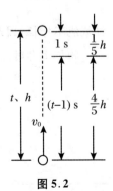

图 5.2

联立三式得

$$h = 25 \text{ m}$$

逆向思考 小球从下向上做匀减速运动,逆着时间流向考察时,就转化为一个自由落体运动.它在最初 1 s 内下落的距离等于上升过程中最后 1 s 内上升的高度,即

$$h' = \frac{1}{2}gt'^2 = \frac{1}{2} \times 10 \times 1^2 \text{ m} = 5 \text{ m}$$

所以小球上抛能达到的最大高度为

$$h = 5h' = 25 \text{ m}$$

说明 本题从原来的匀减速运动求解,虽然列式并不困难,但实际的运算比较繁复,采用逆向反演就变得十分轻松.

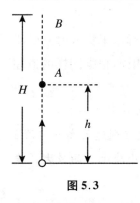

图 5.3

例题 3 如图 5.3 所示,将物体以初速度 v_0 竖直向上抛出,上升的最大高度为 H,空气阻力恒定.问物体上升和下降过程中动能和势能相等的位置是在 $\frac{H}{2}$ 的上面还是下面?*

常规解法 设所求点为 A,最高点为 B,上升时动能和势能相等位置的高度为 h,下降时相应的高度为 h'.由于受到空气阻力机械能不守恒,因此本题可采用动能定理求解.

物体上升时

$$-(mg + f)H = 0 - \frac{1}{2}mv_0^2 \qquad ①$$

$$-(mg + f)h = E_k - \frac{1}{2}mv_0^2 \qquad ②$$

$$E_k = mgh \qquad ③$$

---

* 本节例题 3、5、14、15 的初稿由施坚老师撰写.

由①、②、③式解得

$$h = \frac{mg+f}{2mg+f}H > \frac{mg+f}{2(mg+f)}H = \frac{H}{2} \qquad ④$$

故物体上升时 A 点在 $\frac{H}{2}$ 上面.

物体下降时,同理有

$$(mg-f)(H-h') = E_k \qquad ⑤$$
$$E_k = mgh' \qquad ⑥$$

由⑤、⑥式解得

$$h' = \frac{mg-f}{2mg-f}H < \frac{mg-f}{2(mg-f)}H = \frac{H}{2} \qquad ⑦$$

故物体下降时 A 点在 $\frac{H}{2}$ 下面.

逆向思考 上面是按照运动过程,依次列式推算的,整个过程比较繁琐.实际上,我们也可以根据题意,直接从结果逆向推算.

由于运动过程中存在阻力,上升过程中在动能和势能相等时的位置 A,其机械能必定大于最高点的机械能,故

$$E_k + E_p > mgH \quad 即 \quad 2mgh > mgH$$

得

$$h > \frac{H}{2}$$

所以 A 在 $\frac{H}{2}$ 上面.

同理,最高点的机械能,也一定大于下降到动能和势能相等位置 A 的机械能,故

$$E_B > E_A \quad 即 \quad mgH > E_k + E_p = 2mgh'$$

得

$$h' < \frac{H}{2}$$

所以 A 点在 $\dfrac{H}{2}$ 下面.

两者相比较,不难看出,用常规思维顺向求解比较繁琐,采用从结果的逆向思维求解却极其简单.

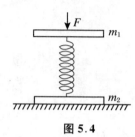

图 5.4

例题 4 质量为 m_1、m_2 的两木板中间连接着一根劲度系数为 k 的轻弹簧,静止于水平桌面上(图 5.4).在 m_1 上加多大的压力 F,才能当突然撤去 F 后,上板起跳时恰好能够把下板提起?

常规解法 未加压力 F 时,弹簧在上板重力作用下的压缩量为

$$x_1 = \frac{m_1 g}{k}$$

加压力 F 后,弹簧相对于原长的压缩量为

$$x_2 = \frac{m_1 g + F}{k}$$

撤去压力 F 后,要求下板恰好能被提起,表示地面的支持力为零.此时的弹簧相当于上端固定,下端悬挂一个质量 m_2 的物体,因此其伸长量为

$$x_3 = \frac{m_2 g}{k}$$

这个伸长量也等于上板超过弹簧原长的长度.

弹簧从被压缩状态到伸长状态的过程中,只有重力和弹力做功,机械能守恒.以弹簧原长时上端为重力势能的零位置,则

$$\frac{1}{2}kx_2^2 - m_1 g x_2 = \frac{1}{2}kx_3^2 + m_2 g x_3$$

联立上述各式,即得所需施加的压力为

$$F = (m_1 + m_2)g$$

逆向思考 因为上板跳起恰好把下板提离地面时,弹簧的形变

量(伸长量)等于用力提起两板时弹簧的形变量,而弹簧在受到同样大小的拉力和压力时形变量的大小相等,所以反过来看,所需施加的压力便为

$$F = (m_1 + m_2)g$$

例题 5　如图 5.5 所示电路,电源电动势 $E = 6$ V,内阻 $r = 0$,电阻 $R_1 = 10$ Ω, $R_2 = 20$ Ω, $R_3 = 30$ Ω, $R_4 = 40$ Ω, $R_5 = 5$ Ω, $R_6 = 15$ Ω, $R_7 = 25$ Ω, $R_8 = 35$ Ω,试求图中通过 ab 支路中 R_8 的电流.

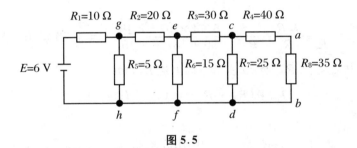

图 5.5

常规解法　采用分流法,即先根据等效电阻求出通过电源的总电流,然后再逐级分流,最后求出通过 ab 支路的电流.整个过程如下:

cd 右端的等效电阻 R_c 为

$$R_c = \frac{R_7(R_4 + R_8)}{R_7 + R_4 + R_8} = \frac{25 \times (40 + 35)}{25 + 40 + 35} \text{ Ω} = 18.75 \text{ Ω}$$

ef 右端的等效电阻 R_e 为

$$R_e = \frac{R_6(R_3 + R_c)}{R_6 + R_3 + R_c} = \frac{15 \times (30 + 18.75)}{15 + 30 + 18.75} \text{ Ω} = 11.47 \text{ Ω}$$

gh 右端的等效电阻 R_g 为

$$R_g = \frac{R_5(R_2 + R_e)}{R_5 + R_2 + R_e} = \frac{5 \times (20 + 11.47)}{5 + 20 + 11.47} \text{ Ω} = 4.135 \text{ Ω}$$

流过电源的总电流 I_1 为

$$I_1 = \frac{E}{R_1 + R_g} = \frac{6}{10 + 4.135} \text{ A} = 0.419 \text{ A}$$

流过电阻 R_2 的电流 I_2，由

$$I_2 \cdot (R_2 + R_e) = (I_1 - I_2) \cdot R_5$$

得

$$I_2 = \frac{I_1 R_5}{R_2 + R_e + R_5} = \frac{5 \times 0.419}{20 + 11.47 + 5} \text{A} = 5.74 \times 10^{-2} \text{A}$$

流过电阻 R_3 的电流 I_3，由

$$I_3 \cdot (R_3 + R_c) = (I_2 - I_3) \cdot R_6$$

得

$$I_3 = \frac{I_2 R_6}{R_3 + R_c + R_6} = \frac{5.74 \times 10^{-2} \times 15}{30 + 18.75 + 15} \text{A} = 1.35 \times 10^{-3} \text{A}$$

流过电阻 R_4 即 ab 支路中的电流 I_{ab}，由

$$I_{ab} \cdot (R_4 + R_8) = (I_3 - I_{ab}) \cdot R_7$$

得

$$I_{ab} = \frac{I_3 R_7}{R_4 + R_8 + R_7} = \frac{0.0135 \times 25}{40 + 35 + 25} \text{A} = 3.38 \times 10^{-3} \text{A}$$

逆向思考 因为这是一个由电源、电阻构成的线性网络，各部分的电流与电源之间有确定的比例关系，因此可以采用信息反馈原理，先假定流过 ab 段的电流为 I'，然后逐级倒推，得到在 ab 段产生电流 I' 所需的电源 E'，再根据线性网络中电源与电流的比例系数，求出电源为 6 V 时 ab 段的实际电流 I_{ab}。求解过程如下：先设 $I'_{ab} = 1$ A，电源电势为 E'，则各支路电流分别为

$$I_{cd} = \frac{I'_{ab}(R_4 + R_8)}{R_7} = \frac{1 \times (40 + 35)}{25} \text{A} = 3 \text{A}$$

$$I_{ef} = \frac{(I'_{ab} + I_{cd})R_3 + I_{cd}R_7}{R_6} = \frac{(1 + 3) \times 30 + 3 \times 25}{15} \text{A} = 13 \text{A}$$

$$I_{gh} = \frac{(I'_{ab} + I_{cd} + I_{ef}) \cdot R_2 + I_{ef} \cdot R_5}{R_5}$$

$$= \frac{(1 + 3 + 13) \times 20 + 13 \times 15}{5} \text{A} = 107 \text{A}$$

5 求异思维在研究和解决中学物理问题中的应用

$$E' = (I'_{ab} + I_{cd} + I_{ef} + I_{gh})R_1 + I_{gh}R_5$$
$$= (1 + 3 + 13 + 107) \times 10 \text{ V} + 107 \times 5 \text{ V} = 1775 \text{ V}$$

由线性比例关系可得

$$I_{ab} = \frac{I'_{ab}}{E'} \cdot E = \frac{1}{1775} \times 6 \text{ A} = 3.38 \times 10^{-3} \text{ A}$$

说明 这种逆向倒推的方法(或称为逆向试探法)比前一种方法简洁多了.它不是简单地应用欧姆定律,而是在掌握电路的线性特点的基础上,从整个网络来系统地分析问题,这种构思方式明显体现了求异思维的独特性.

这种逆向试探的方法,同学们比较陌生.实际上它在电子技术中很常用,在以前的高考题中也早有渗透.下面是一个早期的上海高考题,请用常规的顺向求解和逆向试探的方法再作一次比较.

练习题

如图5.6所示电路中,各电阻值已标出,当输入电压 $U_{ab} = 110$ V 时,则输出电压 $U_{CD} = $ _____ V.

参考答案:1 V.

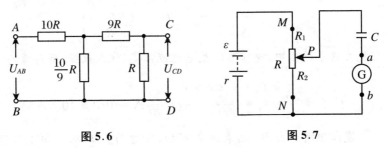

图5.6 图5.7

例题6 如图5.7所示电路中,$E = 6$ V,$r = 1$ Ω,MN 为一根长 $l = 20$ cm、电阻值 $R = 300$ Ω 的均匀电阻丝,电容器的电容量 $C = \frac{1}{36} \times 10^{-5}$ F,G 为灵敏电流表.当滑动头 P 从电阻丝的上端 M 以速度 $v = 36$ cm/s 匀速下滑时,电流表的示数为多少?

常规解法 滑动头 P 从电阻丝的最上端 M 下移时,对电容器的充电电压减小,电容器的电量也逐渐减少,电容器处于放电状态,通过电流表的电流方向从 b 流向 a.

当滑动头在 M 时,电容器的充电电压和电量分别为

$$U_0 = \frac{R}{r+R}E, \quad q_0 = CU_0 = \frac{CR}{r+R}E$$

设经时间 t 后滑动头移到某位置,电阻丝被分为阻值 R_1、R_2 两部分. 它们的电阻与长度成正比,即

$$R_1 = \frac{R}{l}vt, \quad R_2 = R - R_1 = R\left(1 - \frac{vt}{l}\right)$$

电容器的充电电压等于 R_2 的电压,即

$$U_t = \frac{R_2}{r+R}E = \frac{RE}{r+R}\left(1 - \frac{v}{l}t\right)$$

电容器的带电量为

$$q_t = CU_t = \frac{CRE}{r+R}\left(1 - \frac{v}{l}t\right)$$

通过电流表的电流取决于电容器极板上的放电速率,即

$$I_t = \frac{\Delta q_t}{\Delta t} = \frac{q_0 - q_t}{t} = \frac{CRE}{r+R} \cdot \frac{v}{l}$$

可见在这个过程中,电容器的放电电流恒定,代入数据,得其值为

$$I = \frac{\frac{1}{36} \times 10^{-5} \times 300 \times 6}{1 + 300} \times \frac{36}{20} \text{A} \approx 0.3 \times 10^{-5} \text{A}$$

逆向思考 由 R_2 的表达式可知,当滑动头 P 从上向下匀速移动时,下部电阻 R_2 将均匀减小,因此电容器两端的电压与极板上的电量也必将均匀减小. 反之,当滑动头 P 从最下端 N 匀速向上滑动时,电容器两端的电压与极板上的电量势必均匀增加,并且电容器的充电速率(极板上每秒增加的电量)必与放电速率相等. 也就是说,当滑动头从 $N \rightarrow M$ 匀速上滑时通过电流表的电流,一定与滑动头从 M

5 求异思维在研究和解决中学物理问题中的应用

→N 匀速下滑时通过电流表的电流相等,只是方向相反.因此,我们可以通过计算充电电流去确定放电电流.

当滑动头从下向上经时间 t 后,电容器两端的电压和电量分别为

$$U'_t = \frac{R'_2}{r+R}E = \frac{E}{r+R} \cdot \frac{R}{l}vt$$

$$q'_t = CU'_t = \frac{CRE}{r+R} \cdot \frac{v}{l}t$$

所以

$$I' = \frac{\Delta q'_t}{\Delta t} = \frac{q'_t - 0}{t} = \frac{CRE}{r+R} \cdot \frac{v}{l}$$

其结果与上面解得的相同,但解题过程简化不少.

直接应用逆向思维

通过上述几例,应该认识到,所谓的逆向思维仅是相对于原来的、寻常的思维路线而已,一旦把它作为一种重要的研究方法,也就无所谓"逆向"可言了.实际上,有许多物理问题(如光路控制、黑箱问题等)本该遵循这样的思维路线,根据已知的效果作反方向的推测.甚至还有一些问题,采用正向的寻常思维极难求解或无法求解,这种情况下逆向思维几乎成了唯一的求解手段,更无所谓"逆向"了.

不过,从相对于顺向的、寻常的思维意义上,我们还是把它作为逆向思维看待.下面的问题都是在分析的基础上直接从"逆向"思维切入求解.

例题7 一辆沿着平直公路行驶的汽车,刹车后以大小为 $a = 2 \text{ m/s}^2$ 做匀减速运动,试问:这辆车在停止运动前的最后 1 s 内通过的位移是多少?

分析与解答 这个问题中已知了三个条件:加速度($a = -2 \text{ m/s}^2$)、运动时间($t = 1 \text{ s}$)和末速度($v_t = 0$),根据运动学公式需要建立两个方程才能求解.若进行逆向处理:停止运动前最后 1 s 内通过的位移,可以看成以初速度为零、$a = 2 \text{ m/s}^2$ 做匀加速运动在第 1 秒内通过的位移,立即

可得位移大小为

$$s = \frac{1}{2}at^2 = \frac{1}{2} \times 2 \times 1^2 \text{ m} = 1 \text{ m}$$

说明 本题虽然比较简单,但这种逆向思考的方法却很有普遍意义。例如,竖直上抛运动可以看成是从最高点开始自由落体运动的逆运动,因此如果有问题:三个小球分别以初速度 $v_{01} = 10$ m/s, $v_{02} = 20$ m/s, $v_{03} = 30$ m/s 竖直上抛,它们在到达最高点前 0.1 s 的时间内通过的位移大小之比为( )

A. 1∶1∶1　　B. 1∶2∶3　　C. 1∶3∶5　　D. 1∶4∶9

利用逆向思维,转化为自由落体运动,立即可知它们到达最高点前 0.1 s 的时间内通过的位移都相同,与它们抛出时的初速度大小无关,因此正确的是 A。

例题 8 在平直公路上从同一地点先后开出 n 辆汽车,每辆车都从静止开始先做加速度为 a 的匀加速直线运动,达到相同的速度 v 后改做匀速直线运动. 欲使这 n 辆车都做匀速直线运动时彼此间的距离均为 x,则各车依次启动的时间间隔为( ).

A. $\dfrac{v}{a}$　　B. $\dfrac{v}{2a}$　　C. $\dfrac{x}{v}$　　D. $\dfrac{x}{2v}$

分析与解答 每辆汽车先后做的运动很明确,由于其加速度和末速度都相同,因此都从同一"起跑线"开始做匀速运动,其运动示意图如图 5.8 所示.

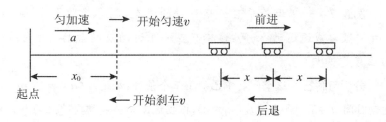

图 5.8

5 求异思维在研究和解决中学物理问题中的应用

如果从问题的正向考虑发车间隔时间,列式比较麻烦.为此,我们可以逆向考虑:若有一列沿直线排列、间距均为 x 的车队,让它们先以相同速度 v 后退,接着再以相同大小的加速度 a 匀减速后退,要求最后都停止于同一个地方,由于它们做减速运动的时间和通过的距离相同,显然必须都应该从同一个地方(即图中开始做匀速运动的地方)开始刹车.因此,"后一辆车"一定要比"前一辆车"多行驶距离 x,或者说,"后一辆车"应该比"前一辆车"开始刹车的时间晚了 $\Delta t = \dfrac{x}{v}$.这也就是它们开始启动的时间间隔,所以正确的是 C.

例题 9 如图 5.9(a)所示,轻质杆 AC、BC 用三个光滑的铰链互相铰接着并铰接于墙上,已知 AC 长 $l = 1$ m,$\alpha = 30°$.一个质量为 m 的物体从 A 点由静止起沿着 AC 杆无摩擦地滑下.试求在物体下滑过程中,BC 杆对 AC 杆的作用力如何变化?

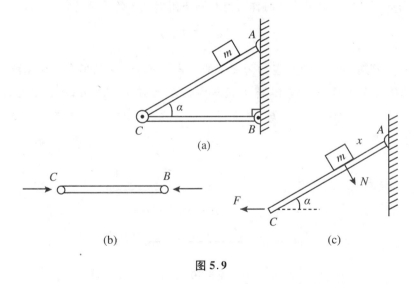

图 5.9

分析与解答 物体下滑时,对杆的压力垂直杆向下.当以 A 处作为假想的轴转动时,物体对杆的压力形成使杆逆时针向转的力矩,一定被 BC 杆对 AC 杆的作用力所形成的使杆顺时针向的力矩平衡.

因此，只要写出 AC 杆以 A 为轴的力矩平衡方程，根据物体的下滑运动，就可以求出 BC 杆对 AC 杆的作用力.

困难在于 BC 杆对 AC 杆的作用力方向不明确. 为此，我们可以作个逆向转换——先找出 AC 杆对 BC 杆的作用力方向. 由于 BC 是轻杆，它只有两端受力（称为二力杆件），所以 B、C 两端对杆的作用力方向必定沿着杆子，如图 5.9(b) 所示. 根据牛顿第三定律，BC 杆对 C 端的作用力方向一定沿 BC 杆向左，如图 5.9(c) 所示.

设物体经时间 t 沿 AC 杆下滑距离为 x，则

$$x = \frac{1}{2}at^2 = \frac{1}{2}g\sin\alpha t^2$$

物体对杆的压力 $N = mg\cos\alpha$，所以杆的力矩平衡方程为

$$Nx = Fl\sin\alpha \Rightarrow mg\cos\alpha \cdot \frac{1}{2}g\sin\alpha t^2 = Fl\sin\alpha$$

由此得 BC 杆对 AC 杆的作用力 F 与下滑时间 t 的关系为

$$F = \frac{mg^2\cos\alpha}{2l} \cdot t^2$$

例题 10　一个电量为 q 的点电荷与一根长为 l 的不带电导体棒 AB 放置在同一直线上，点电荷与棒的左端 A 相距为 R，如图 5.10 所示. 当达到静电平衡后，棒上感应电荷在棒内中点 C 处产生的场强为多大？

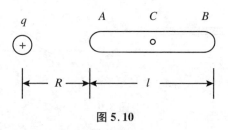

图 5.10

分析与解答　根据静电感应原理，导体棒的 A 端带负电，B 端带正电. 棒上感应电荷在中点 C 的场强 E' 的方向沿着棒向左指向点

电荷 q. 但由于这些感应电荷在导体棒上的分布很复杂, 无法直接计算它们在中点 C 产生的场强, 为此可以作个转换——从导体棒达到静电平衡的条件出发.

我们知道, 电场中的导体达到静电平衡时, 由施感电荷 q 和棒上感应电荷共同产生的合场强为零, 可见, 棒上感应电荷在中点 C 处产生的场强(E')必与点电荷 q 在 C 处的场强(E)的方向相反, 如图 5.11 所示. 因此, 可以通过计算点电荷 q 在中点 C 的场强, 反过来推知棒上感应电荷产生的场强. 显然, 这也是一种逆向思维.

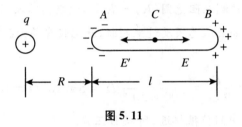

图 5.11

因为点电荷 q 在中点 C 产生的场强大小为

$$E = k \frac{q}{\left(R + \frac{l}{2}\right)^2} = \frac{4kq}{(2R+l)^2}$$

所以棒上感应电荷在棒内中点 C 处产生的场强大小为

$$E' = E = \frac{4kq}{(2R+l)^2}$$

说明 明白了这个道理, 我们就可以从导体棒达到静电平衡的条件逆向考虑, 很方便地计算出感应电荷在棒内任何一点处的场强.

例题 11 如图 5.12 所示为多用表欧姆挡的原理示意图, 其中电流表的满偏电流为 300 μA, 内阻 $r_g = 100\ \Omega$, 调零电阻最大值 $R = 50\ \text{k}\Omega$, 串联的固定电阻 $R_0 = 50\ \Omega$, 电源电动势 $E = 1.5\ \text{V}$, 用它测量电阻 R_x 时能准确测量的阻值范围是(   ).

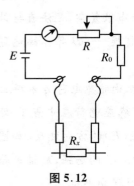

图 5.12

A. 30～80 kΩ   B. 3～8 kΩ
C. 300～800 Ω   D. 30～80 Ω

分析与解答 一些同学以调零电阻取值 $R_{min}=0$ 和 $R_{max}=50$ kΩ，列出测量时的电流关系式

$$I_1 = \frac{E}{r_g + R_0 + R_{min} + R_{x1}},$$

$$I_2 = \frac{E}{r_g + R_0 + R_{max} + R_{x2}}$$

希望据此确定被测电阻范围($R_{x1} \sim R_{x2}$)，结果因陷入困难而放弃．

这个问题如果从选项反过来判断，就比较容易．因为这个多用表的中值电阻为

$$R_\text{中} = \frac{E}{I_{max}} = \frac{1.5}{300 \times 10^{-6}}\ \Omega = 5 \times 10^3\ \Omega = 5\ \text{k}\Omega$$

它与选项 B 的中间值很接近，所以 B 正确．

说明 本题的判断，采用了类似于"排除法"——从结果反向考虑，也是一种逆向思维．

用欧姆表测量电阻时，通过表头的电流

$$I_x = \frac{E}{R_\text{中} + R_x}$$

式中 $R_\text{中} = r_g + r + R_0$（即为电表内阻、电源内阻、调零电阻等各部分电阻的总和），称为综合内阻或中值电阻．在确定的某个挡位，校准零欧姆位置后，$R_\text{中}$ 可以看成定值．因此，通过电表的电流 I_x 仅随被测电阻 R_x 而变化，但是两者间并非线性关系：当 R_x 从 0 到 $R_\text{中}$ 时，I_x 从 I_{max} 到 $\frac{1}{2}I_{max}$；当 R_x 从 $R_\text{中}$ 到 ∞ 时，I_x 从 $\frac{1}{2}I_{max}$ 到 0．

因此其面板刻度在零至中值电阻的分布较疏，在中值电阻至无限大部分分布较密．测量时，可以通过选择不同挡位，尽可能使指针在中值电阻附近，有利于减小测量误差．同理，根据中值电阻可以大

体确定较准确测量的电阻范围.

例题 12 图 5.13 所示的箱子里有四个阻值都是 6 Ω 的电阻,箱外有四个接线柱 A、B、C、D. 分别测得 R_{AB} = 6 Ω,$R_{AC} = R_{AD} = 10$ Ω,$R_{BC} = R_{BD} = R_{CD}$ = 4 Ω. 试画出箱子里四个电阻的连接电路.

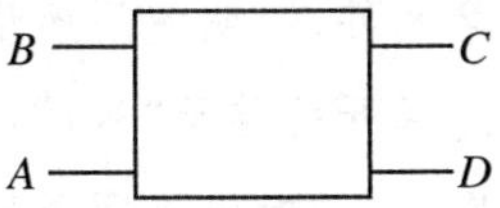

图 5.13

分析与解答 黑箱问题需要根据测量结果作逆向推测,通过试验和反馈校正,最后确定箱内的结构.

已知箱子里每个电阻均为 $R = 6$ Ω,而测量数值有 10 Ω 和 4 Ω,可见四个电阻必定是混联.

注意到 $4 \text{ Ω} = \frac{2}{3} \times 6 \text{ Ω}$,恰好为两个电阻串联后与另一个电阻并联的总电阻,如图 5.14 所示,其中 1—2,1—3,2—3 任何两点间的电阻均为 4 Ω,因此可初步确定它们分别为 B,C,D 三接点. 又由 4 Ω + 6 Ω = 10 Ω,于是只需在上述电路的适当位置接入一个 6 Ω 电阻,就可以满足要求了. 所以,最终画出的电路如图 5.15 所示.

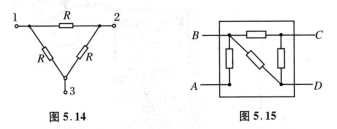

图 5.14　　　　　图 5.15

说明 "黑箱"是一种需要反向推测的典型问题,对培养和发展逻辑思维很有益,有时也颇具游戏性、趣味性. 下面的练习题,大家不妨继续试试*.

---

* 在本丛书的《猜想与假设》一册中,专列一节讨论了黑箱问题,有兴趣的读者可进一步参考.

练习题

(2012 江苏) 如图 5.16 所示的黑箱中有三个完全相同的电学元件,小明使用多用表对其进行探测.在判定黑箱中无电源后,将选择开关旋至"×1",调节好多用电表,测量各接点间的阻值.测量中发现,每对接点间正反电阻值均相等,测量记录如表 5.1 所示.两表笔分别接 a、b 时,多用表的示数如图 5.17 所示.请将记录表补充完整,并画出黑箱中一种可能的电路.

表 5.1

两表笔接的接点	多用电表的示数
a、b	? Ω
a、c	10.0 Ω
b、c	15.0 Ω

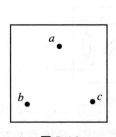

图 5.16

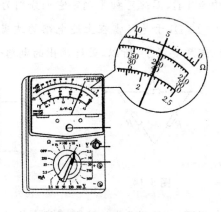

图 5.17

参考答案:5 Ω.

例题 13 一块条形磁铁静止在斜面上,其中心的正上方固定着一根水平放置的导线,并通有垂直纸面向里的恒定电流,如图 5.18 所示.当导线中的电流保持大小不变改为垂直纸面向外时,磁铁仍然

5 求异思维在研究和解决中学物理问题中的应用

静止在斜面上,则磁铁对斜面压力大小的变化情况是( ).

A.增大　　　　　　B.不变
C.减小　　　　　　D.条件不足,无法判断

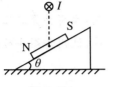

图 5.18

分析与解答　如果以磁铁为研究对象,通过对它的受力分析去确定对斜面的压力,就比较困难了.为此,可以采用逆向转换,以导线为研究对象,它处在磁铁的磁场中,画出磁铁的磁感线.当导线中电流向里时,磁铁对导线的安培力 F_B 斜向下;当导线中电流向外时,磁铁对导线的安培力 F_B 斜向上(图 5.19).

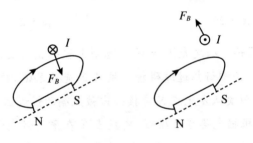

图 5.19

根据牛顿第三定律可知,电流反向后,导线对磁铁的反作用力会增大磁铁对斜面的压力.所以正确的是 A.

几何光学中的一朵奇葩

在逆向思维的应用中,有一朵特别绚丽的奇葩,这就是作为几何光学基本规律之一的光路可逆原理——当光线逆着反射光线或折射光线的方向入射时,将会逆着原来的入射光线方向反射或折射.许多光路控制和成像问题,从入射方向作正面求解,常常会显得无从下手或比较繁琐,采用光路可逆原理"反面包抄",往往很容易取得成功.鉴于光路可逆原理在研究几何光学问题中的重要地位,下面,我们列举若干例题,展示一下它在具体问题应用中的风采.

例题 14 如图 5.20 所示,发光点 S 置于不透明障碍物 AB 的左侧,障碍物竖立在水平地面上,它的上方平行地面放置一较大的平面镜,试用作图法确定障碍物 AB 右方空间被光照射的区域.

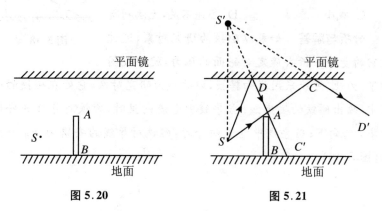

图 5.20　　　　　　图 5.21

分析与解答 从发光点 S 确定地面上被照亮的最远处很容易,只需从 S 引一条刚好掠过障碍物顶端 A 的光线 SAC,画出它的反射线 CD' 即得. 但要从发光点 S 直接画出被照亮的最近位置比较困难.

为此,可根据光路可逆原理,先找出 S 在平面镜中的像点 S',连接 $S'A$,即得照亮最近位置的反射线 DAC',对应的入射线 SD 即可确定. 所以,障碍物 AB 右方被照亮的区域位于反射光线 CD' 和 DC' 之间,如图 5.21 中 AC' 和 CD' 之间的范围.

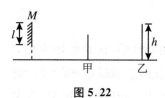

图 5.22

例题 15 图 5.22 中 M 是竖直放置的平面镜,镜离地面的距离可调节. 甲、乙二人站在镜前,乙离开镜的距离为甲离开镜的距离的 2 倍,如图 5.22 所示. 二人略错开,以便甲能看到乙的像. 以 l 表示镜的长度,h 表示乙的身高,为使甲能看到镜中乙的全身像,l 的最小值为_____.

分析与解答 首先,根据平面镜成像时物与像对平面镜对称的关系,可以画出乙的虚像.因为要求甲能看到乙的全身像,则由乙的头顶反射出的光线经平面镜反射后,必须能到达甲的眼睛,它等同于设想由乙在镜中的虚像头顶发出的光线直接射到甲的眼睛,由此可画出乙的虚像的头顶到甲眼睛的连线.同理,对乙的脚底也可画出它的虚像直接到甲眼睛的连线.这样两条连线与 M 的交点,就可确定 l 的最小值 l',如图 5.23 所示.

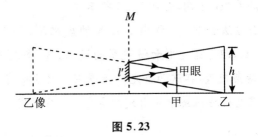

图 5.23

由题意已知乙到镜的距离是甲到镜的距离的 2 倍,根据几何关系可得

$$l' = \frac{h}{3}$$

由结果可知, l' 与甲的眼睛高度无关.

例题 16 图 5.24 中 AB 表示一直立的平面镜, P_1P_2 是水平放置的米尺(有刻度的一面朝着平面镜), MN 是屏,三者互相平行.屏 MN 上的 ab 表示一条竖直的缝(即 ab 之间是透光的),某人眼睛紧贴米尺上的小孔 S(其位置见图中),

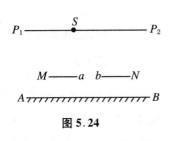

图 5.24

可通过平面镜看到米尺的一部分刻度.试在本题的图上用三角板作图求出可看到的部位,并在 P_1P_2 上把这部分涂以标志.

分析与解答 通过小孔能看到的米尺上的部位,就是指从这些部位上发出(反射)的光线,经平面镜反射后能到达小孔 S.这就是说,从米尺上这些部位发出(反射)的光线必须能射入缝 ab,从平面镜反射后,它们的反射光线也能从缝 ab 射出,并能到达米尺上的小孔 S. 为了确定从平面镜反射到达 S 的边缘光,可以借助虚像作逆向思考.

方法 1 从平面镜反射到达 S 的一条边缘光很容易确定,它沿着 aS 方向,为了确定另一条边缘光,可作出 S 在平面镜中的虚像 S',其入射光必沿着 bS' 方向,如图 5.25 所示.

具体作图方法如下:① 作出小孔 S 的虚像 S';② 连接 Sa 并延长,交镜面于 C,即得通过平面镜观察的近点;③ 将 S' 看成光源,沿 $S'C$、$S'b$ 发两条光线,在这两条光线范围内米尺上的亮区 Q_1Q_2,就是贴着小孔通过狭缝从镜中能看到的部分;④ 完成实际光路.

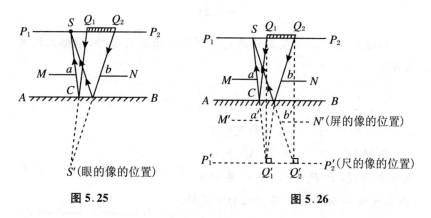

图 5.25   图 5.26

方法 2 米尺和屏在平面镜中虚像分别为 $P_1'P_2'$ 和 $M'N'$,如图 5.26 所示. 从米尺上的某部位 Q_1Q_2 发出的光束,等效于从米尺的虚像上的 $Q_1'Q_2'$ 发出的光束,可见光束的边界由狭缝 ab 及其虚像 $a'b'$ 的位置决定.

具体作图方法如下:① 作出米尺和屏的虚像 $P_1'P_2'$ 和 $M'N'$;② 将 S 看成光源,沿 Sa,Sb' 发两条有意义的边界光,交米尺的虚像 $P_1'P_2'$ 于 Q_1'、Q_2';③ 根据对称性,在米尺上作出与虚像上 Q_1'、Q_2' 对应

的位置 Q_1、Q_2；④ 完成实际光路.

说明 确定观察范围的关键是找出边缘光,许多问题往往可以从逆向思维考虑.这个早期的高考题,很巧妙地融入了平面镜成像、光的反射和光路可逆原理等知识,当年不少同学反映做得并不轻松,请你再体会一下这个感觉.

例题 17 图 5.27 中, $A'B'$ 分别是物体通过凸透镜后成的实像和虚像,试用作图法确定物体 AB 的位置 (F、F' 分别为焦点).

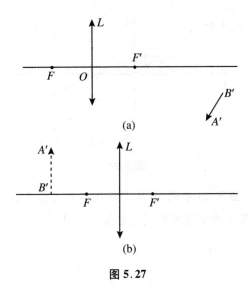

图 5.27

分析与解答 从像求物,是一个很明显的逆向问题,需要对特殊光线作图法"反其道而行之".

图(a)的作法是：① 连接 $A'O$ 并延长；② 连接 $A'F$ 并延长,过其与透镜的交点作主轴的平行线；③ 上述两线交点即物点 A,同理可作出物点 B. 实际成像光路将图 5.28(a)所示的光逆向即得.

图(b)的作法是：① 从透镜右方画出通过光心指向 A' 的直线；② 从透镜右方通过焦点画出指向 A' 的直线,过它与透镜的交点作主轴的平行线；③ 上述两线在镜左方的交点即物点 A,由此可画出物

AB. 实际成像光路将图 5.28(b)所示的光逆向即得.

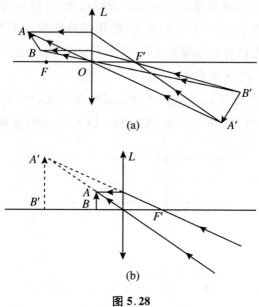

图 5.28

例题 18 图 5.29 中的 $A'B'$ 是物体经放大镜 L(凸透镜)所成的虚像,试用作图法确定能观察到完整像的区域.

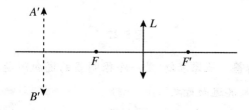

图 5.29

分析与解答 观察区域(或称为视场范围)由经透镜边缘的折射光线所决定. 由于物体的位置不明确,因此必须运用光路可逆原理. 首先找出物体的位置,然后通过物体发出的边缘光确定观察范围,如图 5.30 中画有斜线的区域.

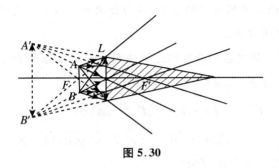

图 5.30

比较方便的方法是通过虚像点 A'、B' 分别引凸透镜边缘的直线,它们在透镜右方以透镜为底的三角形区域即视场范围.

 一题多解

一题多解是一个十分诱人的课题,也称得上是发散思维的典范. 它要求不拘于一种方法、一种模式,对问题进行多角度地考察、研究. 一题多解不仅是同学们在平时学习中常常会相互交流的,而且也是对每次各类考试题(尤其是高考题)探讨的一个热点.

我们重视一题多解,但并不提倡读者单纯地追求解法的多少,而是希望把注意力集中于对基础知识的理解和思维方法(研究方法)的开掘上面.通过对同一问题不同解法的讨论,更深入地理解有关物理概念和规律,同时能有利于拓展思维的宽广性,提高思维的灵活性. 如果把这里的"题"广义地理解为"课题"的话,那么一题多解也可以成为对某个知识专题进行探究的一种尝试(如前面 3.3 节中对变力做功的探究),这样意义就更为深远了.

下面,我们选取几个比较典型的问题,共同体会一下多种解法的收获和乐趣.

例题 1 同一平面内作用在一点的三个力 $F_1 = 20$ N、$F_2 = 30$ N、$F_3 = 40$ N,互成120°角,如图5.31所示,试求它们合力的大小.

分析 求合力的基本方法是平行四边形法则.对三个或三个以

上的力,可依次采用合成的方法(各力的次序可变换),也可以采用先分解后合成等方法.

解法 1 依次应用平行四边形法则——如先合成 F_1、F_2 得合力 F',再把 F' 与 F_3 合成(图 5.32).即有

$$F' = \sqrt{F_1^2 + F_2^2 + 2F_1F_2\cos 120°}$$
$$= \sqrt{20^2 + 30^2 + 2 \times 20 \times 30 \cos 120°} \text{ N}$$
$$= 10\sqrt{7} \text{ N}$$

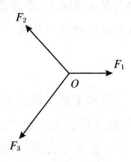

图 5.31　　　　　图 5.32

设 F' 与 F_2 的夹角为 φ,则

$$\cos\varphi = \frac{F_2^2 + F'^2 - F_1^2}{2F_2 F'} = \frac{2}{7}\sqrt{7} = 0.76 \Rightarrow \varphi \approx 40.5°$$

所以最终的合力为

$$F = \sqrt{F'^2 + F_3^2 + 2F'F_3\cos(120° + 40.5°)}$$
$$= \sqrt{700 + 1600 + 800\sqrt{7}\cos 160.5°} \text{ N}$$
$$= 17.3 \text{ N}$$

这样的顺次合成,由于角度 φ 的计算不方便,运算较繁琐,因此可以变换合成次序——先合成 F_1、F_3 得 F'',再把 F'' 与 F_2 合成得 F(图 5.33).即有

$$F'' = \sqrt{F_1^2 + F_3^2 + 2F_1F_3\cos 120°}$$

$$= \sqrt{20^2 + 40^2 + 2 \times 20 \times 40 \cos 120°} \text{ N}$$
$$= 20\sqrt{3} \text{ N}$$

利用三角形边角特性,易知 F'' 与 F_3 的夹角 $\theta = 30°$,所以最终的合力为

$$F = \sqrt{F''^2 + F_2^2 + 2F''F_2\cos(120° + 30°)}$$
$$= 10\sqrt{3} \text{ N} = 17.3 \text{ N}$$

解法 2 运用正交分解法——先把各个力分解到两个互相垂直的坐标轴上,求出各分力的合力,最后合成.

若选取三个力的作用点 O 为坐标原点,建立直角坐标系如图 5.34 所示.则

$$F_x = F_1 - F_2\cos 60° - F_3\cos 60° = -15 \text{ N}$$
$$F_y = F_2\sin 60° - F_3\sin 60° = -5\sqrt{3} \text{ N}$$

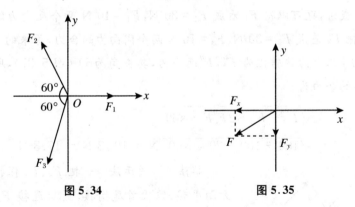

图 5.34　　　　　　　图 5.35

其方向分别指向 $-x$ 轴和 $-y$ 轴.于是,原来的 F_1、F_2、F_3 三个力就转化为互相垂直的 F_x、F_y 两个力了(图 5.35),所以最终的合力为

$$F = \sqrt{F_x^2 + F_y^2} = 10\sqrt{3} \text{ N} = 17.3 \text{ N}$$

解法 3 分拆和合并的方法——针对题中三个力的大小和方向,利用同一平面内三个大小相等、互成 120° 夹角的三个力的合力等于零的道理,可以把 F_2 分成 $F_2' = 20$ N、$F_2'' = 10$ N 的两个力,把 F_3 分成 F'

$_3 = 20$ N、$F''_3 = 20$ N 的两个力. 于是, 原来的 F_1、F_2、F_3 三个力就转化为互相垂直的 F''_2、F''_3 两个力了(图5.36), 所以最终的合力为

$$F = \sqrt{F''^2_2 + F''^2_3 + 2F''_2 F''_3 \cos 120°}$$
$$= \sqrt{100 + 400 + 400\cos 120°} \text{ N} = 10\sqrt{3} \text{ N} = 17.3 \text{ N}$$

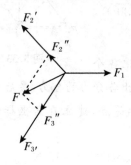
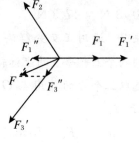

图5.36　　　　　　　　图5.37

或者, 也可以把 F_1 看成 $F'_1 = 30$ N, $F''_1 = 10$ N 两个反向力的合力, 把 F_3 看成 $F'_3 = 30$ N、$F''_3 = 10$ N 两个同向力的合力, 原来的 F_1, F_2, F_3 三个力就转化为 F''_1、F''_3 两个力, 其夹角为60°(图5.37), 所以最终的合力为

$$F = \sqrt{F''^2_1 + F''^2_3 + 2F''_1 F''_3 \cos 60°}$$
$$= \sqrt{100 + 100 + 200\cos 60°} \text{ N} = 10\sqrt{3} \text{ N} = 17.3 \text{ N}$$

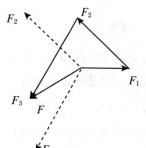

解法4 图示法——把 F_2、F_3 保持原方向平移, 依次首尾衔接, 最后连接 F_1 始端和 F_3 末端的有向线段就代表合力(图5.38).

设 $F_1 = (30 - 10)$ N, $F_3 = (30 + 10)$ N, 于是, 与解法3同理, 最后得合力

$$F = 17.3 \text{ N}$$

图5.38　　　　**说明** 以上各种方法中, 平行四边形

5 求异思维在研究和解决中学物理问题中的应用

法则和正交分解法是最基本和最常用的方法,在本题的具体情况中,它们都不是比较方便的方法.本题采用"分拆和合并"是最简单的方法.因此,在研究实际问题中,应该灵活选用不同的方法,这也正是研究一题多解的一个重要意义.

例题 2(2011 安徽理综) 一物体做匀加速直线运动,通过一段位移 Δx 所用的时间为 t_1,紧接着通过下一段位移 Δx 所用的时间为 t_2.则物体运动的加速度为( ).

A. $\dfrac{2\Delta x(t_1 - t_2)}{t_1 t_2 (t_1 + t_2)}$ B. $\dfrac{\Delta x(t_1 - t_2)}{t_1 t_2 (t_1 + t_2)}$

C. $\dfrac{2\Delta x(t_1 + t_2)}{t_1 t_2 (t_1 - t_2)}$ D. $\dfrac{\Delta x(t_1 + t_2)}{t_1 t_2 (t_1 - t_2)}$ *

分析 本题从已知条件直接考察,仅属于运动学范畴的问题,容易想到可以采用平均速度与瞬时速度的关系以及 $x = v_0 t + \dfrac{1}{2} a t^2$ 和 $v = v_0 + at$ 等有关涉及位移、时间、加速度的公式或采用图像方法.进一步考虑,由于做匀加速直线运动的物体必然受到恒力作用,题中又给出了时间,因此也可以尝试从动量定理着手.

解法 1 利用平均速度与中点时刻瞬时速度的关系.

物体在前后两段位移 Δx 中的平均速度分别为

$$\overline{v_1} = \frac{\Delta x}{t_1}, \quad \overline{v_2} = \frac{\Delta x}{t_2}$$

它们也等于这两段时间中点时刻的瞬时速度,于是由加速度定义得

$$a = \frac{\Delta v}{\Delta t} = \frac{\dfrac{\Delta x}{t_2} - \dfrac{\Delta x}{t_1}}{\dfrac{t_2 + t_1}{2}} = \frac{2\Delta x(t_1 - t_2)}{t_1 t_2 (t_1 + t_2)} \quad (\text{A 正确})$$

解法 2 利用位移公式 $x = v_0 t + \dfrac{1}{2} a t^2$.

---

* 本节中例题 2～例题 6 的初稿由施坚老师撰写.

设物体的加速度为 a,在前一段 Δx 的初速度为 v_0,分别考虑物体在前一段 Δx 和整个两段 Δx 内的运动,根据位移公式分别得

$$\Delta x = v_0 t_1 + \frac{1}{2} a t_1^2 \quad \text{①}$$

$$2\Delta x = v_0(t_1 + t_2) + \frac{1}{2} a (t_1 + t_2)^2 \quad \text{②}$$

②式减去①式,得

$$\Delta x = v_0 t_2 + a t_1 t_2 + \frac{1}{2} a t_2^2 \quad \text{③}$$

将①$\times t_2$,③$\times t_1$,联立后即得

$$a = \frac{2\Delta x (t_1 - t_2)}{t_1 t_2 (t_1 + t_2)}$$

解法3 利用 $v-t$ 图像.

画出物体在连续两段相等位移内的 $v-t$ 图像,如图 5.39 所示,设物体在 $0, t_1, (t_1+t_2)$ 时刻的速度分别为 v_0, v_1, v_2,由 $v-t$ 图像上相应时间内一块"面积"的物理意义及梯形面积公式,有

$$\Delta x = \frac{1}{2}(v_0 + v_1) \cdot t_1$$

$$2\Delta x = \frac{1}{2}(v_0 + v_2) \cdot (t_1 + t_2)$$

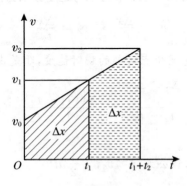

图 5.39

再根据 $v-t$ 图像"斜率"的物理意义有

$$a = \frac{v_2 - v_1}{t_2}$$

联立解得

$$a = \frac{2\Delta x(t_1 - t_2)}{t_1 t_2(t_1 + t_2)}$$

解法 4 利用动量定理.

设物体做匀加速直线运动时所受的合力为 F,在前、后两段 Δx 的中点时刻的瞬时速度分别为 $\frac{\Delta x}{t_1}$ 和 $\frac{\Delta x}{t_2}$. 从 t_1 的中间时刻到 t_2 的中间时刻这一过程,应用动量定理和牛顿第二定律,有

$$F \cdot \frac{t_1 + t_2}{2} = m\frac{\Delta x}{t_2} - m\frac{\Delta x}{t_1}$$

$$F = ma$$

解得

$$a = \frac{2\Delta x(t_1 - t_2)}{t_1 t_2(t_1 + t_2)}$$

例题 3(2005 全国理综) 原地起跳时,先屈腿下蹲,然后突然蹬地.从开始蹬地到离地是加速过程(视为匀加速),加速过程中重心上升的距离称为"加速距离".离地后重心继续上升,在此过程中重心上升的最大距离称为"竖直高度".

现有下列数据:人原地上跳的"加速距离"$d_1 = 0.50$ m,"竖直高度"$h_1 = 1.0$ m;跳蚤原地上跳的"加速距离"$d_2 = 0.00080$ m,"竖直高度"$h_2 = 0.10$ m. 假想人具有与跳蚤相等的起跳加速度,而"加速距离"仍为 0.50 m,则人上跳的"竖直高度"是多少?

分析 由题意可知,人和跳蚤的上升过程中,均先做匀加速运动、后做匀减速运动.利用运动学、动能定理、动量定理、$v-t$ 图像等多种解法均可求解人的"竖直高度"h_1'.

解法 1 利用运动学公式求解.

设跳蚤的起跳加速度为 a，离地速度为 v_2，则加速过程和上升过程分别有

$$v_2^2 = 2ad_2, \quad v_2^2 = 2gh_2$$

联立两式，得

$$a = \frac{h_2}{d_2}g$$

设人起跳的离地速度为 v_1，当人具有与跳蚤相同的加速度时，则加速过程和上升过程分别有

$$v_1^2 = 2ad_1, \quad v_1^2 = 2gh_1'$$

联立两式并代入上面得到的 a 值，即得

$$h_1' = \frac{d_1}{d_2}h_2 = \frac{0.50}{0.00080} \times 0.10 \text{ m} = 62.5 \text{ m} \approx 63 \text{ m}$$

解法 2 利用 v-t 图像.

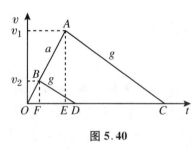

图 5.40

由于人与跳蚤在加速过程具有相同的加速度 a，离地后也具有相同的加速度 g，它们的 v-t 图像如图 5.40 所示. 其中，OAC 表示人运动的 v-t 图像，OBD 表示跳蚤运动的 v-t 图像，$AC \mathbin{/\mkern-5mu/} BD$.

根据 v-t 图中面积的意义可知

$$S_{\triangle OAE} = d_1, \quad S_{\triangle OBF} = d_2$$
$$S_{\triangle ACE} = h_1', \quad S_{\triangle BDF} = h_2$$

在 v-t 图中，$\triangle OBF \backsim \triangle OAE$，$\triangle BDF \backsim \triangle ACE$，根据相似三角形的面积之比等于对应边平方比的关系，有

$$\frac{S_{\triangle OBF}}{S_{\triangle OAE}} = \frac{d_2}{d_1} = \frac{BF^2}{AE^2}, \quad \frac{S_{\triangle BDF}}{S_{\triangle ACE}} = \frac{h_2}{h_1'} = \frac{BF^2}{AE^2}$$

联立两式，即得

$$h_1' = \frac{d_1}{d_2} h_2 \approx 63 \text{ m}$$

解法 3 利用动能定理求解.

设跳蚤的质量为 m，跳蚤在加速过程所受合力为 ma，方向向上，离地后所受合力为 mg，方向向下. 人的质量为 M，上升加速过程所受合力为 Ma，方向向上，离地后所受合力为 Mg，方向向下. 两者起跳时初速度为零，重心上升至最大距离时末速度也为零，对两者的全过程应用动能定理

跳蚤：

$$mad_2 - mgh_2 = 0$$

人：

$$Mad_1 - Mgh_1' = 0$$

两式联立得

$$h_1' = \frac{d_1}{d_2} h_2 \approx 63 \text{ m}$$

解法 4 利用动量定理.

设跳蚤加速过程所需时间为 t_2，且 $t_2 = \dfrac{2d_2}{v_2}$；离地上升过程所需时间为 t_2'，且 $t_2' = \dfrac{2h_2}{v_2}$. 取向上为正方向，对全过程应用动量定理，则有

$$mat_2 - mgt_2' = 0 \quad 即 \quad \frac{2mad_2}{v_2} = \frac{2mgh_2}{v_2}$$

设人加速过程所需时间为 t_1，且 $t_1 = \dfrac{2d_1}{v_1}$；离地上升过程所需时间为 $t_1' = \dfrac{2h_1'}{v_1}$，同理有

$$Mat_1 - Mgt_1' = 0 \quad 即 \quad \frac{2Mad_1}{v_1} = \frac{2Mgh_1'}{v_1}$$

联立两式得

$$h_1' = \frac{d_1}{d_2} h_2 \approx 63 \text{ m}$$

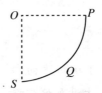

图 5.41

例题 4（2007 全国理综） 如图 5.41 所示，PQS 是固定于竖直平面内光滑的 1/4 圆周轨道，圆心 O 在 S 的正上方．在 O 和 P 两点各有一质量为 m 的小物块 a 和 b，从同一时刻开始，a 自由下落，b 沿圆弧下滑．以下说法正确的是（　　）．

A. a 比 b 先到达 S，它们在 S 点的动量不相等

B. a 与 b 同时到达 S，它们在 S 点的动量不相等

C. a 比 b 先到达 S，它们在 S 点的动量相等

D. b 比 a 先到达 S，它们在 S 点的动量相等

分析 a 与 b 在 S 点的动量较易比较．由机械能守恒定律易知 a 和 b 到达 S 点的速率相等，设为 v_m，则它们在 S 点动量的大小相等，均为 mv_m，但是动量的方向不同，故它们在 S 点的动量不相等．那么，谁先到达 S 点呢？很多同学往往只是从猜测得出 a 先到达 S 点，下面，采用几种方法从理论上作说明．

解法 1 利用平均速度．

如图 5.42 所示，在 OS 和 PQS 中取极小的两段 A_1A_2 和 B_1B_2，分别使 A_1 与 B_1 等高，A_2 与 B_2 等高．由机械能守恒定律易知，a 和 b 在 A_1，B_1 位置的速率相等，设为 v_1；在 A_2，B_2 位置的速率相等，设为 v_2．

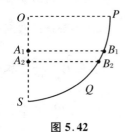

图 5.42

在 A_1A_2 段运动的平均速度和运动时间分别为

$$\overline{v_a} = \frac{v_1 + v_2}{2}$$

$$t_a = \frac{s_A}{\overline{v_a}} = \frac{2s_A}{v_1 + v_2} \quad (s_A \text{ 为 } A_1A_2 \text{ 段的长度})$$

当 B_1B_2 极小时，可以将 b 沿圆弧 B_1B_2 的运动看作沿 B_1B_2 平直斜面做匀加速运动，则同理可得 b 在 B_1B_2 段运动的时间为

$$t_b = \frac{s_B}{v_b} = \frac{2s_B}{v_1 + v_2} \quad (s_B \text{ 为 } B_1B_2 \text{ 段的直线长度})$$

由于 $s_A < s_B$,则 $t_a < t_b$.将其他对应的任意两小段进行比较,都可得出 a 运动的时间小于 b 运动的时间的同样结果,所以整个运动过程中 a 运动的时间小于 b 运动的时间.A 正确.

解法 2　利用 v-t 图像.

a 做自由落体运动,加速度 a_a 恒定,其 v-t 图线如图 5.43 中的实线所示,其斜率恒定(在 t_a 时刻的速率为 v_m).

为了在同一坐标中作出 b 的 v-t 图线,可以取 b 运动过程中的任意一点 Q 来研究.b 在 Q 点的受力如图 5.44 所示,将 b 所受的合外力分为两部分:一部分沿着半径指向圆心提供向心力,它只改变速度的方向;另一部分沿圆弧在 Q 的切线向下,它只改变速度的大小.这两部分力的大小分别为

$$F_1 = N - mg\cos\theta, \quad F_2 = mg\sin\theta$$

式中 θ 为过 Q 点的切线与水平方向间的夹角.在 F_2 作用下产生切向加速度为

$$a_2 = g\sin\theta$$

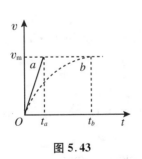

图 5.43

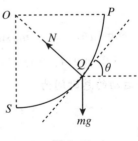

图 5.44

b 在下滑的过程中 θ 从 $90°$ 逐渐减小到 $0°$,则 a_2 的值从 g 逐渐减小到为 0.由于 a、b 在 S 点的速率相等,而 b 所通过的路程大于 a 所通过的路程,因此质点 b 的 v-t 图线的斜率逐渐减小,且与时间

轴所围成的面积大于 a 的图线与时间轴所围成的面积. 大体作出 b 的 v-t 图线如图 5.43 中的虚线所示. 从图中易知

$$t_a < t_b$$

解法 3 利用动量定理.

设 a 物体的运动时间为 t_a, 由动量定理有

$$mgt_a = mv_m - 0$$

将 b 运动的路程分割为 n 段很小的等份, 在每一小段的运动均可看成是在这段极小的斜面上做匀加速直线运动. 设从第一段开始各段斜面的倾角分别为 $\theta_1, \theta_2, \cdots, \theta_n$, 根据动量定理, 对第 1 段, 第 2 段, 第 3 段, $\cdots$, 第 n 段, 依次有关系式

$$mg\sin\theta_1 \cdot t_1 = mv_1 - 0$$

$$mg\sin\theta_2 \cdot t_2 = mv_2 - mv_1$$

$$mg\sin\theta_3 \cdot t_3 = mv_3 - mv_2$$

$$\cdots\cdots$$

$$mg\sin\theta_n \cdot t_n = mv_m - mv_{n-1}$$

将上述各式左右两边分别相加, 得

$$mg\sin\theta_1 \cdot t_1 + mg\sin\theta_2 \cdot t_2 + \cdots + mg\sin\theta_n \cdot t_n = mv_m - 0$$

由于

$$mg\sin\theta_1 \cdot t_1 + mg\sin\theta_2 \cdot t_2 + \cdots + mg\sin\theta_n \cdot t_n$$
$$< mg(t_1 + t_2 + t_3 + \cdots + t_n)$$

b 物体运动的总时间为

$$t_b = t_1 + t_2 + t_3 + \cdots + t_n$$

于是得

$$mgt_b > mv_m - 0 \quad 即 \quad mgt_b > mgt_a$$

所以结果是

$$t_b > t_a$$

例题 5(2013 重庆理综) 在一种新的"子母球"表演中, 让

同一竖直线上的小球 A 和小球 B,从距水平地面高度为 $ph(p>1)$ 和 h 的地方同时由静止释放,如图 5.45 所示. 球 A 的质量为 m,球 B 的质量为 $3m$. 设所有碰撞都是弹性碰撞,重力加速度大小为 g,忽略球的直径、空气阻力及碰撞时间.

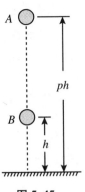

图 5.45

(1) 求球 B 第一次落地时球 A 的速度大小;

(2) 若球 B 在第一次上升过程中就能与球 A 相碰,求 p 的取值范围;

(3) 在(2)的情形下,要使球 A 第一次碰后能到达比其释放点更高的位置,求 p 应满足的条件.

分析 问题(1)很简单,$v=\sqrt{2gh}$(过程略). 本题的重点是(2)(3)两问,其中(2)属于典型的追及和相遇的问题,(3)结合着机械能守恒和动量守恒. 它们都可以从不同角度思考,形成多种解法,现分别介绍如下.

第(2)问的解法研究

假设从 B 球落地开始计时,此时 A 已经下落 h 的高度,A、B 两球的速度大小均为 v,分别做着匀加速直线运动和匀减速直线运动,加速度都为 g.

解法 1 应用追及和相遇的关系.

根据相遇条件和第一次上升过程中相遇的时间条件,分别有关系式

$$vt - \frac{1}{2}gt^2 + vt + \frac{1}{2}gt^2 = (p-1)h \quad (p>1)$$

$$t < \frac{v}{g}$$

联立两式,并代入 $v=\sqrt{2gh}$ 的关系,解得

$$1 < p < 5$$

解法2 应用临界点.

假设在 B 第一次上升过程中刚好到达最高点时与 A 相遇,则与解法1同理有

$$vt - \frac{1}{2}gt^2 + vt + \frac{1}{2}gt^2 = (p-1)h \quad (p>1)$$

$$t = \frac{v}{g}$$

同理得

$$p = 5$$

若要保证在上升过程中相遇,只需 $p<5$ 即可,得解 $1<p<5$.

解法3 转化参考系.

由于 A、B 两球的加速度相同(均为 g),若以 A 为参考系,则 B 相对 A 做匀速直线运动,速度大小为 $v_B = 2v$. 当 A、B 相遇时,有

$$v_B t = (p-1)h \quad (p>1)$$

要求在第一次上升过程中相遇,同样需满足时间条件

$$t < \frac{v}{g}$$

解得

$$1 < p < 5$$

解法4 用图像法.

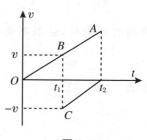

图 5.46

从 A、B 两球刚开始下落计时,设两球刚好在 B 球的最高点相遇,根据题意和两球的运动性质,画出的 $v-t$ 图如图 5.46 所示(以竖直向下为正方向). 其中 OA 表示 A 球的运动, OB 与 Ct_2 表示 B 球的运动,在 t_1 时刻它着地反弹,其速度从向下突变为向上,且图线 $OBA \parallel Ct_2$.

在 $v-t$ 图中,三角形 OBt_1 的面积所对应的位移为 h. 当在 B

上升到最高点与 A 相遇,根据两球的运动时间和位移有关系
$$t_2 = 2t_1, \quad (p-1)h = 4h$$
解得
$$p = 5$$
要求保证在上升过程中相遇,所以必须满足条件 $1 < p < 5$.

第(3)问的解法研究

同样假设从 B 球落地开始计时,此时 A 已经下落 h 的高度,在相遇前 A 球做匀加速直线运动,B 球做匀减速直线运动.

解法 1 采用常规方法.

根据在上升过程中相遇条件,有
$$vt - \frac{1}{2}gt^2 + vt + \frac{1}{2}gt^2 = (p-1)h$$

解得时间为
$$t = \frac{(p-1)h}{2v}$$

设相遇时 A、B 的瞬时速度大小分别为 v_A 和 v_B,则
$$v_A = v + gt = \frac{p+3}{4}v, \quad v_B = v - gt = \frac{5-p}{4}v$$

设碰后的瞬间 A、B 球的速度分别为 v_A' 和 v_B',由动量守恒和机械能守恒,并以向上为正方向,则有关系式

$$3mv_B - mv_A = mv_A' + 3mv_B' \qquad ①$$

$$\frac{1}{2}(3m)v_B^2 + \frac{1}{2}mv_A^2 = \frac{1}{2}(3m)v_B'^2 + \frac{1}{2}mv_A'^2 \qquad ②$$

这是两个运动球做对心弹性碰撞,求解时先简化为

$$3v_B - v_A = v_A' + 3v_B' \qquad ③$$

$$3v_B^2 + v_A^2 = 3v_B'^2 + v_A'^2 \qquad ④$$

将④式移项后进行因式分解,再与③式相比,可得

$$v_B' = 2v_B - v_A' \qquad ⑤$$

将⑤式代入③式,解得

$$v'_A = \frac{3v_B + v_A}{2} = \frac{18-2p}{8}v$$

要求使球 A 第一次碰后能到达比其释放点更高的位置,其速度条件为

$$v'_A > v_A$$

代入上面的结果,可得

$$1 < p < 3$$

解法 2 应用临界值.

考虑临界情况:若球 A 碰后与碰前的速率刚好相等,根据能量守恒,则两球碰后瞬间的动能都不变,所以 A、B 两球都以原来的速度返回.

设相遇前的瞬间 A、B 的速度大小分别为 v_A 和 v_B,以向上为正方向,由动量守恒定律知

$$3mv_B + m(-v_A) = 3m(-v_B) + mv_A$$

得

$$v_A = 3v_B \quad ①$$

从下落开始到相遇碰撞,两球的运动时间相等.设相遇时离地面的高度为 y(图 5.47),则

$$\sqrt{\frac{2(ph-y)}{g}} = 2\sqrt{\frac{2h}{g}} - \sqrt{\frac{2(h-y)}{g}} \quad ②$$

又有

$$v_A^2 = 2g(ph-y), \quad v_B^2 = 2g(h-y) \quad ③$$

将①式平方后与③式联立,可得

$$p = 9 - \frac{8y}{h} \quad ④$$

图 5.47

将④式代入②式,得

$$y = \frac{3}{4}h \qquad ⑤$$

将⑤式代入④式,得

$$\sqrt{9(h-y)} = \sqrt{4y} - \sqrt{h-y}$$

将上式平方后,整理即得

$$p = 3$$

要求使 A 第一次碰撞后能达到比第一次下落更高的位置,需满足条件

$$1 < p < 3$$

解法3 图像法结合临界值.

设相遇前的瞬间 A、B 的速度大小分别为 v_A 和 v_B,以向上为正方向,根据解法2从临界情况考虑,有

$$2mv_A = 3mv_B + m(-v_A) = 3m(-v_B) + mv_A$$

得

$$v_A = 3v_B$$

从小球下落开始计时,仿照图5.46画出 A、B 两球在下落过程和第一次上升过程中的 v-t 图(以竖直向下为正方向). 由于两球上升和下降中的加速度都为重力加速度,因此它们的 v-t 图像都互相平行.

在图5.48中,t_1 时刻 B 球碰地,t_2 时刻 A、B 两球碰撞,t_3 时刻 B 球又落地,由此可得

$$t_2 - t_1 = t_3 - t_2$$

联立

$$v_A = 3v_B$$

得

$$v_A = \frac{3}{2}v, \quad v_B = \frac{1}{2}v$$

因此由几何关系可以得到

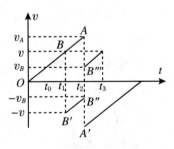

图5.48

$$S_{BB'B''A} = 2S_{OBt_1}$$

在临界点时,$S_{OBt_1} = h$,$S_{BB'B''A} = (p-1)h$,于是由上式知

$$(p-1)h = 2h \Rightarrow p = 3$$

要求使 A 球第一次碰撞后能达到比第一次下落更高的位置,需满足条件

$$1 < p < 3$$

例题 6(2011 福建理综) 如图 5.49(a),在 $x > 0$ 的空间中存在沿 y 轴负方向的匀强电场和垂直于 xOy 平面向里的匀强磁场,电场强度大小为 E,磁感应强度大小为 B.一质量为 m、电荷量为 q($q > 0$)的粒子从坐标原点 O 处,以初速度 v_0 沿 x 轴正方向射入,粒子的运动轨迹见图 5.49(a),不计粒子的重力.

(1) 求该粒子运动到 $y = h$ 时的速度大小 v;

(2) 现只改变入射粒子初速度的大小,发现初速度大小不同的粒子虽然运动轨迹(y-x 曲线)不同,但具有相同的空间周期性,如图 5.49(b)所示;同时,这些粒子在 y 轴方向上的运动(y-t 关系)是简谐运动,且都有相同的周期 $T = \dfrac{2\pi m}{qB}$.

Ⅰ.求粒子在一个周期 T 内,沿 x 轴方向前进的距离 s;

Ⅱ.当入射粒子的初速度大小为 v_0 时,其 y-t 图像如图 5.49(c)所示,求该粒子在 y 轴方向上做简谐运动的振幅 A_y,并写出 y-t 的函数表达式.

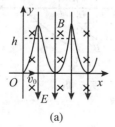
(a)

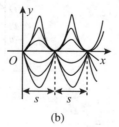
(b)

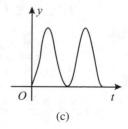
(c)

图 5.49

5 求异思维在研究和解决中学物理问题中的应用

分析 粒子在电场与磁场的复合场中运动时,只有电场力做功,磁场力(洛伦兹力)不做功.第(1)问很容易求解,由动能定理有

$$-qEh = \frac{1}{2}mv^2 - \frac{1}{2}mv_0^2 \Rightarrow v = \sqrt{v_0^2 - \frac{2qEh}{m}}$$

研究第(2)问时,从图像提供的信息可知,粒子的运动具有周期性.可以根据粒子的运动,结合牛顿定律、运动学公式、动能定理或动量定理等知识列出方程式求解.

解法1 利用动能定理和简谐运动知识.

Ⅰ.由图5.49(b)可知,所有粒子在一个周期T内沿x轴方向前进的距离相同,都等于恰好沿x轴方向匀速运动的粒子在T时间内前进的距离.设粒子恰好沿x轴方向匀速运动的速度大小为v_1,则由

$$qv_1B = qE, \quad s = v_1T = v_1\frac{2\pi m}{qB}$$

解得

$$s = \frac{2\pi mE}{qB^2}$$

Ⅱ.设粒子在y方向上的最大位移为y_m(图5.49(c)曲线的最高点处),对应的粒子运动速度大小为v_2(方向沿x轴).因为粒子在y方向上的运动为简谐运动,因而在$y=0$和$y=y_m$处粒子所受的合外力大小相等,方向相反.则

$$qv_0B - qE = -(qv_2B - qE)$$

由动能定理有

$$-qEy_m = \frac{1}{2}mv_2^2 - \frac{1}{2}mv_0^2$$

又有

$$A_y = \frac{1}{2}y_m$$

得

$$A_y = \frac{m}{qB}\left(v_0 - \frac{E}{B}\right)$$

由图 5.49(c)可知

$$y = A_y + A_y\cos(\omega t - \pi) = A_y(1 - \cos\omega t)$$

其中

$$\omega = \frac{2\pi}{T} = \frac{qB}{m}$$

由此可写出图 5.49(c)曲线 y–t 的函数表达式为

$$y = \frac{m}{qB}\left(v_0 - \frac{E}{B}\right)\left(1 - \cos\frac{qB}{m}t\right)$$

说明 该解法中第 2 问的 Ⅰ 巧妙地利用了图 5.49(b)的图像具有相同的空间周期性的特点,可以考虑 $qv_1B = qE$ 的特殊情况,即粒子做匀速直线运动. Ⅱ 巧妙地利用了简谐运动 $y = 0$ 和 $y = y_m$ 处粒子所受的合外力大小相等、方向相反的特点.

解法 2 利用运动分解和牛顿第二定律、微元分割与累积的方法.

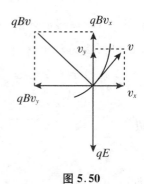

图 5.50

由于粒子在任意位置都受到竖直向下的电场力 qE 与洛伦兹力 qvB.将粒子的速度分解为水平方向的速度 v_x 和竖直方向的速度 v_y,同时将洛伦兹力也分解为水平方向的作用力和竖直方向的作用力(图 5.50).水平方向的洛伦兹力是由于竖直方向的速度产生的,大小为 qBv_y;竖直方向的洛伦兹力是由于水平方向的速度产生的,大小为 qBv_x.由牛顿第二定律得

$$qBv_x - qE = ma_y$$
$$-qBv_y = ma_x$$

在极短时间 Δt 内,则有

5 求异思维在研究和解决中学物理问题中的应用

$$(qBv_x - qE)\Delta t = ma_y \Delta t$$
$$-qBv_y \Delta t = ma_x \Delta t$$

式中负号代表力的方向与初速度方向相反.将它们分别积累

$$\sum(qBv_x - qE)\Delta t = \sum ma_y \Delta t$$
$$\sum(-qBv_y)\Delta t = \sum ma_x \Delta t$$

或

$$qB\sum v_x \Delta t - qET = m\sum \Delta v_y, \quad -qB\sum v_y \Delta t = m\sum \Delta v_x$$

在一个周期中,则

$$\sum v_x \Delta t = s, \quad \sum \Delta v_y = 0$$

即

$$qBs - qET = qBs - qE\frac{2\pi m}{qB} = 0$$

若从图中 O 点经过 $\frac{1}{4}$ 个周期,设粒子沿 x 轴的速度为 v_{x1},则有

$$\sum v_y \Delta t = \frac{1}{2}y_m = A_y, \quad \sum \Delta v_x = v_{x1} - v_0$$

因此,

$$\sum v_y \Delta t = \frac{1}{2}y_m = A_y = \frac{m(v_{x1} - v_0)}{-qB}$$

其中 $qBv_{x1} = qE$(因为从图中 O 点经过 $\frac{1}{4}$ 周期粒子恰经过平衡位置,受力平衡),则

$$v_{x1} = \frac{E}{B}, \quad s = \frac{2\pi mE}{qB^2}, \quad A_y = \frac{m\left(\frac{E}{B} - v_0\right)}{-qB} = \frac{m}{qB}\left(v_0 - \frac{E}{B}\right)$$

同解法1,易得简谐运动 y-t 的函数表达式为

$$y = \frac{m}{qB}\left(v_0 - \frac{E}{B}\right)\left(1 - \cos\frac{qB}{m}t\right)$$

说明 题中粒子运动的两个方向都有加速度 a,但加速度是不

断改变的变量,把 ma 表达成 $m\dfrac{\Delta v}{\Delta t}$,结合牛顿第二定律的表达式,那么利用 $v\Delta t$ 的微元累积求得 s 和 y_m.

解法3 利用分方向动量定理.

同解法2,将粒子的速度分解为水平方向的速度 v_x 和竖直方向的速度 v_y,同时将洛伦兹力也分解为水平方向的作用力和竖直方向的作用力.

Ⅰ.在 y 方向,若考虑经过一个周期,则有

$$(qBv_{x1}\Delta t + qBv_{x2}\Delta t + qBv_{x3}\Delta t + \cdots + qBv_{xn}\Delta t) - qET = mv_{yt} - mv_{y0}$$

其中

$$v_{x1}\Delta t + v_{x2}\Delta t + v_{x3}\Delta t + \cdots + v_{xn}\Delta t = s, \quad T = \dfrac{2\pi m}{qB}$$

且

$$mv_{yt} - mv_{y0} = 0$$

得

$$s = \dfrac{2\pi mE}{qB^2}$$

Ⅱ.在 x 方向,若考虑从图中 O 点经过 $\dfrac{1}{4}$ 周期,由动量定理

$$-(qBv_{y1}\Delta t + qBv_{y2}\Delta t + qBv_{y3}\Delta t + \cdots + qBv_{yn}\Delta t) = mv_{x1} - mv_0$$

式中

$$v_{y1}\Delta t + v_{y2}\Delta t + v_{y3}\Delta t + \cdots + v_{yn}\Delta t = \dfrac{1}{2}y_m = A_y$$

且此时粒子必经过平衡位置,满足条件

$$qBv_{x1} = qE \quad 即 \quad v_{x1} = \dfrac{E}{B}$$

于是得

$$A_y = \dfrac{m\left(\dfrac{E}{B} - v_0\right)}{-qB} = \dfrac{m}{qB}\left(v_0 - \dfrac{E}{B}\right)$$

5 求异思维在研究和解决中学物理问题中的应用

同解法 1,得简谐运动 y-t 的函数表达式为

$$y = \frac{m}{qB}\left(v_0 - \frac{E}{B}\right)\left(1 - \cos\frac{qB}{m}t\right)$$

说明 这种解法从分方向动量角度入手,避免了繁杂的加速度运算,并结合 x、y 两个方向各自的微元累积,便可求得 s 和 y_m.

解法 4 利用速度分配的方法.

粒子的运动可以看作水平面内的匀速直线运动与竖直面内的匀速圆周运动的合成.也就是说,将粒子的初速度 v_0 分解成水平方向的两部分,一部分为 v_1,另一部分为 $(v_0 - v_1)$.粒子的运动可以看成在水平方向以速度 v_1 做匀速直线运动;以 $(v_0 - v_1)$ 做匀速圆周运动的合运动.

对匀速直线运动,由力平衡条件

$$Bqv_1 = qE \Rightarrow v_1 = \frac{E}{B}$$

因此一个周期内粒子前进的距离为

$$s = v_1 T = \frac{E}{B} \cdot \frac{2\pi m}{qB} = \frac{2\pi mE}{qB^2}$$

对匀速圆周运动,由向心力条件

$$qB(v_0 - v_1) = m\frac{(v_0 - v_1)^2}{R} \Rightarrow R = \frac{m(v_0 - v_1)}{qB}$$

考虑到 $y_m = 2R = 2A_y$,利用平衡条件,于是得

$$A_y = R = \frac{m}{qB}\left(v_0 - \frac{E}{B}\right)$$

同解法 1,得简谐运动 y-t 的函数表达式为

$$y = \frac{m}{qB}\left(v_0 - \frac{E}{B}\right)\left(1 - \cos\frac{qB}{m}t\right)$$

说明 这里根据一个方向受力平衡,另一方向采用牛顿第二定律并形成对 Δt 微元的累积,结合洛伦兹力不做功的特点,从而获得待求值.

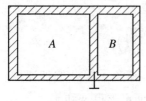

图 5.51

例题 7 用销钉固定的活塞把水平放置的容器分隔成两部分，其体积之比 $V_A : V_B = 2 : 1$，如图 5.51 所示．开始时，A 中有温度为 127 ℃、压强为 1.8×10^5 Pa 的空气，B 中有温度为 27 ℃、压强为 1.2×10^5 Pa 的空气．拔出销钉后，活塞可无摩擦地移动，但 A、B 两部分气体互不迁移．由于容器壁缓慢导热，最后两部分气体都变化到室温 27 ℃，活塞也停住，求最后 A 中气体的压强．

分析 A、B 两部分气体是独立的两个研究对象，它们的状态参量及相互联系如表 5.2 所示．

表 5.2

对象	初态	终态
A	$p_A = 1.8 \times 10^5$ Pa，$T_A = 400$ K，V_A	p_A'，$T_A' = 300$ K，V_A'
B	$p_B = 1.2 \times 10^5$ Pa，$T_B = 300$ K，V_B	p_B'，$T_B' = 300$ K，V_B'
联系	$V_A = 2V_B$，　$V_A + V_B = V_A' + V_B'$ $p_A' = p_B' = p$，　$T_A' = T_B' = T = 300$ K	

解法 1 直接根据气体的状态变化方程——分别写出 A、B 两部分气体的状态方程

$$\frac{p_A V_A}{T_A} = \frac{p_A' V_A'}{T_A'} = \frac{p V_A'}{T}, \quad \frac{p_B V_B}{T_B} = \frac{p_B' V_B'}{T_B'} = \frac{p V_B'}{T}$$

又有

$$V_A + V_B = V_A' + V_B' = 3V_B$$

联立三式即得 A 中气体的压强（也等于 B 中气体的压强）为

$$p = \frac{T}{3}\left(\frac{2p_A}{T_A} + \frac{p_B}{T_B}\right) = \frac{300}{3}\left(\frac{2 \times 1.8 \times 10^5}{400} + \frac{1.2 \times 10^5}{300}\right) \text{Pa}$$

$$= 1.3 \times 10^5 \text{ Pa}$$

解法 2 利用分压定律——拔出销钉前，设想使 A 中气体充满

整个容器,并使其温度降低到 $T_A' = T = 300\text{ K}$,由气态方程

$$\frac{p_A V_A}{T_A} = \frac{p_A'(V_A + V_B)}{T}$$

得此时 A 中气体单独充满容器时的压强为

$$p_A' = \frac{TV_A}{T_A(V_A + V_B)} p_A = \frac{2T}{3} \cdot \frac{p_A}{T_A}$$

同理,设想使 B 中气体保持 $T_B = 300\text{ K}$ 也充满整个容器,则由玻意耳定律

$$p_B V_B = p_B'(V_A + V_B)$$

得 B 中气体单独充满容器时的压强为

$$p_B' = \frac{V_B}{V_A + V_B} p_B = \frac{1}{3} p_B$$

容器中后来的压强,等于 A、B 两部分气体单独存在时产生的压强之和(分压定律),得

$$p = p_A' + p_B' = \frac{2T}{3} \cdot \frac{p_A}{T_A} + \frac{1}{3} p_B = 1.3 \times 10^5 \text{ Pa}$$

解法 3 利用克拉珀龙方程和质量守恒——因为拔去销钉前后两部分气体的总质量和总体积不变,根据克拉珀龙方程和质量守恒得

$$\frac{p_A V_A M}{RT_A} + \frac{p_B V_B M}{RT_B} = \frac{p_A' V_A' M}{RT_A'} + \frac{p_B' V_B' M}{RT_B'}$$

即

$$\frac{p_A V_A}{T_A} + \frac{p_B V_B}{T_B} = p\left(\frac{V_A'}{T_A'} + \frac{V_B'}{T_B'}\right)$$

又有

$$V_A + V_B = V_A' + V_B' = 3V_B$$

得

$$p = \frac{T}{3}\left(\frac{2p_A}{T_A} + \frac{p_B}{T_B}\right) = 1.3 \times 10^5 \text{ Pa}$$

说明 有关气体状态变化的问题,除了上述这三种基本的解法

外,往往还可通过多种设想构成其他各种方法,同学们可以在平时的练习中加以体会.

5.3 一题多变

"一题多变"与"一题多解"同样诱人.它既可以直接对原来的问题作不同要求的变化,也可以在稍稍改变原题的条件下作不同方向的演变.如果把"一题多解"比作高明的厨师把一个菜做成不同的口味;那么,"一题多变"就像用同样的食材(或再添加少量其他食材),可以做成各种不同的菜肴.

"一题多变"的精华在于"变".它既可以有物理情景、条件的变化;也可以是设问方式、要求的变化;还可以在跨学科的知识间进行迁移.但无论怎样变化,都应该显得比较自然、平滑,形成台阶式逐渐上升的要求(难度),绝对不要牵强附会.

因此,在学习中针对"一题多变"也要抓住其要领——变化在什么地方?有什么特点?各种变化相互间有什么内在的联系等.通过这样的对照、比较,也就可以逐渐领悟到如何对问题进行拓展、演变,从而起到"解一题通一片""以少胜多"的效果,才能比较有效地提高自主学习的能力.

下面,我们选取若干问题*,共同体会一下它们所经历的变化及其处理方法.

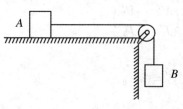

图 5.52

例题 1 如图 5.52 所示,A、B 两物体质量分别为 m 和 $2m$,通过滑轮连接起来,滑轮的质量和各处摩擦都不计.开始时用手托住 B,释放后,当 B 从静止开始下降 h 后的速度是多少?

---

* 本节例题 1、2 的初稿由施坚老师撰写.

5 求异思维在研究和解决中学物理问题中的应用

分析 本题中 A、B 所组成的系统在运动过程中,只有重力对系统做功,故系统机械能守恒.

解答 题中 A 的重力势能不变,仅有 B 的重力势能改变,故

$$m_B g h = \frac{1}{2}(m_A + m_B) v^2 \quad 即 \quad 2mgh = \frac{1}{2}(m + 2m) v^2$$

得速度

$$v = 2\sqrt{\frac{gh}{3}}$$

说明 考察一下这个问题的特点,一是不受摩擦,对于系统而言只有重力做功,系统机械能守恒;二是只有一个物体 B 的重力势能发生了变化.如果使 A、B 两个物体的高度都发生了变化,那么在考虑系统的机械能守恒时,可以表示为系统动能的增加量等于系统重力势能的减少量,即

$$\Delta E_{p减} = \Delta E_{k增}$$

在本题的基础上,我们可以进行许多变化.

变化 1 如图 5.53 所示,A、B 两物体质量分别为 m 和 $2m$,通过滑轮连接起来,滑轮的质量和摩擦都不计.开始时用手托住 B,释放后,当 B 从静止开始下降 h 后的速度是多少?

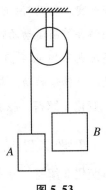

图 5.53

变化 2 如图 5.54 所示,光滑圆柱被固定在水平平台上,质量为 m_1 的小球用轻绳跨过圆柱与质量为 m_2 的小球相连,最初小球 m_1 放在平台上,m_2 用手托住,两边绳子竖直.释放后,两球从静止开始运动,当 m_1 上升到最高点时绳子突然断了,发现 m_1 恰能做平抛运动,求 m_2 应为多大?

变化 3 如图 5.55 所示,固定在地面上的斜面倾角 $\theta = 30°$,另一边与地面垂直,顶上有一定滑轮.柔软的细线跨过定滑轮,两端分

别与物块 A 和 B 连接,A 的质量为 $4m$,B 的质量为 m. 开始时,将 B 按在地面上不动,然后放开手,让 A 沿斜面下滑使 B 上升. 物块 A 与斜面间无摩擦,设当 A 沿斜面下滑距离 s 后,细线突然断了. 求物块 B 上升的最大高度 H.

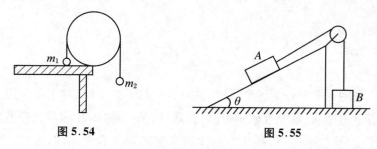

图 5.54   图 5.55

这三种变化相对来说都比较基础. 变化 1 中两物体的动能和势能都发生了变化,且 A 物体的上升高度与 B 物体的下降高度是一样的,适宜采用系统重力势能的减少量等于系统动能的增加量的关系求解. 变化 2 中 m_2 连着轻绳竖直向下运动,m_1 连着轻绳沿着圆弧运动,两端绳长变化相同,但 B 物体的下降与 A 物体的上升高度不再相同,并且还结合着圆运动的瞬时特性. 变化 3 中 A 物体的下降与 B 物体的上升高度也不相同,并且开始时由两个物体组成系统的机械能守恒,后来只是一个物体的动能与势能的转化. 认识这些特点后,就不难求解了.

变化 1 解答 根据 $\Delta E_{p减} = \Delta E_{k增}$,由

$$m_B gh - m_A gh = \frac{1}{2}(m_A + m_B)v^2 \Rightarrow v = \sqrt{\frac{2gh}{3}}$$

变化 2 解答 从静止开始运动至 m_1 到达最高点,根据机械能守恒有

$$m_2 g\left(R + \frac{1}{4} \times 2\pi R\right) - m_1 g \times 2R = \frac{1}{2}(m_1 + m_2)v^2$$

当 m_1 在最高点时,m_1 恰好做平抛运动,意味着此刻只受重力作用. 由圆周运动的瞬时特性得

$$m_1 g = m_1 \frac{v^2}{R}$$

联立两式解得

$$m_2 = \frac{5}{1+\pi} m_1$$

变化 3 解答　设物块 A 沿斜面下滑距离 s 时的速度为 v，由系统的机械能守恒得

$$4mgs\sin\theta - mgs = \frac{1}{2}(4m + m)v^2$$

细绳断了后，B 物体做竖直上抛运动，只有重力做功，其动能与势能间发生了转化．即

$$mgh = \frac{1}{2}mv^2$$

物块 B 上升的最大高度

$$H = s + h$$

联立三式，解得

$$H = 1.2 \text{ m}$$

在上面三种变化的基础上，我们还可以作些要求更高、情景更复杂些的变化．

变化 4（2011　江苏）　如图 5.56 所示，长为 L、内壁光滑的直管与水平地面成 $30°$ 角固定放置．将一质量为 m 的小球固定在管底，用一轻质光滑细线将小球与质量为 $M = km$ 的小物块相连，小

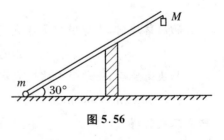

图 5.56

物块悬挂于管口．现将小球释放，一段时间后，小物块落地静止不动，小球继续向上运动，通过管口的转向装置后做平抛运动，小球在转向过程中速率不变．（重力加速度为 g）

Ⅰ．求小物块下落过程中的加速度大小；

Ⅱ. 求小球从管口抛出时的速度大小；

Ⅲ. 试证明小球平抛运动的水平位移总小于 $\dfrac{\sqrt{2}}{2}L$.

变化 4 解答 这里的情景类似于变化 3, 其中Ⅰ属于常规的连接体问题. 物块落地前, 物块和小球的加速度大小、速度大小时刻相等, 通过对两物体受力分析即可列式求解. Ⅱ、Ⅲ则需要进一步分析 M 落地前后物体的运动过程, 可以采用牛顿第二定律或机械能守恒和平抛运动规律求解.

Ⅰ. 设细线中的张力为 T, 根据牛顿第二定律对 M 与 m 列出方程

$$Mg - T = Ma, \quad T - mg\sin 30° = ma$$

且

$$M = km$$

联立解得

$$a = \dfrac{2k-1}{2(k+1)}g$$

Ⅱ. 物块 M 落地后, 绳子松弛无张力, 小球继续向上运动. 设 M 落地时的速度大小为 v, 此后 m 的加速度为 a_0, 射出管口时速度大小为 v_0.

物块落地前, 小球做匀加速直线运动, 有关系式

$$v^2 = 2aL\sin 30°$$

物块落地后, 小球做匀减速直线运动到最高点, 又有关系式

$$-mg\sin 30° = ma_0, \quad v_0^2 - v^2 = 2a_0 L(1 - \sin 30°)$$

联立三式解得

$$v_0 = \sqrt{\dfrac{k-2}{2(k+1)}gL} \quad (k > 2)$$

或者, 也可分别对系统和对小球使用两次动能守恒. 物块 M 落地前, 有

$$MgL\sin 30° - mgL\sin 30° \cdot \sin 30° = \frac{1}{2}(M + m)v^2$$

物块落地后,小球运动到最高点过程中有

$$-mg(L - L\sin 30°) \cdot \sin 30° = \frac{1}{2}mv_0^2 - \frac{1}{2}mv^2$$

联立两方程可得平抛的速度

$$v_0 = \sqrt{\frac{k-2}{2(k+1)}gL}$$

Ⅲ. 小球从管口抛出后做平抛运动,水平方向和竖直方向分别有

$$x = v_0 t, \quad L\sin 30° = \frac{1}{2}gt^2$$

解得

$$x = L\sqrt{\frac{k-2}{2(k+1)}} \quad \Rightarrow \quad x < \frac{\sqrt{2}}{2}L$$

变化 5 如图 5.57 所示, AB 为一段弯曲轨道,固定在水平桌面上,与水平桌面相切于 A 点,B 点距桌面的高度为 $h = 0.6$ m,A、B 两点间的水平距离为 $L = 0.8$ m,轨道边缘 B 处有一轻小定滑轮,一

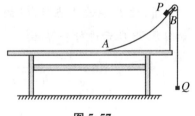

图 5.57

根轻绳两端系着质量分别为 m_1 与 m_2 的物体 P、Q 挂在定滑轮两边,P、Q 可视为质点,且 $m_1 = 2.0$ kg,$m_2 = 0.4$ kg. 开始时 P、Q 均静止,P 紧靠 B 点,P 释放后沿弯曲轨道向下运动,运动到 A 点时轻绳突然断开,断开后 P 沿水平桌面滑行距离 $x = 1.25$ m 停止. 已知 P 与水平桌面间的动摩擦因数 $\mu = 0.25$,$g = 10$ m/s² 求:

Ⅰ. P 经过 A 点时的速度大小;

Ⅱ. P 从 B 到 A 的过程中 Q 的重力势能的增量;

Ⅲ. 弯曲轨道对 P 的摩擦力做的功.

变化 5 解答 这里的Ⅰ比较基础,属于常规的牛顿第二定律结

合运动学的问题. Ⅱ 只需根据几何关系,确定 Q 的上升高度. 难点在于Ⅲ,显然只有通过能量关系才可计算摩擦力的功. 这里不仅 P、Q 两物体的高度变化不同,两者速度大小也不同,需要借助关联速度确定 P、Q 的速度大小关系,才能运用动能定理求解.

Ⅰ. P 在水平轨道运动的加速度为

$$a = \frac{\mu m_1 g}{m_1} = \mu g$$

因此经过 A 点的速度

$$v_1 = \sqrt{2ax} = \sqrt{2\mu g x} = \sqrt{2 \times 0.25 \times 10 \times 1.25} \text{ m/s} = 2.5 \text{ m/s}$$

Ⅱ. P 由 B 到 A 的过程中,Q 上升的高度为

$$H = \sqrt{L^2 + h^2} = \sqrt{0.8^2 + 0.6^2} \text{ m} = 1.0 \text{ m}$$

Q 的重力势能增量为

$$\Delta E_\text{p} = m_2 g H = 0.4 \times 10 \times 1.0 \text{ J} = 4.0 \text{ J}$$

Ⅲ. 设 P 经过 A 点时,Q 的运动速度为 v_2. 将物体 P 的速度 v_1 如图 5.58 所示进行分解. 由

$$\sin\alpha = \frac{h}{\sqrt{h^2 + L^2}} = 0.6 \Rightarrow \alpha = 37°$$

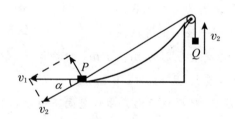

图 5.58

则

$$v_2 = v_1 \cos 37° = 2.0 \text{ m/s}$$

对 P 与 Q 的系统运用动能定理

$$m_1 g h - m_2 g H + W_f = \frac{1}{2} m_1 v_1^2 + \frac{1}{2} m_2 v_2^2$$

解出结果并代入数据后得
$$W_f = -0.95 \text{ J}$$

例题 2 如图 5.59 所示,质量为 m_1 的木块和质量为 m_2 的长木板叠放在水平地面上.现对木块施加一水平向右的拉力 F.木块在长木板上滑行,而长木板保持静止状态.已知木块与长木板间的动摩

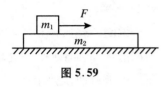

图 5.59

擦因数为 μ_1,长木板与地面间的动摩擦因数为 μ_2,且最大静摩擦力与滑动摩擦力相等,则(　　).

A. $\mu_1 > \mu_2$

B. $\mu_1 < \mu_2$

C. 若改变 F 的大小,当 $F > \mu_2(m_1 + m_2)g$ 时,长木板将开始运动

D. 若将 F 作用于长木板,当 $F > (\mu_1 + \mu_2)(m_1 + m_2)g$ 时,长木板与木块将开始相对滑动

分析 这是常见的叠放体问题.木块相对于长木板滑动,它们之间产生滑动摩擦力;长木板相对地面静止,它们之间产生静摩擦力,利用隔离法可列出有关方程.当拉力作用于长木板时,可以从木块与长木板刚好开始滑动时的临界状态考虑,从而可以确定拉力的大小.

解答 以 m_2 为研究对象,水平方向受到 m_1 施加的向右的滑动摩擦力 $\mu_1 m_1 g$ 和地面施加的水平向左的静摩擦力 f_2.根据平衡条件和最大静摩擦力与滑动摩擦力相等的关系,有
$$f_2 = \mu_1 m_1 g, \quad \mu_2(m_1 + m_2)g \geqslant f_2 = \mu_1 m_1 g$$
根据这两个关系式,显然无法判断 μ_1 与 μ_2 的大小关系,A、B 均错误.

由于 F 始终作用在木块上,改变其大小时并不影响长木板的受力情况,题中长木板仍然保持静止,因此 C 错.

若将 F 作用于长木板,设长木板与木块刚好开始相对滑动的加速度为 a,以 m_1 为研究对象,则 $a = \mu_1 g$,此时对于 m_2 有

$$F - \mu_1 m_1 g - \mu_2(m_1 + m_2)g = m_2 a = \mu_1 m_2 g$$
$$\Rightarrow F = (\mu_1 + \mu_2)(m_1 + m_2)g$$

故 D 正确.

说明 叠放体是中学物理中常见的模型.它可以有多种不同的物理情景,例如:水平面光滑或不光滑;在叠放的上面物体施力或下面物体施力;所施加的外力是恒力或变力;始终施力或中途撤力;有关的结果用计算式表示或用图像表示等等.尽管叠放体问题变化很多,但最基本的方法都是隔离法.研究时,特别需分析清楚两者形成相对静止或相对运动的条件.下面,我们以上面的例题为原型,作些变化引申,以便加深对研究叠放体问题的体会.

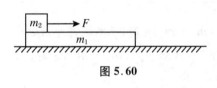

图 5.60

变化 1(2011 全国理综)

如图 5.60 所示,在光滑水平面上有一质量为 m_1 的足够长的木板,其上叠放一质量为 m_2 的木块.假定木块和木板之间的最大静摩擦力和滑动摩擦力相等.现给木块施加一随时间 t 增大的水平力 $F = kt$(k 是常数),木板和木块加速度的大小分别为 a_1 和 a_2,下列反映 a_1 和 a_2 变化的图线中正确的是( ).

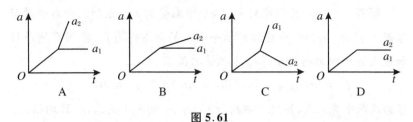

图 5.61

变化 1 解答 这里的水平面光滑,拉力是个变力,随着拉力的大小变化,运动状态跟着变化,可以有相对静止或相对滑动的不同情况.

当木块和木板之间相对静止时,所受的摩擦力为静摩擦力,而且在达到最大静摩擦力前,木块和木板始终以相同的加速度运动.因

此,对木块和木板的整体由牛顿第二定律得加速度

$$a_1 = a_2 = \frac{F}{m_1 + m_2} = \frac{kt}{m_1 + m_2}$$

即整体的加速度随时间正比地增大,在 $a-t$ 坐标中为通过原点的倾斜直线.

当木块和木板相对运动时,采用隔离法分别得木块和木板的加速度

$$a_1 = \frac{\mu m_2 g}{m_1}, \quad a_2 = \frac{F - \mu m_2 g}{m_2} = \frac{kt}{m_2} - \mu g$$

可见 a_1 恒定不变,a_2 随时间作线性变化,它在纵轴上的截距应为负值.所以正确答案是 A.

变化 2(2009 宁夏理综) 如图 5.62 所示,一足够长的木板静止在光滑水平面上,一物块静止在木板上,木板和物块间有摩擦.现用水平力向右拉木板,当物块相对木板滑动了一段距离但仍有相对运动时,撤掉拉力,此后木板和物块相对于水平面的运动情况为( ).

A. 物块先向左运动,再向右运动

B. 物块向右运动,速度逐渐增大,直到做匀速运动

C. 木板向右运动,速度逐渐减小,直到做匀速运动

D. 木板和物块的速度都逐渐变小,直到为零

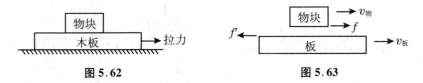

图 5.62　　　　　　图 5.63

变化 2 解答 这里两者有相对运动,适宜采用隔离法,还有中途撤力的情况,需结合系统的受力特征考虑.

分别画出木板和物块的隔离体受力图(图 5.63).由于物块是依靠木板的摩擦力运动的,所受摩擦力方向一定向右,而且其速度必定小于木板的运动速度,即 $v_物 < v_板$.

撤力后,已知两者仍有相对运动,物块所受的摩擦力方向依然向右,继续向右做加速运动;木板所受摩擦力方向向左,做减速运动.两者的相对速度逐渐减小,直到 $v_{板} = v_{物}$,两者相对静止,一起向右做匀速运动.

撤掉拉力后,对木板和物块的系统,水平方向不受外力.由于撤力时仍有相对运动,系统因惯性作用(或由系统的动量守恒),因此末速度也不可能为零.

所以,A、D 错,B、C 正确.

变化 3(2010 海南) 图 5.64 中,质量为 m 的物块叠放在质量为 $2m$ 的足够长的木板上方右侧,木板放在光滑的水平地面上,物块与木板之间的动摩擦因数为 $\mu = 0.2$.在木板上施加一水平向右的拉力 F,在 $0 \sim 3$ s 内 F 的变化如图 5.65 所示,图中 F 以 mg 为单位,重力加速度 $g = 10$ m/s^2.整个系统开始时静止.

Ⅰ.求 1 s、1.5 s、2 s、3 s 末木板的速度以及 2 s、3 s 末物块的速度;

Ⅱ.在同一坐标系中画出 $0 \sim 3$ s 内木板和物块的 $v - t$ 图像,据此求 $0 \sim 3$ s 内物块相对于木板滑过的距离.

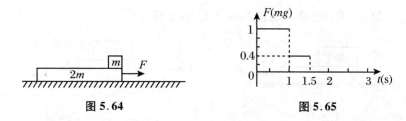

图 5.64　　　　　　图 5.65

变化 3 解答 这里改为对长木板施加一个变力,由于叠放的两个物体的加速度不同,因此需采用隔离法对它们进行受力分析,分别列出牛顿第二定律方程,并结合运动学公式算出瞬时速度.题中要求计算多个时刻的速度,可先列出普遍表达式,然后依次计算,同时,题中还要求应用图像和画出图像.因此,本题从运算技巧到图像应用,要求又有了进一步提升.

Ⅰ. 设木板和物块的加速度分别为 a 和 a', 在某个时刻 t 木板和物块的速度分别为 v 和 v', 木板和物块之间摩擦力的大小为 f, 则有
$$F - f = 2ma, \quad f = \mu mg = ma'$$
得
$$a = \frac{F - \mu mg}{2m}, \quad a' = \frac{\mu mg}{m} = \mu g$$

当 $v > v'$ 时, 则
$$v_{t_2} = v_{t_1} + a(t_2 - t_1), \quad v'_{t_2} = v'_{t_1} + a'(t_2 - t_1)$$

于是, 即可由上述加速度和速度表达式, 分别算出有关时刻的速度分别为

$0 \sim 1$ s: $a = 4 \text{ m/s}^2$, $a' = 2 \text{ m/s}^2$, $v_1 = 4 \text{ m/s}$
($v'_1 = 2 \text{ m/s}$)

$1 \sim 1.5$ s: $a_2 = 1 \text{ m/s}^2$, $a' = 2 \text{ m/s}^2$, $v_{1.5} = 4.5 \text{ m/s}$
($v'_{1.5} = 3 \text{ m/s}$)

$1.5 \sim 2$ s: $a_3 = -1 \text{ m/s}^2$, $a' = 2 \text{ m/s}^2$, $v_2 = 4 \text{ m/s}$
$v'_2 = 4 \text{ m/s}$

$2 \sim 3$ s: 因为在 $t = 2$ s 末木板与木块速度相等,两者没有相对运动, 它们之间的摩擦力为 0, 加速度 $a = 0$, $a' = 0$, 两者一起匀速运动, 所以
$$v_3 = 4 \text{ m/s}, \quad v'_3 = 4 \text{ m/s}$$

Ⅱ. 由以上计算值得到物块与木板运动的 v-t 图像, 如图 5.66 所示.

在 $0 \sim 3$ s 内物块相对于木板滑过的距离 Δs 等于木板和物块 v-t 图线下的面积之差, 即图中带阴影的四边形面积. 这个四边形由两个三角形组成, 上面的三角形面积对应的位移为

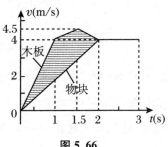

图 5.66

0.25 m,下面的三角形面积对应的位移为 2 m,因此

$$\Delta s = 2.25 \text{ m}$$

变化 4 如图 5.67 所示,物体 A 放在足够长的木板 B 上,木板 B 静止于水平面.已知 A 的质量 m_A 和 B 的质量 m_B 均为 2.0 kg,A、B 之间的动摩擦因数 $\mu_1 = 0.2$,B 与水平面之间的动摩擦因数 $\mu_2 = 0.1$,最大静摩擦力与滑动摩擦力大小视为相等,重力加速度 g 取 10 m/s². 若 $t = 0$ 开始,木板 B 受 $F_1 = 16$ N 的水平恒力作用,$t = 1$ s 时将拉力改为 $F_2 = 4$ N,方向不变,$t = 3$ s 时撤去 F_2.

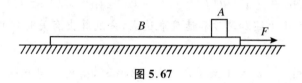

图 5.67

Ⅰ.木板 B 受 $F_1 = 16$ N 的水平恒力作用时,A,B 的加速度 a_A、a_B 各为多少?

Ⅱ.从 $t = 0$ 开始,到 A,B 相对静止,A 在 B 上相对 B 滑行的时间为多少?

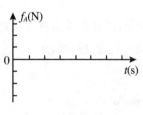

图 5.68

Ⅲ.请以纵坐标表示 A 受到 B 的摩擦力 f_A,横坐标表示运动时间 t(从 $t = 0$ 开始,到 A、B 都静止),取运动方向为正方向,在图 5.68 中画出 $f_A - t$ 的关系图线.

变化 4 解答 这里的Ⅰ比较基础,只需隔离 A,B,根据牛顿第二定律即可求出它们的加速度.Ⅱ需要分析清楚 A,B 两物体所经历的运动过程——它们先以不同的加速度做匀加速运动,后以不同的加速度做匀减速运动,达到共同速度后一起做匀速直线运动.然后,就可以利用牛顿第二定律求出加速度,利用匀变速直线运动规律求出时间.Ⅲ要求画

出 $f_A - t$ 图像,必须认识 A,B 两者之间相对运动的情况,才能确定摩擦力的大小和存在摩擦力的时间. 可以看到,Ⅲ对应用图像的要求比变化 3 又有了明显提高.

Ⅰ. 对 A、B 分别应用牛顿第二定律.

对 A

$$\mu_1 m_A g = m_A a_A \Rightarrow a_A = \mu_1 g = 2 \text{ m/s}^2$$

对 B

$$F_1 - \mu_2(m_A + m_B)g - \mu_1 m_A g = m_B a_B$$

代入数据即得

$$a_B = 4 \text{ m/s}^2$$

Ⅱ. 从 $t=0$ 开始,A,B 两者分别以加速度 a_A, a_B 运动,至 $t_1 = 1$ s 时,设它们的速度分别为 v_A, v_B,则

$$v_A = a_A t_1 = 2 \times 1 \text{ m/s} = 2 \text{ m/s}$$
$$v_B = a_B t_1 = 4 \times 1 \text{ m/s} = 4 \text{ m/s}$$

当拉力改为 $F_2 = 4$ N 后,根据牛顿第二定律的瞬时特性,B 的加速度立即改变,设为 a_B',A 的加速度不变(由摩擦力提供). 根据牛顿第二定律

$$F_2 - \mu_2(m_A + m_B)g - \mu_1 m_A g = m_B a_B'$$

代入数据得

$$a_B' = -2 \text{ m/s}^2$$

可见,B 做匀减速运动. 设经过时间 t_2 后 A、B 速度相等(相对静止). 由

$$v_A + a_A t_2 = v_B + a_B' t_2$$

得

$$t_2 = \frac{v_B - v_A}{a_A - a_B'} = \frac{4-2}{2-(-2)} \text{ s} = 0.5 \text{ s}$$

所以,从 $t=0$ 开始 A 在 B 上相对滑行的时间为
$$t = t_1 + t_2 = 1.5 \text{ s}$$

Ⅲ. 对 A、B 之间呈现的摩擦力可以分为几个阶段:

从 $t=0$ 开始直到 A,B 两者达到共同速度,经历时间 $t=1.5$ s,它们之间呈现的均是滑动摩擦力
$$f_{BA} = \mu_1 m_A g = 4 \text{ N}(\text{方向向右})$$

从 $t=1.5$ s 至 $t=3$ s,A,B 两者处于相对静止阶段,它们之间的摩擦力为零.

从 $t=3$ s 起撤力后,A,B 两者一起做匀减速运动.此时由整体的加速度可求出 A,B 之间的摩擦力大小,即由
$$a_\text{共} = \mu_2 g$$
得
$$f'_{BA} = m_A \cdot a_\text{共} = 2 \text{ N} \quad (\text{方向向左})$$

所以 $f_A - t$ 的关系图线如图 5.69 所示.

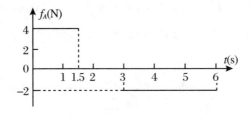

图 5.69

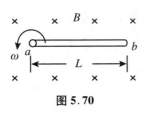

图 5.70

例题 3 如图 5.70 所示,在磁感应强度 B 的匀强磁场内,垂直于磁场放置一根长 L 的导体棒 ab,它以 a 为轴、以角速度 ω 匀速转动时,ab 两端的电势差为多少?哪里的电势高?

5 求异思维在研究和解决中学物理问题中的应用

分析 导体棒转动时,切割磁感线产生感应电动势.由于棒处于开路状态,它两端的电势差等于棒中电动势.

解答 棒转动时,各处的切割速度与离开转轴的距离成正比,相当于以棒的中点速度做平动,因此棒中产生的感应电动势为

$$E = BL\bar{v} = BL \cdot \frac{\omega L}{2} = \frac{1}{2}B\omega L^2$$

它也等于棒两端的电势差,即

$$U_{ab} = \frac{1}{2}B\omega L^2$$

由右手定则知 a 点电势比 b 点高.

说明 上述问题很简单,却是电磁感应中的一个基本模型.以它为原型对导体棒变形、改变转轴位置、增加棒的数量、改变磁场方向和磁场的分布等,就可以形成不同特色的各种问题.

变化 1 图 5.71 为地磁场磁感线的示意图.在北半球地磁场的竖直分量向下.飞机在我国上空巡航,机翼保持水平,飞行高度不变,由于地磁场的作用,金属机翼上有电势差.设飞行员左方机翼末端处的电势为 U_1,右方机翼末端处的电势为 U_2,则( ).

A. 若飞机从西往东飞,U_1 比 U_2 高
B. 若飞机从东往西飞,U_2 比 U_1 高
C. 若飞机从南往北飞,U_1 比 U_2 高
D. 若飞机从北往南飞,U_2 比 U_1 高

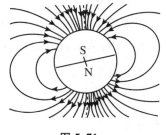

图 5.71

变化 1 解答 这里把原来比较单纯的棒,演变为实际飞机的机翼,同时又联系了地磁场,题中飞机可以东西、南北飞行,又设了飞行员的左、右方等情景,这个 20 世纪末的高考题确实曾搅浑了不少同学的神经.其实,只要看透了它的实质,还原成抽象的棒就很容易判断了.

如图 5.72 所示,设飞行员左方机翼末端为 a,右方机翼末端为 b,当飞机从西往东飞时,由右手定则立即可以判知 U_1 比 U_2 高,A 正确.其他三情况,同理可知,C 也正确.

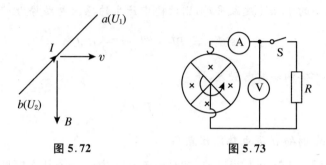

图 5.72　　　　　　图 5.73

变化 2　如图 5.73 所示,在磁感应强度 $B=0.4$ T 的匀强磁场中,放置一个半径 $r_0=50$ cm 的圆形导轨,上面搁有互相垂直的两根导体棒,焊在一起绕中心点以角速度 $\omega=10^3$ rad/s 逆时针匀速转动.圆导轨边缘和中心通过电刷与外电路连接.若每半根导体棒的有效电阻为 $R_0=0.4\ \Omega$,外接电阻 $R=3.9\ \Omega$,试求电键打开和闭合时,两电表的示数.

变化 2 解答　这里相当于以图 5.70 中导体棒的中心为轴匀速转动,此时每半根导体棒产生大小相等的电动势,其表达式相同,同时又联系了闭合电路欧姆定律,形成有四个相同电池并联的电池组对外供电的电路.显然,与原来单独的一根棒的转动相比较,既实际又综合.

电键打开时,外电路断路,电压表的示数就是电源电动势.根据并联电池组的特点,它等于每个电池的电动势,其值为

$$E = Br_0\bar{v} = Br_0\left(\frac{\omega r_0}{2}\right) = \frac{1}{2}B\omega r_0^2$$

$$= \frac{1}{2}\times 0.4\times 10^3\times 0.5^2\ \text{V}$$

5 求异思维在研究和解决中学物理问题中的应用

$$= 50 \text{ V}$$

电流表的示数为零.

电键闭合时,电压表的示数表示路端电压,电流表的示数为外电路的电流. 由于电源电动势和内电阻分别为

$$E = 50 \text{ V}, \quad r = \frac{1}{4}R_0 = 0.1 \text{ Ω}$$

所以通过外电路的电流(电流表示数)和路端电压(电压表示数)分别为

$$I = \frac{E}{R + r} = \frac{50}{3.9 + 0.1} \text{ A} = 12.5 \text{ A}$$

$$U = IR = 12.5 \times 3.9 \text{ V} = 48.75 \text{ V}$$

变化 3(2013 广东) 如图 5.74(a)所示,在垂直于匀强磁场 B 的平面内,半径为 r 的金属圆盘绕过圆心 O 处的轴转动,圆心 O 和边缘 K 通过电刷与一个电路连接,电路中的 P 是加上一定正向电压才能导通的电子元件. 流过电流表的电流 I 与圆盘角速度 ω 的关系如图 5.74(b)所示,其中 ab 段和 bc 段均为直线,且 ab 段过坐标原点. $\omega > 0$ 代表圆盘逆时针转动. 已知: $R = 3.0$ Ω, $B = 1.0$ T, $r = 0.2$ m. 忽略圆盘、电流表和导线的电阻.

① 根据图(b)写出 ab、bc 段对应的 I 与 ω 的关系式.

② 求出图(b)中 b、c 两点对应的 P 两端的电压 U_b、U_c.

③ 分别求出 ab、bc 段流过 P 的电流 I_P 与其两端电压 U_P 的关系式.

变化 3——②的解答 在变化 2 中如果继续增加导体棒的数量,用许多相同的棒密集地组合起来变成一个圆盘,就成了法拉第圆盘发电机. 因此,圆盘在垂直于磁场的平面内转动时,相当于长为半径的许多导体做切割磁感线的运动. 圆心与边缘之间的电势差符合与上述计算电动势相同的表达式. 可见,本题就是以法拉第圆盘发电机

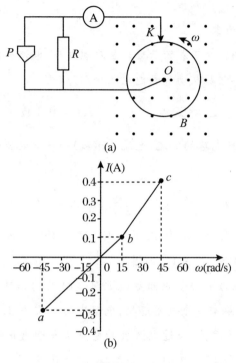

图 5.74

为核心作了一定的演变,第②小题不难解决.

圆盘转动时,在盘心与边缘间产生的感应电动势为

$$E = Br\bar{v} = Br\frac{\omega r}{2} = \frac{1}{2}B\omega r^2 = 0.02\omega$$

对 b、c 两点,根据图像以 $\omega_b = 15$ rad/s、$\omega_c = 45$ rad/s 代入,分别得

$$E_b = 0.3 \text{ V}, \quad E_c = 0.9 \text{ V}$$

当不计圆盘和电流表、导线的电阻时,圆盘的电动势等于加在电子元件 P 两端的电压,因此分别得

$$U_b = 0.3 \text{ V}, \quad U_c = 0.9 \text{ V}$$

说明 由于该题巧妙地插入了单向导电元件,又综合了一些解析几何和闭合电路欧姆定律的知识,于是就构成了一道综合性的压

轴题.①、③两小题的解答如下：

① 由解析几何知识，对图中 ab 段（可按 Ob 段计算）和 bc 段（结合两点式直线方程）分别有方程

$$\frac{I}{\omega} = \frac{0.1}{15}, \quad \frac{I-0.3}{\omega-15} = \frac{0.3}{30}$$

于是得对应 I 与 ω 的关系式（数值关系）分别为

$$ab \text{ 段}: I = \frac{\omega}{150} \quad (-45 \leqslant \omega \leqslant 15)$$

$$bc \text{ 段}: I = \frac{\omega}{100} - 0.05 \quad (15 < \omega \leqslant 45)$$

③ 设通过电阻 R 和电子元件 P 的电流分别为 I_R 和 I_P，则由并联总电流和欧姆定律知

$$I = I_R + I_P, \quad I_R = \frac{E}{R}$$

联立两式，并代入上面解答的电动势表达式，得通过电子元件的电流为

$$I_P = I - I_R = I - \frac{E}{R} = I - \frac{0.02\omega}{3} = I - \frac{\omega}{150}$$

在 ab 段，$-45 \leqslant \omega \leqslant 15$，$I = \frac{\omega}{150}$，得

$$I_P = 0$$

在 bc 段，$15 < \omega \leqslant 45$ 时，$I = \frac{\omega}{100} - 0.05$，得

$$I_P = \frac{\omega}{300} - 0.05$$

(3) ab 段：

$$I_P = 0$$

bc 段：

$$I_P = \frac{U_P}{6} - 0.05$$

变化 4(2009 辽宁、宁夏理综) 如图 5.75 所示,一导体圆环位于纸面内,O 为圆心,环内两个圆心角为 90°的扇形区域内分布有匀强磁场,两磁场的磁感应强度的大小相等、方向相反且均与纸面垂直.导体杆 OM 可绕 O 转动,M 端通过滑动触头与圆环良好接触.在圆心与圆环间连有电阻 R.杆 OM 以角速度 ω 逆时针转动,$t=0$ 时恰好在图示位置.规定从 a 到 b 流经电阻 R 的电流方向为正,圆环和导体杆的电阻忽略不计.则杆从 $t=0$ 开始转动一周的过程中,电流随 ωt 变化的图像是( ).

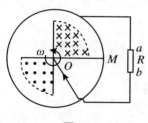

图 5.75

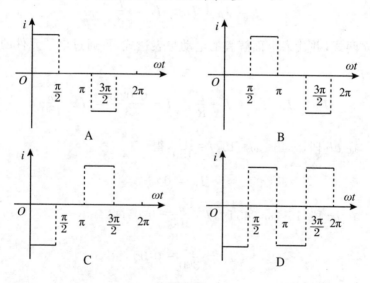

图 5.76

变化 4 解答 这里的电源结构与变化 2 中的区别非常明显,磁场没有充满整个圆面,必然形成间歇性的电动势和电流.

5 求异思维在研究和解决中学物理问题中的应用

已知 $t=0$ 时导体杆恰好在图示位置,也就是说即将进入垂直纸面向内的匀强磁场,产生的感应电动势方向由边缘指向中心,感应电流方向为

$$O \to b \to R \to a \to M \to O$$

按正方向的规定,感应电流为负,其值可表示为

$$I = -\frac{E}{R} = -\frac{\frac{1}{2}B\omega l^2}{R} = -\frac{B\omega l^2}{2R}$$

式中 l 为有效切割长度,于是 A、B 可排除.

导体杆转过 $\frac{\pi}{2}$,进入没有磁场的区域,在 $\frac{\pi}{2} \sim \pi$ 的范围内转动不会产生感应电动势和感应电流,D 也错,所以正确的是 C——经过半周期后,导体杆又进入方向相反、大小相同的匀强磁场区域,产生与开始时大小相等、方向相反的感应电流,所以其 i-t 图像一定如 C 所示.

说明 在导体的转动区域形成局部磁场,导体杆转动时形成周期性间歇的电动势和电流,可设计"闪烁"装置.请同学们相互讨论,尝试着自行设计*.

变化 5 试计算下列两情况中 ab 棒所产生的感应电动势:

① 如图 5.77(a)所示,一根长 l 的导体棒 ab,绕固定点 a 在竖直向上的匀强磁场中做圆锥摆式的转动,棒与竖直方向间的夹角为 θ;

② 如图 5.77(b)所示,一根长 l 的导体棒 ab,绕固定点 a 在竖直向上的匀强磁场中做倾斜的匀速圆周运动,其圆面法线与 B 之间的夹角为 θ.

---

* 2012 年浙江省的高考题中有一个设计性问题,可参阅本丛书《模型》一册.

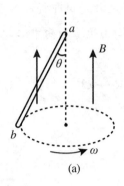 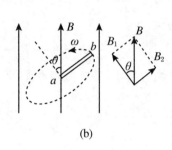

图 5.77

变化 5 解答 当磁感应强度与导体棒的运动速度互不垂直时,可以将运动速度或磁感应强度分解,找出它们互相垂直的有效分量.

对情况①,相当于一根长 $l' = l\sin\theta$ 的棒,在垂直磁场的水平面内做圆周运动,因此产生的感应电动势为

$$E = \frac{1}{2}B\omega l'^2 = \frac{1}{2}B\omega l^2 \sin^2\theta$$

对情况②,可先将 B 沿圆面的法线和半径方向分解成 B_1,B_2,其中

$$B_1 = B\cos\theta, \quad B_2 = B\sin\theta$$

导体棒转动时,实际切割的是 B_1 的磁感线,因此棒中产生的感应电动势为

$$E = \frac{1}{2}B_1\omega l^2 = \frac{1}{2}B\omega l^2 \cos\theta$$

说明 教材中计算感应电动势的公式 $E = Blv\sin\alpha$,仅适用于导线与磁感线互相垂直、导线的运动速度与导线垂直而与磁感线不垂直的特殊情况(图 5.78),在其他情况下——如导线垂直于磁场、运动速度不垂直于导线(图 5.79),或导线不垂直于磁场、运动速度垂直于导线和磁场(图 5.80),导线向纸面内运动,这样的情况,都应该用它

们互相垂直的有效分量计算,可统一表示为

$$E = B_\perp l_\perp v_\perp$$

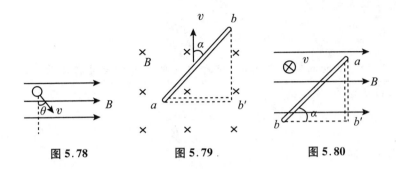

图 5.78   图 5.79   图 5.80

例题 4 如图 5.81 所示,磁感应强度为 B 的匀强磁场中,垂直磁场放置一个宽为 l 的光滑导体框,垂直两框边放有一根导体棒 ab,已知导体棒的电阻为 R,框的电阻不计. 当在导体棒上垂直棒施加一个恒力 F 后,试求导体棒运动中的最大速度.

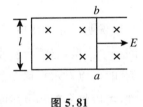

图 5.81

分析 导体棒右移时,切割磁感线产生感应电动势 E,形成感应电流 I(方向从 $a \to b$),从而使棒受到一个向左的安培力,阻碍棒的切割运动. 相互的牵制关系可表示如下:

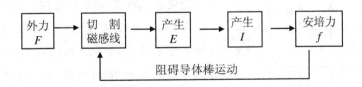

解答 由上面的分析可知,棒的运动方程为

$$F - f = ma \quad 即 \quad F - B\frac{Blv}{R}l = ma$$

可见导体棒做着变加速运动. 随着运动速度的增大,棒的加速度逐渐

减小,当加速度减小到零时,速度达到最大.即,当满足条件

$$F = f$$

速度取最大值

$$v_{\max} = \frac{FR}{B^2 l^2}$$

如果从能的转换考虑,此时外力的功率恰好全部转化为感应电流的电功率,即

$$Fv_{\max} = \frac{(Blv_{\max})^2}{R}$$

同样可得

$$v_{\max} = \frac{FR}{B^2 l^2}$$

说明 导体在矩形框架上移动,称得上是电磁感应部分最典型的一个模型,它综合着动力学方程和能量转换关系,变化非常灵活.例如,可以对水平移动的导体棒的受力和运动设置不同的情景和条件;可以将框架竖直或倾斜放置;磁场方向可以垂直于框架或与之成某个角度;框架可以一端开路、另一端闭路或接入不同的元件;框架上可以放置其他导体或穿过框架的磁场可以设置为几个不同的区域等等.这方面的问题非常丰富,下面仅选取几个为例展示一下它的变化和基本的分析方法.

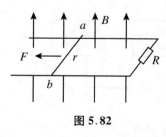

图 5.82

变化 1(2009 福建理综) 如图 5.82所示,固定位置在同一水平面内的两根平行长直金属导轨的间距为 d,其右端接有阻值为 R 的电阻,整个装置处在竖直向上磁感应强度大小为 B 的匀强磁场中.一质量为 m(质量分布均匀)的导体杆 ab 垂直于导轨放置,且与两导轨保持良好接触,杆与导轨之间的动摩擦因数为 μ.现杆在水平向左、垂直于杆的恒力 F 作用下从

5 求异思维在研究和解决中学物理问题中的应用

静止开始沿导轨运动距离 L 时,速度恰好达到最大(运动过程中杆始终与导轨保持垂直).设杆接入电路的电阻为 r,导轨电阻不计,重力加速度大小为 g.则此过程(   ).

A. 杆的速度最大值为 $\dfrac{(F-\mu mg)R}{B^2 d^2}$

B. 流过电阻 R 的电量为 $\dfrac{BdL}{R+r}$

C. 恒力 F 做的功与摩擦力做的功之和等于杆动能的变化量

D. 恒力 F 做的功与安倍力做的功之和大于杆动能的变化量

变化 1 解答 这里的变化仅增加了摩擦,但本题不仅涵盖了这类问题中力和能两条主线,还通过电量使整个问题综合了电磁感应的两个计算公式,非常典型.

导体杆 ab 移动时受到恒力 F、摩擦力 f 和安培力 F_A 共同作用,运动方程为

$$F - f - F_A = ma \quad 即 \quad F - \mu mg - B\dfrac{Bdv}{R+r}d = ma$$

当 $a = 0$ 时速度达到最大,其值为

$$v_{\max} = \dfrac{(F - \mu mg)(R + r)}{B^2 d^2} \quad (A 错)$$

导体杆移动 L 时通过的电量可表示为

$$q = \overline{I}\Delta t = \dfrac{\overline{E}}{R+r}\Delta t = \dfrac{\Delta \varphi}{R+r} = \dfrac{B\Delta S}{R+r} = \dfrac{BdL}{R+r} \quad (B 正确)$$

在导体杆从开始运动至达到最大速度的过程中,对导体杆运用动能定理有

$$W_F + W_f + W_{F_A} = \Delta E_k$$

式中安培力做的功最终转化为电路的焦耳热.由上式可知,恒力 F 做的功与摩擦力做的功之和不等于杆动能的变化量,恒力 F 做的功与安倍力做的功之和大于导体杆动能的变化量,故 C 错,D 正确.

说明 导体杆移动时做变加速运动,在这个过程中通过导体杆

的电量更严格地可采用微元法表示,即

$$q = \sum \Delta q = \sum i \Delta t = \sum \frac{\frac{B \Delta S}{\Delta t}}{R+r} \Delta t$$

$$= \frac{B}{R+r} \sum \Delta S = \frac{B}{R+r} S = \frac{BdL}{R+r}$$

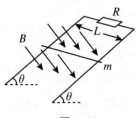

图 5.83

变化 2(2012 山东) 如图 5.83 所示,相距为 L 的两条足够长的光滑平行金属导轨与水平面的夹角为 θ,上端接有定值电阻,匀强磁场垂直于导轨平面,磁感应强度为 B.将质量为 m 的导体棒由静止释放,当速度达到 v 时开始匀速运动,此时对导体棒施加一平行于导轨向下的拉力,并保持拉力的功率为 P,导体棒最终以 $2v$ 的速度匀速运动.导体棒始终与导轨垂直且接触良好,不计导轨和导体棒的电阻,重力加速度为 g,下列选项正确的是( ).

A. $P = 2mg\sin\theta$

B. $P = 3mg\sin\theta$

C. 当导体棒速度达到 $\frac{v}{2}$ 时加速度为 $\frac{g}{2}\sin\theta$

D. 在速度达到 $2v$ 以后匀速运动的过程中,R 上产生的焦耳热等于拉力所做的功

变化 2 解答 这里仅将导轨倾斜,同时也渗透着力和能两条研究线索.

导体棒从静止释放达到匀速状态时,满足条件

$$mg\sin\theta = F_A = B\frac{BLv}{R}L = \frac{B^2L^2v}{R}$$

当速度为 $\frac{v}{2}$ 时,根据牛顿第二定律有

$$mg\sin\theta - \frac{B^2L^2\frac{v}{2}}{R} = ma \Rightarrow a = \frac{g}{2}\sin\theta \quad (\text{C 正确})$$

施加平行导轨向下的拉力 F 后,最终以 $2v$ 匀速运动时满足条件

$$F + mg\sin\theta - B\frac{BL \cdot 2v}{R}L = 0 \Rightarrow F = mg\sin\theta$$

因此拉力的功率为

$$P = F \cdot 2v = 2mgv\sin\theta \quad (\text{A 正确、B 错})$$

对导体棒应用动能定理,有

$$W_F + W_G - W_A = \Delta E_k = 0$$
$$\qquad\qquad\quad \downarrow$$
$$\qquad\qquad\quad Q$$

即克服安培力的功(最终转化为焦耳热)是拉力功和重力功的共同贡献,D 错.

变化3(2011 全国理综) 如图 5.84 所示,两根足够长的金属导轨 ab、cd 竖直放置,导轨间距为 L,电阻不计,在导轨上端并接两个额定功率均为 P、电阻均为 R 的小灯泡.整个系统置于匀强磁场中,磁感应强度方向与导轨所在平面垂直.现将一质量为 m、电阻可以忽略的金属棒 MN 从图示位置由静止开始释放.金属棒在下落过程中保持水平,且与导轨良好接触.已知某时刻后两灯保持正常发光,重力加速度为 g.求:

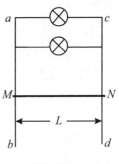

图 5.84

Ⅰ.磁感应强度的大小;

Ⅱ.灯泡正常发光时导体棒的运动速率.

变化3解答 本题将框架置于竖直平面内,一端又并联了小灯,将电磁感应与电路知识联系起来.

Ⅰ.金属棒下落切割磁感线产生感应电动势,由它作为电源对小灯泡供电.设小灯泡的额定电流为 I_0,正常发光时满足条件

$$P = I_0^2 R \qquad ①$$

设该时刻通过金属棒的电流为 I,则

$$I = 2I_0 \qquad ②$$

由于小灯保持正常发光,意味着电路中产生的感应电动势和感应电流处于稳定状态,因此金属棒所受的重力和安培力相等,下落的速度达到最大值.于是有

$$mg = BIL \qquad ③$$

联立①、②、③式得磁感应强度

$$B = \frac{mg}{2L}\sqrt{\frac{R}{P}} \qquad ④$$

Ⅱ.设小灯泡正常发光时金属棒的速度为 v,由电磁感应定律和欧姆定律

$$E = BLv \qquad ⑤$$

$$E = RI_0 \qquad ⑥$$

联立①、②、④、⑤、⑥式,即得

$$v = \frac{2P}{mg}$$

说明 本题中的力平衡条件稍稍显得隐蔽,需要通过对电路的分析才能确定.

变化 4(2014 安徽) 如图 5.85(a)所示,匀强磁场的磁感应强度 B 为 0.5 T.其方向垂直倾角 θ 为 30°的斜面向上.绝缘斜面上固定有倒 V 形的光滑金属导轨 MPN(电阻忽略不计),MP 和 NP 长度均为 2.5 m,MN 连线水平,长为 3 m.以 MN 中点 O 为原点、OP 为 x 轴建立一维坐标系 Ox.一根粗细均匀的金属杆 CD,长度 d 为 3 m,质量 m 为 1 kg,电阻 R 为 0.3 Ω,在拉力 F 的作用下,从 MN 处以恒定的速度 v = 1 m/s 在导轨上沿 x 轴正向运动(金属杆与导轨接

触良好). g 取 10 m/s^2.

Ⅰ. 求金属杆 CD 运动过程中产生的感应电动势 E 及运动到 $x = 0.8 \text{ m}$ 处的电势差 U_{CD}.

Ⅱ. 推导金属杆 CD 从 MN 处运动到 P 点的过程中拉力 F 与位置坐标 x 的关系式,并在图(b)中画出 $F-x$ 关系图像.

Ⅲ. 求金属杆 CD 从 MN 处运动到 P 点的全过程产生的焦耳热.

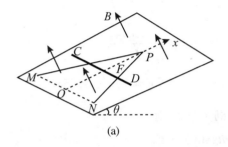
(a)
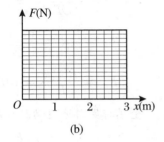
(b)

图 5.85

变化 4 解答 本题将常见的矩形框架改为倒 V 形,又将轨道平面倾斜,形成新的情境.题中以电磁感应为核心,不仅综合了研究电磁感应的两条基本线索,还包含着一定的数学要求和图像的应用,构思巧妙,别具匠心.

Ⅰ. 金属杆 CD 从底端 MN 处匀速上滑时,整个杆切割磁感线,杆中产生的感应电动势为

$$E = Bdv = 0.5 \times 3 \times 1 \text{ V} = 1.5 \text{ V} \quad (D \text{ 点电势高})$$

当杆运动到 $x = 0.8 \text{ m}$ 处时,夹在导轨之间这部分金属杆的电势差为零,C、D 两端的电势差仅由导轨外部的金属杆切割磁感线产生.设导轨的顶角为 2α,夹在导轨之间部分金属杆长为

$$l_1 = 2(OP-x)\tan\alpha = 2(OP-x)\dfrac{\dfrac{MN}{2}}{OP} = \dfrac{OP-x}{OP}d$$

式中 $MN = d$, $OP = \sqrt{MP^2 - \left(\dfrac{MN}{2}\right)^2} = \sqrt{2.5^2 - 1.5^2} \text{ m} = 2 \text{ m}$.

导轨外部的金属杆长

$$l_2 = d - \frac{OP - x}{OP}d = \left(3 - \frac{2 - 0.8}{2} \times 3\right) \text{ m} = 1.2 \text{ m}$$

所以 C, D 间的电势差为

$$U_{CD} = \varphi_C - \varphi_D = -Bl_2 v = -0.5 \times 1.2 \times 1 \text{ V} = -0.6 \text{ V}$$

Ⅱ.夹在导轨间的杆长、对应的电阻及其受到的安培力分别为

$$l_1 = \frac{OP - x}{OP}d = 3 - 1.5x$$

$$R_1 = \frac{l_1}{d}R = \frac{3 - 1.5x}{3} \times 0.3 = \frac{3 - 1.5x}{10}$$

$$F_A = \frac{B^2 l_1^2 v}{R} = 10B^2 v(3 - 1.5x) = 7.5 - 3.75x$$

金属杆做匀速运动时应该满足条件

$$F = mg\sin\theta + F_A$$

得拉力

$$F = mg\sin\theta + F_A = 12.5 - 3.75x$$

即拉力随金属杆上升距离的增加线性减小,$F - x$ 图像如图 5.86 所示.

Ⅲ.金属杆从 MN 处运动到 P 点的全过程中,拉力做功(由 $F - x$ 图像中相应的面积得)和重力势能的增加量分别为

$$W_F = \overline{F}x = \frac{5 + 12.5}{2} \times 2 \text{ J} = 17.5 \text{ J}$$

$$\Delta E_p = mg \cdot OP\sin\theta = 1 \times 10 \times 2\sin 30° \text{ J} = 10 \text{ J}$$

根据能的转化和守恒可知,这个过程中产生的焦耳热为

$$Q = W_F - \Delta E_p = 7.5 \text{ J}$$

图 5.86

说明 解题中有几处很容易发生错误,例如:

电势差 U_{CD} 的计算——有些同学没有认识到夹在导轨中间部分的电势差为零,在计算中又习惯性地用中间这部分杆作为切割磁感

线的有效长度,表示电势差时疏忽了负号等.

确定 F-x 的函数关系——有些同学混淆了所取的金属杆长,有些同学对其中涉及的数字计算"丢三落四"等.

在解答综合性的问题时,必须先理清解题思路,然后逐项列式仔细求解.

变化5(2012 广东) 如图 5.87 所示,质量为 M 的导体棒 ab,垂直放在相距为 l 的平行光滑金属轨道上.导轨平面与水平面的夹角为 θ,并处于磁感应强度大小为 B、方向垂直于导轨平面向上的匀强磁场中,左侧是水平放置、间距为 d 的平行金属板,R 和 R_x 分别表示定值电阻和滑动变阻器的阻值,不计其他电阻.

Ⅰ.调节 $R_x = R$,释放导体棒,当棒沿导轨匀速下滑时,求通过棒的电流 I 及棒的速率 v.

Ⅱ.改变 R_x,待棒沿导轨再次匀速下滑后,将质量为 m、带电量为 $+q$ 的微粒水平射入金属板间,若它能匀速通过,求此时的 R_x.

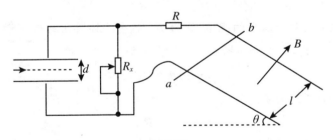

图 5.87

变化5解答 本题将导轨倾斜后,再在一端接入电阻和电容器,形成以电磁感应为核心,综合着力平衡、恒定电流、静电场多方面知识的问题.

Ⅰ.金属棒沿导轨下滑时,切割磁感线产生感应电动势,在棒中形成 $b \to a$ 的感应电流,从而使棒受到沿轨道平面向上的安培力.匀速下滑时满足平衡条件

$$Mg\sin\theta = BIl$$

得棒中电流

$$I = \frac{Mg\sin\theta}{Bl}$$

设金属棒匀速下滑的速率为 v, 产生的感应电动势和感应电流分别为

$$E = Blv, \quad I = \frac{E}{2R}$$

联立两式,代入上面的电流值,即得速率

$$v = \frac{2MgR\sin\theta}{B^2l^2}$$

Ⅱ.金属棒作为电源对外电路供电时,a 端电势高,因此在平行板间形成竖直向上的匀强电场.要求带电量为 $+q$ 的微粒水平匀速通过金属板,必须满足条件

$$mg = q\frac{U}{d}$$

改变滑动变阻器的阻值,设为 R_x 时金属棒再次匀速下滑,电路中电流为 I_1,则由金属棒的力平衡条件知

$$Mg\sin\theta = BI_1l$$

平行板上的电压

$$U = I_1R_x$$

联立三式,即得

$$R_x = \frac{mdlB}{Mq\sin\theta}$$

变化 6 下列两情况中,质量为 m、长 l 的导体棒沿着框面由静止下滑的最大速度是多少?已知磁感应强度的大小为 B,电路总电阻保持为 R 不变.

Ⅰ.如图 5.88 所示,导体框架与水平面成 θ 角倾斜放置,磁感线方向竖直向上.

Ⅱ.如图 5.89 所示,导体框架竖直放置,框架的上端接到一个螺旋管的两端.已知螺旋管的截面积为 S,共有 n 匝,管内均匀分布着磁感应强度为 B' 的磁场,其方向从右向左且在均匀增强中.

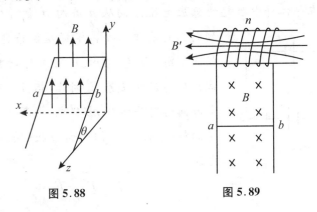

图 5.88   图 5.89

变化 6 解答 前面各种情况中的导体杆、运动速度与磁场互相垂直,这里图 5.88 中的运动速度与磁场不垂直.在图 5.89 中,通过框架的电流由切割运动和磁场变化共同产生.显然,这里的两种情况又有了新的要求.

Ⅰ.如图 5.90 所示,把磁感应强度 B 分解为垂直框面和沿着框面的两个分量

$$B_1 = B\cos\theta, \quad B_2 = B\sin\theta$$

导体杆下滑时,仅切割其中的分量 B_1.达到稳定状态时的最大速度应该满足条件

$$mg\sin\theta = B_1 \frac{B_1 l v_{\max}}{R} l$$

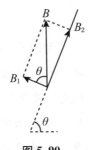

图 5.90

得最大速度

$$v_{\max} = \frac{mgR\sin\theta}{B_1^2 l^2} = \frac{mgR\sin\theta}{B^2 l^2 \cos^2\theta}$$

Ⅱ.设管内磁场 B' 的变化率 $\frac{\Delta B'}{\Delta t} = k$(恒定),根据法拉第电磁感

应定律,它产生的感应电动势为

$$E' = n\frac{\Delta\varphi}{\Delta t} = nS\frac{\Delta B'}{\Delta t}$$

它在导体杆中激起的感应电流方向从 a 流向 b,使导体杆受到向上的安培力 F'_A.根据题设条件,杆沿框面下滑(即 $F'_A < mg$),它同时切割磁感线产生感应电动势 E.因此,相当于有两个电源同时对导体杆 ab 供电.由两电源电动势的极性可知,它们顺向串联(图5.91),电流为

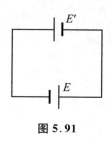

图 5.91

$$I = \frac{E' + E}{R}$$

导体杆达到最大速度时,应该满足条件

$$mg = BIl = B\frac{E' + Blv_{\max}}{R}l$$

得

$$v_{\max} = \frac{mgR - BE'l}{B^2l^2}$$

例题 5 如图 5.92(a)所示,在一根粗细均匀的细玻璃管内有一段长 h 的水银柱,封闭着一定量的空气,开口向下.静止时,空气柱长为 l.当它以加速度 $a(a<g)$ 竖直向下做匀加速运动时,则空气柱的长度如何变化?已知外界大气压为 p_0,水银的密度为 ρ,整个过程中的温度不变.

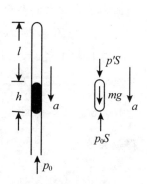

图 5.92

分析 这里有两个研究对象——水银和封闭的空气,在运动过程中它们遵循着不

同的规律,应分别考虑.两者之间的联系是:空气柱和水银柱产生的压强之和一定平衡大气压.

解答 设空气柱原来的压强为 p,加速运动中空气柱的压强为 p',长度为 l'.玻璃管的截面积为 S,则对空气柱由玻意耳定律有

$$plS = p'l'S \qquad ①$$

对于水银柱,加速运动中受到的力有重力 $mg = \rho Shg$,管内空气柱向下的压力 $p'S$,外界大气向上的压力 $p_0 S$,如图 5.92(b)所示.根据牛顿第二定律有

$$p'S + \rho Shg - p_0 S = \rho Sha \qquad ②$$

水银柱原来处于静止状态,由力平衡条件知

$$pS + \rho Sgh = p_0 S \qquad ③$$

联立三式,得空气柱长度为

$$l' = \frac{p_0 - \rho gh}{p_0 - \rho(g-a)}l < l \qquad ④$$

即空气柱的长度会变短,表示在这个过程中水银柱会向上移动.

说明 如果只需定性判断空气柱长度的变化,可运用等效原理——水银柱向下加速,相当于水银柱部分失重.由于水银柱产生的压强减小,封闭气体的压强必须增大,才能平衡外界大气压.当温度不变时,封闭空气柱的体积必然减小,即空气柱长度变短.

本题是等温变化中结合着动力学知识的一个典型模型,通过改变封闭气体和玻璃管的位置和运动方式,可以形成不同的问题.

变化 1 如图 5.93 所示,一端封闭的 U 形管,两臂中水银面高度差为 h.当它竖直向下以加速度 $a(a<g)$ 做匀加速运动时,管中空气柱的长度如何变化?

变化 2 如图 5.94 所示,在倾角为 α 的光滑斜面上,放一根一端封闭的玻璃管,内有一段长 h 的水银柱.当玻璃管沿斜面匀加速下

滑时,封闭空气柱长度如何变化?

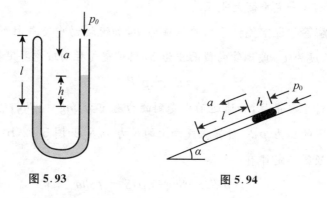

图 5.93　　　　　　　图 5.94

变化 1、2 解答　只要求作定性判断时,可采用"等效"方法:原来由外界大气压 p_0 与长为 h 的水银柱产生的压强,共同平衡封闭气体的压强 p,即

$$p_0 + \rho g h = p$$

和

$$p_0 + \rho g h \sin\alpha = p$$

当 U 形管和直玻璃管竖直向下或沿斜面向下做加速运动时,可分别等效为处于 $g' = g - a$ 和 $g' = g - a\sin\alpha$ 的重力场中.由于水银部分失重,它产生的压强减小,意味着封闭气体的压强减小,因此空气柱会变长.

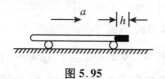

图 5.95

变化 3　如图 5.95 所示,小车上水平放置一根一端开口的玻璃管,管口有一段长为 h 的水银柱.当小车沿水平路面非常平稳地做匀加速滑行时,水银会不会从管口溢出?

变化 3 解答　设原来管内空气柱的压强为 p,水银柱水平平衡时满足条件

$$pS = p_0 S$$

当小车向右做加速运动时,左侧空气对水银柱的压力必然增大,才能使水银柱所受到的合外力向右.因此封闭气体的压强必须增大,其体积一定缩小.所以,水银柱不会从管口溢出.

变化 4 如图 5.96 所示,一根粗细均匀、一端封闭的细玻璃管,内有一段长 h 的水银柱,封闭着一定量的空气,已知 $h \ll l_0$,$h \ll l$.现使玻璃管在光滑水平桌面上绕通过开口端的竖直轴匀角速转动.试问:当转动的角速度多大时,能使空气柱的长度变为原来的一半?设整个过程中温度保持不变,已知大气压为 p_0,水银密度为 ρ.

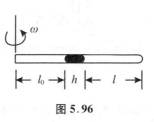

图 5.96

变化 4 解答 前面三种变化情况,水银柱都是做加速平动,这里改为转动.转动中每一瞬间的运动,可以类比于平动.因此,玻璃管转动时由封闭气体与外界大气压对水银柱的压力差,提供水银柱做加速运动时需要的向心力.

设玻璃管的截面积为 S,转动前后封闭气体的压强分别为 p_1、p_2,转动角速度为 ω.

对水银柱,由力平衡条件和向心力公式知

$$p_1 S = p_0 S$$

$$p_2 S - p_0 S = \rho S h \omega^2 \left(l_0 + \frac{l}{2}\right)$$

对封闭气体,由玻意耳定律知

$$p_1 \cdot l S = p_2 \cdot \frac{l}{2} S$$

联立三式,即可得角速度 ω 的大小.

变化 5 如图 5.97 所示,一端封闭的直玻璃管,开口向上竖立在小车上.静止时,用一段长 $h = 20 \text{ cm}$ 的水银柱封闭着一段长 $l =$

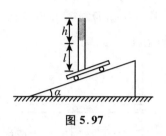

图 5.97

20 cm的空气柱,水银面恰好与管口平齐.当小车沿着倾角 $\alpha = 37°$ 的斜面以 $a = 5\ \text{m/s}^2$ 的加速度匀减速下滑时,则空气柱的长度变为多少?设整个过程中温度不变,已知大气压 $p_0 = 76\ \text{cmHg}$,水银的密度 $\rho = 13.6 \times 10^3\ \text{kg/m}^3$,取 $g = 10\ \text{m/s}^2$.

变化 5 解答 这里换了一个情景:小车匀减速下滑,其加速度沿斜面向上,把加速度分解到竖直方向上后,相当于水银柱处于 $g' > g$ 的重力场里,因此水银柱呈现出"超重现象",空气柱一定变短.

设小车下滑过程中空气柱长度变为 l',管截面积为 S,则空气柱变化前后的状态参量分别为

$$p_1 = (76 + 20)\ \text{cmHg}, \quad V_1 = 20S$$
$$p_2 = ?, \quad V_2 = l'S$$

根据玻意耳定律有

$$96 \times 20 = p_2 l' \quad \text{①}$$

对水银柱,其受力情况如图 5.98 所示.把加速度沿着竖直方向和水平方向分解后,得水银柱的运动方程为

$$p_2 S - mg - p_0 S = ma\sin\alpha \quad \text{②}$$

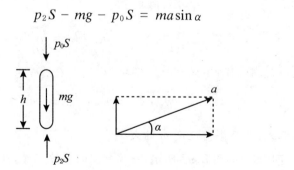

图 5.98

联立①、②两式,即可求出空气柱长度 l'.

说明 在理想气体的三条实验定律中,玻意耳定律与动力学的结合最常见,变化也比较多.在处理这样的问题时,关键是分清不同研究对象所遵循的不同规律,并找出两个研究对象之间的联系,这样就不难列式求解了.

5.4 指导实验

在中学物理实验教学和实验问题的分析、研究中,求异思维主要体现在逆向、转换、发散等方面.下面选取这几方面的若干实例,加以说明.

(1) 逆向

将人们所习惯的顺向思维中的现象,反过来表现出来,常会使现象更加生动,令人们的观感刺激更加强烈,从而可以达到更好的效果.

从充气到抽气

对一个气球充气时能使它膨胀,这是司空见惯的现象.反过来,用抽气的方法也可使它膨胀就不是经常看到的事了.

如图 5.99 所示,把气球口扎紧后放在瓶内,然后用抽气机对瓶内抽气.此时由于球外的空气压强减小,气球就会膨胀起来了.

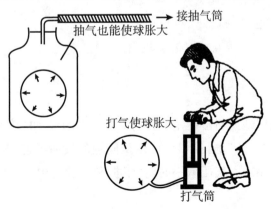

图 5.99

冷却沸腾

对"加热沸腾"反其道而行之,泼上一杯冷水,同样可以使水沸腾起来.这绝不是魔术表演,而是中学物理中常常用来演示沸点与压强关系的一个精彩实验*.

图 5.100

如图 5.100 所示,先用酒精灯对烧瓶中的水加热至沸腾,然后移开酒精灯,迅速将瓶口塞住(瓶塞中事先插入一小段玻璃管,安上一段带有夹子的橡皮管),再把烧瓶倒过来,在瓶底泼上冷水.于是,立即可以看到,原来已经停止沸腾的水重新又沸腾起来了.

这是因为原来水面上方的水蒸气遇冷后迅速凝结成水,水面上方气体的压强减小了,因此就可以在较低的温度下沸腾起来了.

为了证实水面上方的气压确实比大气压小,可把瓶塞上接的橡皮管放在盛有红色水的盆内,打开夹子,立即可以看到美丽的喷泉现象(图 5.101).

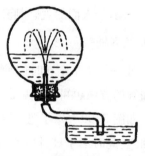

图 5.101

大气压的作用

为了直观地说明留在托里拆利实验管中的水银柱确实是依靠大气压的作用"托住"的,我们也可以从问题的反面考虑——如果没有大气压的作用或大气压减小时,托里拆利实验管中的水银柱应该无

---

* 这个实验不可在家中模仿,需用合格的实验器材,在老师指导下进行.

法留住或高度降低.根据这个道理,可以设计一个实验.

如图 5.102 所示,将托里拆利实验装置放在有机玻璃罩内,顶部用橡皮塞塞紧,并把罩的四周加以密封.开动抽气机后,可以看到,随着罩内空气被不断地抽出,罩内空气压强减小,留在托里拆利实验管中的水银柱高度也逐渐降低,令人无可辩驳地信服了管中水银柱确实是依靠大气压的作用才"托住"的道理.

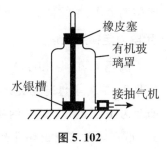

图 5.102

变动为静测量 μ

利用平衡法测量动摩擦因数的实验如图 5.103 所示(参"发散"例 1),在实际操作中要求物块做匀速运动,比较难以控制.

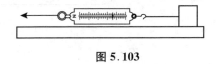

图 5.103

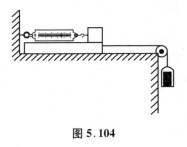

图 5.104

为此,我们可以作一次逆向转换.实验装置如图 5.104 所示,将弹簧测力计的一端固定,另一端拉住物块,然后用重物通过滑轮来拉动木板运动,物块与弹簧测力计处于静止状态,测得弹簧测力计的示数 F,得动摩擦因数

$$\mu = \frac{F}{mg}$$

(2) 转换

在 3.2 节中,我们结合中学物理内容对转换思想方法在实验和技术上的应用已经初步有所领悟.实际上,转换思想同样也渗透在许

许多多的物理实验问题中.下面,以力-电转换为核心,选取若干较为典型的事例,继续体会一下转换思想在实验问题中的指导意义.

用电阻定律测长度

例题 1(2014 山东) 实验室购买了一捆标称长度为 100 m 的铜导线,某同学想通过实验测其实际长度.该同学首先测得导线横截面积为 1.0 mm², 查得铜的电阻率为 1.7×10^{-8} Ω·m, 再利用图 5.105 所示电路测出铜导线的电阻 R_x, 从而确定导线的实际长度. 可供使用的器材有:

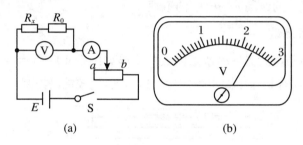

图 5.105

电流表:量程 0.6 A,内阻约 0.2 Ω;

电压表:量程 3 V,内阻约 9 kΩ;

滑动变阻器 R_1:最大阻值 5 Ω;

滑动变阻器 R_2:最大阻值 20 Ω;

定值电阻:$R_0 = 3$ Ω;

电源:电动势 6 V,内阻可不计;

开关、导线若干.

回答下列问题:

(1) 实验中滑动变阻器应选_____(填"R_1"或"R_2"),闭合开关 S 前应将滑片移至_____端(填"a"或"b").

(2) 调节滑动变阻器,当电流表的读数为 0.50 A 时,电压表示数如图(b)所示,读数为_____V.

5 求异思维在研究和解决中学物理问题中的应用

(3) 导线实际长度为_____m(保留2位有效数字).

分析与解答 (1) 根据电阻定律 $R = \rho \dfrac{l}{S}$,可以估算出待测导线电阻 R_x 约 $2\,\Omega$,则 $R_x + R_0 \approx 5\,\Omega$. 当滑动变阻器采用限流接法时,其电阻值为待测电阻的 $3\sim5$ 倍较宜,因此滑动变阻器应选 R_2. 同时,测量前应将变阻器调至接入电阻最大值处,即将滑片移到 a 端.

(2) 电压表的最小分度是 $0.1\,\text{V}$,读数时应估读到 $0.01\,\text{V}$. 当指针对准刻度线时,应在数字后加 0,所以电压表示数为 $2.30\,\text{V}$.

(3) 由两表示数知

$$R_0 + R_x = \dfrac{U}{I} = \dfrac{2.30}{0.50}\,\Omega = 4.6\,\Omega \Rightarrow R_x = 1.6\,\Omega$$

根据电阻定律,得导线长度

$$l = \dfrac{R_x S}{\rho} = \dfrac{1.6 \times 1.0 \times 10^{-6}}{1.7 \times 10^{-8}}\,\text{m} \approx 94\,\text{m}$$

说明 用电阻定律测量长度,是一个比较简单的知识点. 本题结合着电阻定律,同时还考查了伏安法测量电阻、实验器材的选用、电表示数和计算中有效数字的确定等方面的知识(原题中还有连接线路的考查). 一个题目概括了许多知识点,非常适合用于自我复习.

用光敏电阻测量周期

例题 2(2009 浙江理综) 在"研究单摆周期与摆长的关系"实验中,若摆球在垂直于纸面的平面内摆动,为了将人工记录振动次数改变为自动记录振动次数,在摆球运动最低点的左右两侧分别放置一激光源与光敏电阻,如图 5.106 所示,光敏电阻与某一自动记录仪相连,该仪器显示的光敏电阻的阻值 R 随时间 t 的变化图线如图

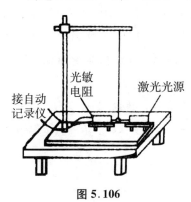

图 5.106

5.107所示,则该单摆的振动周期为_____.

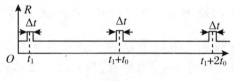

图 5.107

分析与解答 光敏电阻具有这样的特性——当照射光强度发生变化时,其电阻值会相应变化.因为单摆振动时,在一个周期内两次经过最低点,从而使光敏电阻的阻值发生两次变化,因此由形成的电脉冲可知,振动周期为

$$T = t_1 + 2t_0 - t_1 = 2t_0$$

说明 图5.107中反映的是光敏电阻阻值与时间的关系,转换成电流的话,就可以形成对应的电脉冲.本题比较容易,但它体现了可以借助电脉冲(或光脉冲)测量时间的一种方法,在实验中很有指导意义.

用力电转换器测质量

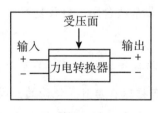

图 5.108

例题 3 某学生为了测量一物体的质量,找到一个力电转换器,该转换器的输出电压正比于受压面的压力(比例系数为 k),如图 5.108 所示.测量时先调节输入端的电压,使转换器空载时的输出电压为 0;而后在其受压面上放一物体,即可测得与物体的质量成正比的输出电压 U.

现有下列器材:力电转换器、质量为 m_0 的砝码、电压表、滑动变阻器、干电池各一个,电键及导线若干,待测物体(可置于力电转换器的受压面上).

请完成对该物体质量的测量:

5 求异思维在研究和解决中学物理问题中的应用

(1) 设计一个电路,要求力电转换器的输入电压可调,并且使电压的调节范围尽可能大.

(2) 简要说明测量步骤,求出比例系数 k,并测出待测物体的质量 m.

分析与解答 (1) 电路如图 5.109 所示.

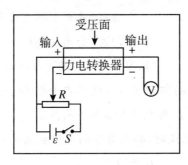

图 5.109

(2) 测量步骤如下:

① 调节滑动变阻器,使力电转换器的输出电压为 0.

② 将质量为已知值 m_0 的砝码放在力电转换器的受压面上,记下输出电压 U_0,然后取下砝码.

③ 将待测物体放在力电转换器的受压面上,记下输出电压 U.

计算:根据力电转换器的输出电压正比于受压面压力的关系,可得

$$U_0 = km_0g, \quad U = kmg$$

两式相比,即得被测物体的质量

$$m = \frac{U}{U_0} m_0$$

说明 这是 2001 年的上海高考题,结合着力电转换器巧妙地考查了电路设计的能力,是一个很值得重视的问题.

利用欧姆定律测风力

例题 4 如图 5.110 所示为一种风力仪的原理图. P 为金属球,

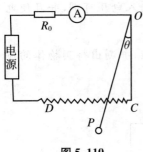

图 5.110

悬挂在一细长金属丝下面,O 是悬挂点,R_0 是保护电阻,CD 是水平放置的光滑电阻丝,与细金属丝始终保持良好接触.无风时,细金属丝与电阻丝在 C 点接触,此时电路中电流为 I_0.有风时,金属丝将偏转一个角度,其大小与风力大小有关.若风力水平向左,金属丝偏转 θ 角时,电流表的示数为 I.已知 $OC=h$,$CD=L$,球的质量为 m,电阻丝单位长度的阻值为 r_0,电源内电阻和金属丝的电阻都不计.试写出风力大小 F 与电流表示数 I 的关系式.

分析与解答 无风时,接入电路的电阻丝长度和电阻分别为

$$l_1 = L$$

$$R_1 = l_1 r_0 = L r_0$$

设电源电动势为 E,电路中的电流为

$$I_0 = \frac{E}{R_0 + R_1} = \frac{E}{R_0 + L r_0} \qquad ①$$

有风时,金属丝偏转 θ 角,接入电路的电阻丝的有效长度和相应的电阻分别为

$$l_2 = CD - OC\tan\theta = L - h\tan\theta$$

$$R_2 = l_2 r_0 = (L - h\tan\theta) r_0$$

电路中的电流为

$$I = \frac{E}{R_0 + R_2} = \frac{E}{R_0 + (L - h\tan\theta) r_0} \qquad ②$$

①、②两式相比,得

$$\frac{I_0}{I} = \frac{R_0 + (L - h\tan\theta) r_0}{R_0 + L r_0} \qquad ③$$

金属球偏转 θ 角时,由金属球的力平衡条件知

$$F = mg\tan\theta \qquad ④$$

联立③、④两式,消去 $\tan\theta$,即得风力 F 与电流 I 的关系为

$$F = \frac{mg(I - I_0)(R_0 + Lr_0)}{Ihr_0}$$

利用欧姆定律测加速度

例题 5 在飞机、潜艇、航天器等运载工具中常用"加速度计"直接测量运动时的加速度. 如图 5.111 所示是一种"应变式加速度计"的原理图. 支架 A、B 固定在待测系统上,滑块穿在 A、B 间的水平光滑直杆上,其一端用轻弹簧固定于支架 A. 随着系统沿水平方向做变速运动,滑块相对于支架发生位移时,滑块下

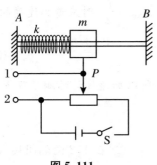

图 5.111

端的滑动臂可在滑动变阻器上相应地自由滑动,并通过电路转换为电信号从 1,2 两接线柱输出.

① 已知滑块的质量为 m,弹簧劲度系数为 k,电源电动势为 E,内电阻为 r,滑动变阻器的电阻随长度均匀变化,总电阻 $R = 4r$,有效总长度为 L,当待测系统静止时,1,2 两接线柱输出的电压 $U_0 = 0.4E$,取 A 到 B 的方向为正方向. 试确定该"加速度计"的测量范围.

② 设在 1,2 两接线柱间接入内电阻很大的电压表时,其示数为 U,试导出加速度的计算式.

③ 设在 1,2 两接线柱间接入内电阻不计的电流表时,其示数为 I,试导出加速度的计算式.

分析与解答 ① 设系统静止时,滑动变阻器的滑动头 P 距左端为 x_0,由

$$\frac{E}{r+R} = \frac{U_0}{\frac{R}{L}x_0} \quad 即 \quad \frac{E}{5r} = \frac{0.4E}{\frac{4r}{L}x_0}$$

得

$$x_0 = \frac{L}{2}$$

这就是说,当系统静止时,滑动头 P 位于中点,此时弹簧恰好无形变. 当滑动头 P 位于最左端或最右端时,弹簧的形变量最大,为 $x_{\max} = \frac{L}{2}$,对应着加速度的最大值,其值为

$$a_{\max} = \frac{kx_{\max}}{m} = \frac{kL}{2m}$$

所以加速度计的测量范围为

$$\left[-\frac{kL}{2m}, \frac{kL}{2m}\right]$$

② 在 1,2 两端间接入电压表,设当滑动头 P 离左端为 x 时的输出电压为 U,滑动变阻器左端电阻为 R_1,则

$$U = IR_1 = \frac{E}{r+R} \cdot \frac{R}{L}x = \frac{E}{5r} \cdot \frac{4r}{L}x = \frac{4E}{5L}x$$

得

$$x = \frac{5L}{4E}U$$

此时弹簧的压缩量为 $\Delta x = \frac{L}{2} - x$,对应的加速度为

$$a = \frac{k\Delta x}{m} = \frac{k\left(\frac{L}{2} - x\right)}{m} = \frac{kL}{2m} - \frac{5kL}{4Em}U$$

③ 在 1,2 两端间接入电流表,设当滑动头 P 离左端为 x 时的电流为 I,由于滑动变阻器 x 部分电阻被短路,则

$$I = \frac{E}{r + \frac{L-x}{L}R} = \frac{E}{r + \frac{L-x}{L} \cdot 4r}$$

得

$$x = \frac{(5Ir - E)L}{4Ir}$$

对应的加速度为

$$a = \frac{k\left(\frac{L}{2} - x\right)}{m} = \frac{k}{m}\left(\frac{L}{2} - \frac{5Ir - E}{4Ir}L\right) = \frac{kL(E - 3Ir)}{4mIr}$$

说明 如果对本例中通过电阻变化从而建立起电流、电压与加速度的关系非常清楚的话,那么,下列测量角速度的问题也就没有困难了.

练习题

某同学设计了一个测定机器转动角速度的装置.如图5.112所示,A为质量m的金属小球,穿在水平光滑的均匀直杆PN上,并与劲度系数为k的轻弹簧连接,轻弹簧的左端被固定在P点,将小球与P点连接到电路中.已知电源电动势为E,内电阻不计,PN杆的

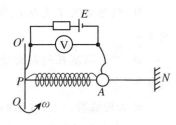

图5.112

总电阻与限流电阻的阻值相等(弹簧与小球的电阻不计).小球静止时,恰好位于滑杆的中央.当系统绕OO'轴匀速转动时,电压表的示数为U,试求此时的角速度多大?

参考答案:$\omega = \sqrt{\dfrac{k(3U - E)}{2mU}}$

利用安培力测量质量

例题6(2014 重庆) 某电子天平原理如图5.113所示,E形磁铁的两侧为N极,中心为S极,两极间的磁感应强度大小均为B,磁极宽度均为L,忽略边缘效应.一正方形线圈套于中心磁极,其骨架与秤盘连为一体,线圈两端C、D与外电路连接.当质量为m的重物放在秤盘上时,弹簧被压缩,秤

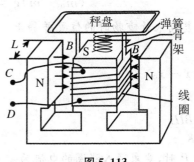

图5.113

盘和线圈一起向下运动(骨架与磁极不接触),随后外电路对线圈供电,秤盘和线圈恢复到未放重物时的位置并静止,由此时对应的供电电流 I 可确定重物的质量.已知线圈匝数为 n,线圈电阻为 R,重力加速度为 g.问:

Ⅰ.线圈向下运动的过程中,线圈中感应电流是从 C 端还是从 D 端流出?

Ⅱ.供电电流 I 是从 C 端还是从 D 端流入?求重物质量与电流的关系.

Ⅲ.若线圈消耗的最大功率为 P,该电子天平能称量的最大质量是多少?

分析与解答　Ⅰ.线圈向下运动时切割磁感线,产生沿逆时针方向(从上往下观察)的感应电流,从 C 端流出,D 端流入.

Ⅱ.外电路对线圈供电后,必须使线圈受到向上的安培力,秤盘和线圈才能恢复原来的位置.由左手定则知,供电电流应该从 D 端流入线圈.

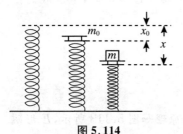

图 5.114

设秤盘与骨架的质量为 m_0,不放重物时弹簧的压缩量为 x_0,放上质量为 m 的重物后,弹簧的压缩量为 x,如图 5.114 所示.若弹簧的劲度系数为 k,则有

$$m_0 g = kx_0$$
$$(m_0 + m)g = kx$$

通入电流后,要求秤盘和线圈恢复到未放重物时的位置并静止,线圈所受的安培力应该满足条件

$$2nBIL = k(x - x_0)$$

联立三式,得重物质量与电流的关系为

$$m = \frac{2nBIL}{g}$$

Ⅲ.当线圈消耗的最大电功率为 P 时,要求通入线圈的电流为

5 求异思维在研究和解决中学物理问题中的应用

$$I_{max} = \sqrt{\frac{P}{R}}$$

代入上面得到的 m-I 关系式,即得该电子天平能称量的最大质量为

$$m_M = \frac{2nBL}{g}\sqrt{\frac{P}{R}}$$

(3) 发散

发散思维在中学物理实验中的体现,我们结合几个运用多种实验方法的比较典型的具体课题为例作重点介绍——它们依据不同的物理原理设计出不同的实验方法,并且在同一物理原理下还可以进行灵活的扩展、变通.因此,通过一个实验的讨论,可以回顾几方面的知识,学习到多种方法.

例题 1 设计几个测定物块与木板之间动摩擦因数的实验.要求说明所需器材、简述实验步骤、列出测量结果 μ 的表达式*.

分析 由于在中学物理范围内,动摩擦因数与速度大小无关,因此只要使物块与木板间形成相对运动——无论是匀速运动还是加速运动,甚至是曲线运动,都可以根据力学条件求出动摩擦因数.

方法 1 平衡法.

器材 弹簧秤、细线、木板、物块.

步骤 ① 用弹簧秤测定物块的重力 G;② 用弹簧拉着物块在水平木板上做匀速直线运动,测出拉力 F(图 5.115).

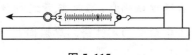

图 5.115

根据摩擦力公式和力平衡条件得

$$\mu = \frac{f}{N} = \frac{F}{G}$$

说明 保持物块处于平衡状态,更换实验方法或器材,可改用以

---

* 本例中部分内容初稿由施坚老师撰写.

下的变通方法.

变通 1　改用轻弹簧和直尺.实验时,先用直尺量出弹簧的原长(设为 l_0);将物块竖直悬挂在轻弹簧下,测出弹簧的长度(设为 l_1);用弹簧拉着物块沿水平面做匀速运动,测出弹簧的长度(设为 l_2).根据胡克定律和力平衡条件,得动摩擦因数

$$\mu = \frac{f}{N} = \frac{F}{G} = \frac{l_2 - l_0}{l_1 - l_0}$$

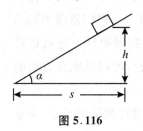

图 5.116

变通 2　只用一支直尺.将物块放在长木板上,长木板的一端适当垫高,直到轻推物块恰好能沿长木板匀速下滑.测出物块下滑高度 h 和滑到底端时的水平位移 s,如图5.116所示.

由匀速下滑的条件得动摩擦因数

$$\mu = \frac{f}{N} = \frac{mg\sin\alpha}{mg\cos\alpha} = \tan\alpha = \frac{h}{s}$$

方法 2　加速运动方法.

器材　砝码与砝码盘、细线、木板、物块、打点计时器.

步骤　实验装置如图 5.117 所示.① 将长木板水平固定;② 将木块放置在长木板靠近打点计时器的一端,先接通电源,待打点稳定后释放砝码盘;③ 对纸带进行数据分析得到木块的加速度 a;④ 结合牛顿运动定律得到摩擦因数,即

$$mg - \mu Mg = (M + m)a \Rightarrow \mu = \frac{mg - (M+m)a}{Mg}$$

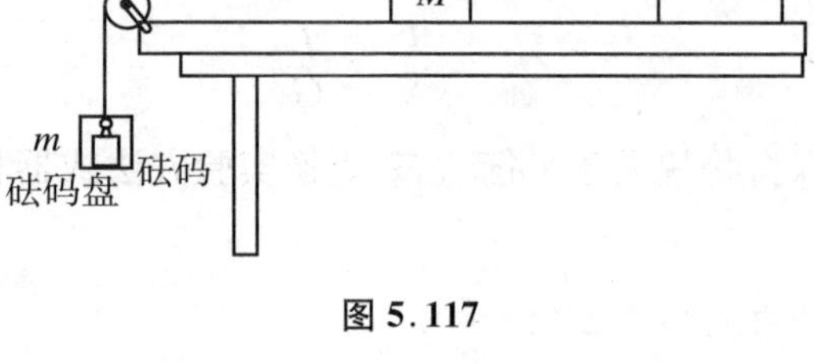

图 5.117

5 求异思维在研究和解决中学物理问题中的应用

说明 在这个加速运动方法中需要通过对纸带的处理得出加速度,不够方便,可以作某些变通.

变通 1 只用直尺、秒表.将木板倾斜放置,使物块从静止起沿斜面加速下滑,测出时间 t 内下滑的位移 s 及其对应的高度 h(图 5.118).

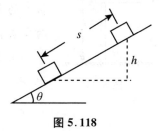

图 5.118

设木板的倾角为 θ,由牛顿第二定律得下滑的加速度为

$$a = \frac{mg\sin\theta - \mu mg\cos\theta}{m} = g(\sin\theta - \mu\cos\theta)$$

设下滑位移 s 时的速度为 v,由运动学公式

$$v^2 = 2as = 2gs(\sin\theta - \mu\cos\theta) \Rightarrow \frac{v^2}{2g\cos\theta} = \tan\theta - \mu$$

又有

$$s = \bar{v}t = \frac{v}{2}t \Rightarrow v = \frac{2s}{t}$$

代入上式,得

$$\mu = \tan\theta - \frac{2s}{gt^2\cos\theta}$$

式中

$$\tan\theta = \frac{h}{\sqrt{s^2 - h^2}}, \quad \cos\theta = \frac{\sqrt{s^2 - h^2}}{s}$$

说明 这个方法很简单,不用保证物块做匀速运动,只需加速下滑.这是瑞士数学家欧拉首先采用的方法.

变通 2 所用器材除斜面、物块外,还有刻度尺、细线、小球.

步骤 ① 如图 5.119 所示,将小球和滑块用细绳连接,跨在斜面上端,且小球和滑块均静止.② 剪断细绳后,小球自由下落,滑块沿斜面下滑,可先后听到小球落地和滑块撞击挡板的声音.保持小球和滑块释放的位置不变,调整挡板位置,重复以上操作,直到能同时

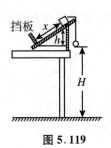

图 5.119

听到小球落地和滑块撞击挡板的声音为止. ③ 用刻度尺测出小球下落的高度 H、滑块释放点与挡板处的高度差 h 和沿斜面运动的位移 x(空气阻力对本实验的影响可以忽略).

由于物块和小球都做着加速运动,且同时落地,有

$$x = \frac{1}{2}at^2, \quad H = \frac{1}{2}gt^2 \Rightarrow a = \frac{x}{H} \cdot g$$

对滑块列出牛顿第二定律方程

$$mg\sin\theta - \mu mg\cos\theta = ma$$

从几何关系得

$$\sin\theta = \frac{h}{x}, \quad \cos\theta = \frac{\sqrt{x^2 - h^2}}{x}$$

联立得

$$\mu = \left(h - \frac{x^2}{H}\right)\frac{1}{\sqrt{x^2 - h^2}}$$

说明 该方法利用了匀加速直线运动和自由落体运动两个运动的独立性与等时性,回避了对时间的测量,并且只需利用直尺测出长度量,不失为一种很巧妙的测量方法,真可谓"用一把尺子测定动摩擦因数".

方法 3 能量转换法.

器材 天平、刻度尺和两个物块.

步骤 ① 如图 5.120 所示,将质量不同的两个物块 A 和 B,用跨过定滑轮的细绳相连,用刻度尺量出开始时 A 距地面的高度 h;② 释放后,使 A 拖着 B 在水平桌面上移动,用刻度尺量出 B 在桌面上滑行的总距离 s;③ 用天平测出 A、

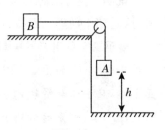

图 5.120

5 求异思维在研究和解决中学物理问题中的应用

B 的质量 m_A、m_B.

在 A 由静止释放到刚着地瞬间的过程,对 A、B 整体应用动能定理

$$m_A gh - \mu m_B gh = \frac{1}{2}(m_A + m_B)v^2$$

在 A 落地后到 B 停止前过程,对 B 利用动能定理

$$-\mu m_B g(s-h) = 0 - \frac{1}{2}m_B v^2$$

联立得

$$\mu = \frac{m_A h}{(m_A + m_B)s - m_A h}$$

在这个实验中,需要用天平测量两个物体的质量,不够方便,为此可以采用如下的变通方法.

变通 1 改用导轨(由倾斜和水平两部分组成)、小滑块、刻度尺(或量角器)等.

步骤 ① 将小物块从倾斜导轨上的某点 A 由静止释放,设下滑后停止在水平面上的 B 点;② 用图钉把细线固定在 A 与 B 之间,并使线绷直,用量角器测量细线与水平面之间的夹角 θ(图 5.121).

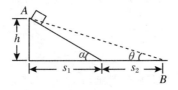

图 5.121

对物块从 A 点滑到 B 的全过程应用动能定理

$$mgh - \mu mg\cos\alpha \cdot \frac{s_1}{\cos\alpha} - \mu mg s_2 = 0 - 0$$

得动摩擦因数

$$\mu = \frac{h}{s_1 + s_2} = \tan\theta$$

这个方法最后归结为对角度 θ(或距离)的测量,非常简便.

变通 2 改用弧形槽和刻度尺.

步骤 ① 将滑槽固定于水平桌面的右端,滑槽的末端与桌面的右端 M 对齐,让滑块 a 从滑槽上最高点由静止释放滑下,设落在水平地面上的 P 点,如图 5.122(a)所示;② 将滑槽沿桌面向左移动并固定,用刻度尺测出滑槽的末端 N 与桌面右端 M 的距离为 L,让滑块 a 再次从滑槽上最高点由静止释放滑下,设落在水平地面上的 P' 点,如图 5.122(b)所示.用刻度尺测出各段距离 $MO = h$, $OP = x$, $OP' = x'$.

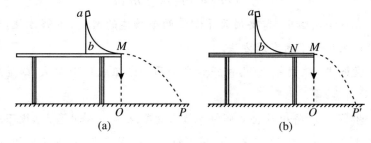

图 5.122

滑块前后两次从桌面右端 M 水平抛出的速度分别为

$$v = \frac{x}{\sqrt{\frac{2h}{g}}}, \quad v' = \frac{x'}{\sqrt{\frac{2h}{g}}}$$

且 $v' < v$,这是滑块通过桌面上距离 L 时摩擦力做功的结果.根据动能定理

$$-\mu mgL = \frac{1}{2}m\left[\left(\frac{x'}{\sqrt{\frac{2h}{g}}}\right)^2 - \left(\frac{x}{\sqrt{\frac{2h}{g}}}\right)^2\right]$$

得动摩擦因数

$$\mu = \frac{x^2 - x'^2}{4hL}$$

在这个实验中,同样只需利用长度量的测量,就可以得到动摩擦因数的大小.

变通3 改用弹簧、物块、刻度尺.

步骤 ① 将物块悬挂在弹簧下,平衡时量出弹簧的伸长 x_0(图5.123);② 将物块放在待测平面上并紧靠着弹簧,然后用力推物块,使弹簧从原长压缩到某位置;③ 轻轻释放后,让弹簧将物块沿水平面弹出,使物块沿水平面滑行直到停止;④ 量出弹簧相对原长的压缩量 x_1 和物块静止时相对弹簧原长处的距离 x_2(图5.124).

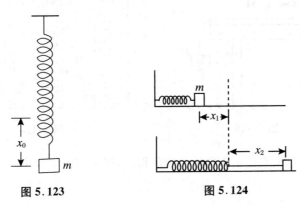

图 5.123   图 5.124

由弹簧悬挂物块时的平衡条件和弹性势能转化为克服摩擦力做功的关系,分别有

$$mg = kx_0$$

$$\frac{1}{2}kx_1^2 = \mu mg(x_1 + x_2)$$

联立两式,得动摩擦因数

$$\mu = \frac{x_1^2}{2x_0(x_1 + x_2)}$$

方法4 图像法.

根据不同的物理原理设计的实验,可以画出不同的图像去确定动摩擦因数.下面,以一个高考题为例,介绍一种确定动摩擦因数的

图像方法.

例题（2012 江苏） 为测定木块与桌面之间的动摩擦因数，小亮设计了如图 5.125 的装置进行实验. 实验中，当木块 A 位于水平桌面上的 O 点时，重物 B 刚好接触地面，将 A 拉到 P 点，待 B 稳定后静止释放，A 最终滑到 Q 点，分别测量 OP、OQ 的长度 h 和 s，重复上述实验，分别记录几组实验数据.

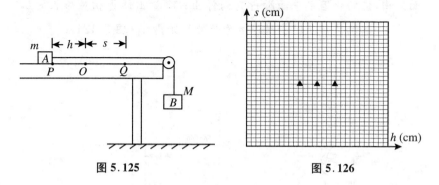

图 5.125   图 5.126

（1）请根据表 5.3 中的实验数据，在图 5.126 中作出 $s-h$ 关系图像.

表 5.3

h(cm)	20.0	30.0	40.0	50.0	60.0
s(cm)	19.5	28.5	39.0	48.0	56.5

（2）实验测得 A，B 的质量分别为 $m=0.40$ kg，$M=0.50$ kg，根据 $s-h$ 图像可计算出 A 木块与桌面间的动摩擦因数 $\mu=$ _____（结果保留一位有效数字）.

解答 （1）$s-h$ 关系图像如图 5.127 所示.

（2）从 B 释放到落地由动能定理得

$$Mgh - \mu mgh = \frac{1}{2}(M+m)v^2$$

B 落地后，A 继续运动到 Q 的过程，同理由动能定理得

$$-\mu mgs = 0 - \frac{1}{2}mv^2$$

联立两式得

$$\mu = \frac{Mh}{(M+m)s + mh}$$

代入数据 $M = 0.5$ kg, $m = 0.4$ kg, 得

$$\mu = \frac{5h}{9s + 4h} = \frac{5}{9 \times \frac{s}{h} + 4}$$

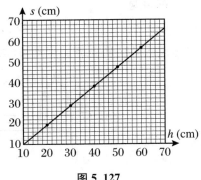

图 5.127

根据 s-h 关系图像，取斜率

$$k = \frac{s}{h} = 0.96$$

代入上式得动摩擦因数

$$\mu = 0.4$$

说明 本题仅选取 2012 年江苏高考实验题中的两小题，突出了利用图像确定动摩擦因数. 解答中很容易犯的一种错误，就是疏忽了 B 着地过程中的能量损失，认为整个过程中，重物 B 所减小的重力势能完全消耗于木块 A 克服摩擦所做的功，由

$$Mgh = \mu mg(h+s) \Rightarrow \mu = \frac{Mh}{m(h+s)} = \frac{5}{4\left(1 + \frac{s}{h}\right)}$$

这样的结果就错了. 这是今后值得警惕的地方.

下面是一个应用动力学方法测量动摩擦因数的实验，综合了游标尺的使用、用平均速度取代瞬时速度的关系、运动学公式和牛顿第二定律，还包含着误差知识，并且实验中应用了目前教学中比较现代化的仪器，可作为方法 2 的一个补充练习，很有实际意义.

练习题

（2013 全国新课标） 图 5.128(a)为测量物块与水平桌面之间动摩擦因数的实验装置示意图,实验步骤如下:

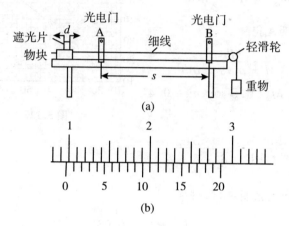

图 5.128

① 用天平测量物块和遮光片的总质量 M、重物的质量 m,用游标卡尺测量遮光片的宽度 d,用米尺测量两光电门之间的距离 s;

② 调整轻滑轮,使细线水平;

③ 让物块从光电门 A 的左侧由静止释放,用数字毫秒计分别测出遮光片经过光电门 A 和光电门 B 所用的时间 Δt_A 和 Δt_B,求出加速度 a;

④ 多次重复步骤③,求 a 的平均值 $\bar{a}$;

⑤ 根据上述实验数据求出动摩擦因数 μ.

回答下列问题:

(1) 测量 d 时,某次游标卡尺(主尺的最小分度为 1 mm)的示数如图 5.128(b)所示,其读数为_____cm.

(2) 物块的加速度 a 可用 d、s、Δt_A 和 Δt_B 表示为 $a=$_____.

(3) 动摩擦因数 μ 可用 M、m、$\bar{a}$ 和重力加速度 g 表示为 $\mu=$_____.

(4) 如果细线没有调整到水平,由此引起的误差属于_____(填"偶然误差"或"系统误差").

参考答案:(1) 0.960 cm;(2) $\dfrac{1}{2s}\left[\left(\dfrac{d}{\Delta t_B}\right)^2 - \left(\dfrac{d}{\Delta t_A}\right)^2\right]$;(3) $\mu = \dfrac{mg - (M+m)\bar{a}}{Mg}$;(4) 系统误差.

例题 2 设计几个测定重力加速度的实验,要求说明所需器材、简述实验步骤,列出 g 的测量表达式.

分析 原则上说,凡是与重力加速度有关的物理规律都可直接或间接地用来测定 g 值.最简单的方法可以利用天平和弹簧秤,分别测出物块的质量和重力,就可得到重力加速度的值.通常,主要从运动学、动力学和简谐运动这几方面设计实验.

方法 1 滴水法.

器材 分液漏斗、米尺、秒表.

步骤 ① 将分液漏斗竖直安放,管内盛有一定量的水,调节阀门,使水从管口均匀滴出;② 用米尺测出水滴下落的高度 h;③ 用秒表测出水从管口滴下到着地的时间间隔 T.

根据自由落体运动公式得

$$g = \sqrt{\dfrac{2h}{T^2}}$$

方法 2 打点计时器法.

器材 打点计时器、纸带、带夹子的重锤、刻度尺、电源(220 V 50 Hz).

步骤 ① 把打点计时器竖直架稳,将纸带穿过打点计时器,下端夹一重锤,上端用手提起(图 5.129);② 开启打点计时器,轻轻释放纸带,让重锤带着纸带自由下落;③ 取下纸带,在纸带上选取点痕清晰的一段,从某点 O 起量出

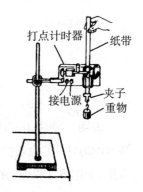

图 5.129

每两点的间距,设为 $d_1, d_2, \cdots$(图 5.130).

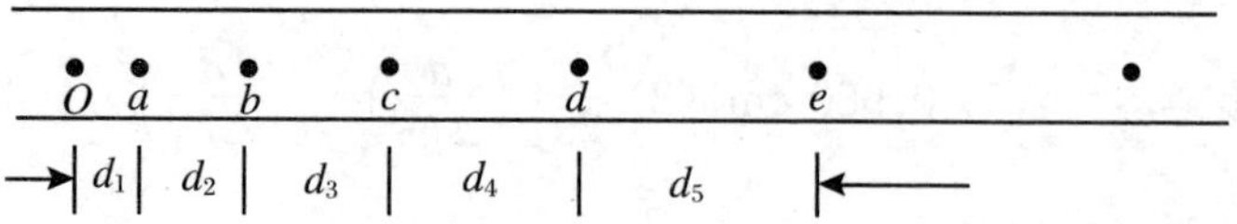

图 5.130

由 $\Delta s = gT^2$ 算出重力加速度

$$g = \frac{\Delta s}{T^2}$$

式中 $T = \frac{1}{f} = \frac{1}{50}$ s, $\Delta s = d_2 - d_1 = d_3 - d_2 = \cdots$.

方法 3 落体音叉法.

器材 焊有细钢针的音叉(已知固有频率 f)、熏有烟煤的金属片、刻度尺.

步骤 ① 将熏有烟煤的金属片竖直悬挂,调整夹持音叉的位置,使音叉不振动时针尖刚好能水平地接触金属片,如图 5.131(a)所示;② 轻敲音叉使它振动,同时烧断悬线,使金属片自由下落;③ 从金属片上选取针尖划痕清晰的一段,从某点起量出各对应两点的间距 $d_1, d_2, \cdots$,如图 5.131(b)所示.

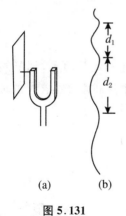

图 5.131

由 $\Delta s = gT^2 = \dfrac{g}{f^2}$,得重力加速度

$$g = \Delta s f^2$$

(式中 $\Delta s = d_2 - d_1 = d_3 - d_2 = \cdots$.)

说明 方法 1～3 实际上都是直接利用了自由落体运动,这是最基本的方法.实验条件允许时,还可以采用频闪照相和光电计时器的方法,如图 5.132(a)和(b)所示.

5 求异思维在研究和解决中学物理问题中的应用

在频闪照相方法中,根据相等时间间隔内小球下落的位移之差得重力加速度,即

$$\Delta h = gT^2 \Rightarrow g = \frac{\Delta h}{T^2}$$

在光电计时器方法中,通过两个光电门可以直接记录小球自由下落高度 h 的时间 t,则

$$g = \frac{2h}{t^2}$$

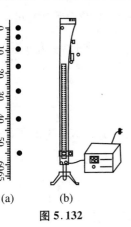

图 5.132

方法 4 动力学方法.

器材 带有定滑轮的支架、两块等质量的物块 A 和 B、一块质量较小的物块 C、秒表、米尺、细绳.

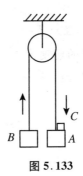

图 5.133

步骤 ① 将细绳穿过定滑轮,两边挂上物块 A 和 B;② 把小物块 C 轻轻放在 A 上,测出开始运动后在时间 t 内下落的高度 h(图 5.133).这个专用实验装置称为阿特伍德机.

设 A、B 的质量为 M,C 的质量为 m,运动后的加速度为 a.由牛顿第二定律和运动学公式知

$$(m + M)g - Mg = (m + 2M)a$$

$$h = \frac{1}{2}at^2$$

联立两式,得重力加速度

$$g = \frac{2h(m + 2M)}{mt^2}$$

方法 5 单摆周期公式法.

器材 单摆、秒表、米尺、游标卡尺.

步骤 ① 将单摆竖直悬挂(注意上端固定);② 用游标卡尺量出小球直径 D,用米尺量出从悬挂点到摆球的线长 l_0;③ 使单摆做小振幅的

振动(偏角小于5°),用秒表测出完成 n 次(如 30 次)全振动的时间 t.

将摆长 $l = l_0 + \dfrac{D}{2}$,周期 $T = \dfrac{t}{n}$ 代入单摆周期公式,得重力加速度

$$g = \frac{4\pi^2\left(l_0 + \dfrac{D}{2}\right)n^2}{t^2}$$

方法 6 气体定律法.

器材 两端开口的细玻璃管、一个较深的盛水容器、米尺.

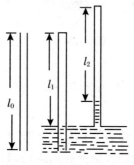

图 5.134

步骤 ① 用米尺量出玻璃管的长度,设为 l_0;② 将玻璃管竖直插入水中,量出水面上部分玻璃管的长度,设为 l_1;③ 用手指按住上端开口,慢慢向上提升玻璃管,直至管的下端刚好到达水面,量出水面上部分空气柱的长度,设为 l_2(图 5.134).

在这个过程中,管中封闭气体经历了一次等温变化.设外界大气压为 p_0,水的密度为 ρ,管的截面积为 S,根据玻意耳定律,由

$$p_0 l_1 S = [p_0 - \rho g(l_0 - l_2)]l_2 S$$

得

$$g = \frac{p_0(l_2 - l_1)}{\rho(l_0 - l_2)l_2}$$

说明 上述几种方法,并不是中学物理测定 g 值的全部方法.同时,实验都应该反复做几次,最后取平均值作为测量结果.以下的各个实验同样如此,不再分别说明.

例题 3 2013 年 6 月 20 日上午 10 时,神舟十号女航天员王亚平从距离地球 300 多千米的太空中向数以万计的学生进行了一次别开生面的太空授课,引起了广大中小学生的极大兴趣.在这次太空授课中,有一项精彩的表演就是在失重状态下测定物体的质量.请结合这次太空授课,讨论一下在失重状态下测量物体质量的方法.

5 求异思维在研究和解决中学物理问题中的应用

分析 大家知道,在地面实验室里,可以很方便地用天平测量物体的质量.由于用天平测量时,需要依赖砝码和被测物体受到重力作用对秤盘产生压力才能获得结果.在太空失重状态下,砝码和被测物体都不会对秤盘产生压力,也就无法用天平测量了.因此,在太空进行质量的测定,必须采用与物体的重力无关的物理原理所设计的方法,才能进行测量.通常可以有这样的一些方法*.

方法1 利用牛顿第二定律为核心的测量.

牛顿第二定律直接联系了物体的质量与加速度、外力的关系.它是一个在一切惯性系空间内普遍适用的基本物理定律,不会因物体的引力环境、运动速度而改变,因此在太空和地面都是成立的.

最简单的方法是可以用一把弹簧秤拉动物体,使它做加速运动,由于弹簧秤的弹力不受重力(或重力加速度)的影响,因此只需再测出加速度,就可以根据牛顿运动定律算出质量了.

在太空授课中,用了专门的"质量测量仪".太空授课的助教聂海胜将自己固定在支架一端,王亚平将连接运动机构的弹簧拉到指定位置.松手后,拉力使弹簧回到初始位置.这样,就测出了聂海胜的质量为 74 kg(图 5.135).

实际上,这台仪器的原理就是依据了牛顿第二定律.仪器中有一个"弹簧-凸轮"机构,它能够对航天员产生一个

图 5.135 太空授课中测量质量

---

* 实际上,太空并非绝对失重,而是一个微重力环境.因此,下面这些实验设计,原理上都是正确的,但在实际测量中还是有一定难度的.

恒定的作用力 F. 另外, 这套机构还附加一个光栅测速系统, 能够通过支架复位的速度和时间直接测出航天员运动时的加速度 a. 把这两个数据输入电脑, 立即就可以显示出质量大小了.

方法 2 利用向心力公式.

在宇宙飞船里使物体旋转, 根据牛顿第二定律, 它同样需要依靠向心力才能产生向心加速度. 因此, 由

$$F = ma_n = m\omega^2 R = m\frac{4\pi^2}{T^2}R$$

得

$$m = \frac{F}{\omega^2 R} = \frac{FT^2}{4\pi^2 R}$$

这就是说, 只要测出一个做匀速圆周运动物体的周期、旋转半径和向心力, 就可以测出物体的质量. 最简单的实验, 可以用一个弹簧秤, 让它拉着被测物体做匀速圆周运动. 实际上, 这同样是应用了牛顿第二定律, 只是运动形式不同而已.

方法 3 利用简谐运动的周期公式.

物体做简谐运动时的周期为

$$T = 2\pi\sqrt{\frac{m}{k}}$$

则

$$m = \frac{kT^2}{4\pi^2}$$

式中 k 就是回复力表达式 $F = kx$ 中的比例系数. 由于振动周期是一个跟参考系的选择无关的量, 在太空中简谐运动的周期公式同样适用.

对于弹簧振子, 回复力表达式中的 k 就是弹簧的劲度系数. 因此, 可以将被测物体与一根弹簧组成弹簧振子, 根据其劲度系数, 再测定振动周期, 就可以测出物体的质量.

为了避免在太空中测量弹簧劲度系数的麻烦, 可以借助一个标

准质量 m_0 的物体进行对比,即由

$$T = 2\pi\sqrt{\frac{m}{k}}, \quad T_0 = 2\pi\sqrt{\frac{m_0}{k}}$$

两式平方后相比,即得

$$m = \frac{T^2}{T_0^2}m_0$$

方法 4 利用碰撞规律.

动量守恒定律是自然界的一条普遍规律.它的成立条件是系统不受外力作用.因此,在太空失重的条件下它同样能够适用.

根据动量守恒定律,可以设计一个碰撞实验:使已知质量为 m_0 的物体,以速度 v_0 跟被测质量(设为 m_x)的静止物体发生对心碰撞,碰撞后两者的速度分别为 v_0' 和 v_x,则由动量守恒

$$m_0 v_0 + 0 = m_0 v_0' + m_x v_x$$

得被测物体的质量

$$m_x = \frac{v_0 - v_0'}{v_x}m_0$$

即可以将质量的测量转化为对速度的测量(显然,这里的静止和运动速度都是相对于太空飞船说的).同样利用光栅测速系统测出速度,就可以得到质量了.

太空是一个神奇的大课堂.通过这次太空授课,千百万学生观赏了在太空环境中所展示的奇特的物理现象,必将极大地激发同学们对太空的兴趣,对航天事业的兴趣.正如航天员王亚平所说:"飞天梦永不失重,科学梦张力无限."也许,这次太空授课所播下的种子,若干年后会结出丰硕的成果.

例题 4 设计几个测定电阻的实验,要求说明所需器材,简述实验步骤,列出对电阻 R 测量结果的表达式.

分析 对电阻的测量,除了用欧姆表作直接的粗略测定外,较准确的方法都需要把被测电阻接入电路,然后根据直流电路的规律,测

出相应的物理量,通过计算得出被测电阻的大小.

方法1 恒压电源法.

器材 恒压电源一个、已知内阻的电压表一个、单刀双掷开关一个(或单刀单掷开关两个)、被测电阻(R_x)、导线.

步骤 实验电路如图 5.136(a)、(b)所示.

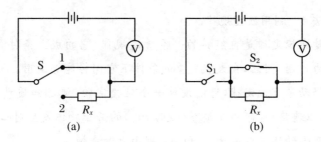

图 5.136

① 把单刀双掷开关 S 倒向触点1(或同时合上单刀单掷开关 S_1、S_2),记下电压表的示数 U_1.

② 把单刀双掷开关 S 倒向触点2(或同时合上单刀单掷开关 S_1,打开 S_2),记下电压表的示数 U_2,即电压表内阻 R_V 上的电压.

计算 因电源内阻不计,故电动势 $E = U_1$.根据串联电路各部分电压与其电阻成正比的道理,有

$$R_x : R_V = (E - U_2) : U_2 = (U_1 - U_2) : U_2$$

得被测电阻

$$R_x = \frac{U_1 - U_2}{U_2} R_V$$

方法2 一个电表(电流表或电压表)和定值电阻(电阻箱)法.

器材 电流表(或电压表)一个、定值电阻(R_0)一个、单刀单掷开关一个、电源、滑动变阻器、被测电阻(R_x)、导线.

步骤 用电流表时的实验电路如图 5.137(a)所示,用电压表时的实验电路如 5.137(b)所示.

① 把被测电阻 R_x 与定值电阻（R_0）分别接入图 5.137(a)或(b)的电路中.

② 用电流表（或电压表）分别测出通过被测电阻与定值电阻的电流（或被测电阻与定值电阻两端的电压），设为 I_x 与 I_0（或 U_x 与 U_0）.

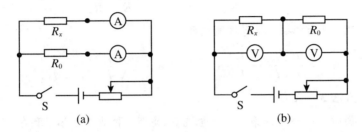

图 5.137

计算　根据串、并联电路的特点，分别可得

$$R_x = \frac{I_0}{I_x} R_0 \quad 或 \quad R_x = \frac{U_x}{U_0} R_0$$

误差　这种方法引起的误差，主要是由于电流表和电压表都有一定的内阻.为了尽量减少电表对测量结果的影响，用图 5.137(a)的电路适宜于测量比电流表内阻大得多的电阻；用图 5.137(b)的电路适宜于测量比电压表内阻小得多的电阻.

变通　采用一个电表和定值电阻测量时，还可作其他的一些变通.例如，只用一个电流表和定值电阻测量时，也可分别接成如图 5.138 中(a)、(b)、(c)的电路或(a)、(b)、(d)的电路.

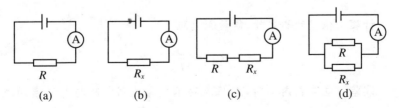

图 5.138

设在电路(a)和(b)中电流表的示数分别为 I_1、I_2,则

$$I_1 = \frac{E}{R+r}, \quad I_2 = \frac{E}{R_x+r}$$

设在电路(c)和(d)中电流表的示数分别为 $I_串$ 和 $I_并$,则

$$R_串 = \frac{E}{R+R_x+r}, \quad R_并 = \frac{E}{\frac{RR_x}{R+R_x}+r}$$

联立上述各式,即得被测电阻

$$R_x = \frac{I_2(I_串 - I_1)}{I_1(I_串 - I_2)}R \quad 或 \quad R_x = \sqrt{\frac{I_1(I_并 - I_2)}{I_2(I_并 - I_1)}}R$$

方法3 伏安法.

器材 一个电压表、一个电流表、电源、滑动变阻器、开关、被测电阻、导线.

步骤 电流表内接法实验电路如图 5.139(a) 所示,电流表外接法实验电路如图 5.139(b) 所示. 分别读出电流表和电压表的示数 I 和 U.

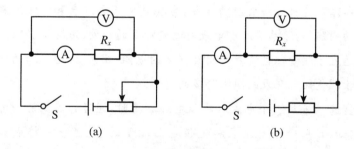

图 5.139

计算 根据欧姆定律,得被测电阻

$$R_测 = \frac{U}{I}$$

误差 电流表内接时,电压表的示数是被测电阻与电流表两端的总电压,因此用两表示数算出的是被测电阻(R_x)与电流表内阻

(R_A)的串联总电阻,即

$$R_{测} = \frac{U}{I} = R_x + R_A > R_x$$

电流表外接时,电流表的示数是被测电阻和电压表中的总电流,因此用两表示数算出的是被测电阻和电压表内阻(R_V)的并联总电阻,即

$$R_{测} = \frac{U}{I} = R_x // R_V = \frac{R_x R_V}{R_x + R_V} < R_x$$

方法 4 惠斯通电桥(滑线电桥)法.

器材 滑线电桥、电阻箱(R_0)、被测电阻(R_x)、滑动变阻器两个(R、R_1)、开关两个、电源、导线等.

步骤 实验电路如图 5.140 所示.

① 按图 5.140 接线,把滑动变阻器 R 调至电阻最大处,R_1 调至小阻值处.

② 根据被测电阻的估计值(事先用多用表粗测),选择电阻箱 R_0 的阻值(与 R_x 的估计值相近),移动滑动触头至电阻丝 AC 中点附近某一位置.

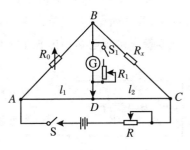

图 5.140

③ 合上 S、S_1,按下触头,观察检流计 G 的指针是否偏转.

④ 调节电阻箱 R_0 的阻值,并逐渐减小 R 的阻值,增大 R_1 的阻值至最后打开 S_1,直到按下触头时检流计 G 的指针不再偏转为止,表示电桥已处于平衡.

⑤ 读出电阻箱的阻值 R_0,量出 AD、DC 两段电阻丝的长度,设为 l_1、l_2.

计算 由电桥平衡条件

$$\frac{R_0}{R_x} = \frac{R_{AD}}{R_{DC}} = \frac{l_1}{l_2} \Rightarrow R_x = \frac{l_2}{l_1} R_0$$

即可以将电阻的测量转化为对电阻丝两段长度的测量,因此就完全可以避免电表内电阻的影响,所以用电桥测量电阻是比较精确的实验.

误差 用惠斯通电桥测量电阻的实验中,除了测量长度时读数不准引起的偶然误差外,引起误差的主要原因有两方面:

① 电流表不够灵敏.指针不偏转并不能说明通过它的电流为零,而只是反映了通过它的电流小到电流表检测不出来了.

② 桥臂电阻的阻值不够准确.电桥使用日久,会由于经常磨损,使电阻丝的长度之比已不能精确地反映它们的电阻之比,给实验带来一定的系统误差.

方法 5 半偏法——测量电流表内阻的常用方法.

器材 电源、电阻箱两个(或一个电阻箱、一个滑动变阻器)、被测电表、开关两个、导线等.

步骤 实验电路如图 5.141 所示.

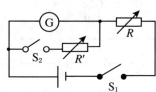

图 5.141

① 按图 5.141 接线,将电阻箱 R 置于电阻最大值处,电阻箱 R' 取最小值.开关均处于断开状态.

② 继续断开 S_2,合上 S_1,调节电阻箱(或滑动变阻器)R 使电流表满偏,即 $I = I_g$.

③ 合上 S_2,调节电阻箱 R' 由最小逐渐增大,使电流表半偏,即通过电流表的电流为 $\frac{1}{2}I_g$.

④ 读出 R' 的数值,即为电流表内电阻 r_g.

计算 设电源电动势为 E,内电阻为 r,由步骤①、②分别可得

$$I_g = \frac{E}{r_g + R + r} \qquad ①$$

$$\frac{1}{2}I_g = \frac{E}{\frac{R'r_g}{R'+r_g}+R+r} \cdot \frac{R'}{R'+r_g} \qquad ②$$

两式相比,得

$$r_g = \frac{R+r}{R+r-R'}R' \qquad ③$$

当所用电源的内电阻 r 较小时,上式可近似为

$$r_g \approx \frac{RR'}{R-R'} = \frac{R'}{1-\frac{R'}{R}} \qquad ④$$

如果实验中能满足条件 $R \gg R'$,则由上式可得

$$r_g \approx R' \qquad ⑤$$

这就是半偏法实验的依据.可见,只有当满足条件 $R \gg R'$ 时,才可以认为电表的内电阻等于电阻箱 R' 的阻值.

误差 在半偏法的实验中,认为合上 S_2 前后通过干路的总电流不变,即要求电源有恒流输出.所以这样的半偏法称为"恒流半偏法".实验中产生系统误差的原因,也正是由于电源不是理想的恒流源所造成的(理想恒流源的内电阻为∞),即当合上 S_2,外电路负载发生变化时,电源输出的电流会有微小的变化,不可能保持不变.

设电表内电阻的真实值为 r_g,测量值为 r_g',由上面的计算可知

$$r_g = \frac{R+r}{R+r-R'}R', \quad r_g' = R'$$

则实验的绝对误差和相对误差分别为

$$\Delta = |r_g - r_g'| = \left|\frac{R+r}{R+r-R'}R' - R'\right|$$

$$\eta = \frac{\Delta}{r_g} = \frac{R'}{R+r} \approx \frac{R'}{R}$$

所以,为了减小实验误差,应增大电源内电阻 r 和串联电阻箱 R 的阻值.由于实验中通常所用电源的内电阻均不大,近似情况下,可

以认为仅由两个电阻箱阻值之比确定.

必须说明,相对误差的表达式虽然仅由两个电阻箱的取值决定,而为了满足 $R \gg R'$ 的条件,根据闭合电路欧姆定律可进一步指出,实验中的电源电动势的取值大时,容易满足实验条件.

这个实验的设计思想是要求干路总电流不变("恒流法"),根据这个设计思想可以采用多种变通方法进行测量.例如:

变通 1 只用一个电阻箱.

实验电路如图 5.142 所示.实验时,先合上 S,调节 R,设取值 R_1 时电表满偏;再调节 R,设取值 R_2 时电流表半偏.由欧姆定律分别可得

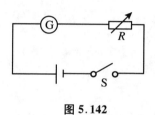

图 5.142

$$I_g = \frac{E}{R_1 + r_g + r}$$

$$\frac{1}{2}I_g = \frac{E}{R_2 + r_g + r}$$

联立两式,得电表内电阻

$$r_g = R_2 - 2R_1 - r \approx R_2 - 2R_1$$

变通 2 利用滑动变阻器和标准电阻.

实验电路如图 5.143 所示.实验时,先合上 S_1,调节滑动变阻器 R 使电流表满偏或接近满偏的某个值 I_1;再合上 S_2,接入并联电阻 R',记下电流表示数 I_2.当满足条件 $R \gg R'$ 时,可认为接入 R' 前后干路电流不变.由

$$I_2 r_g = (I_1 - I_2)R'$$

得电流表内电阻

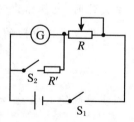

图 5.143

$$r_g = \frac{I_1 - I_2}{I_2} R'$$

5 求异思维在研究和解决中学物理问题中的应用

(实际应用中,在变通1、2的干路中,还应接入保护电阻 R_0,其值可略小于 $\dfrac{E}{I_g}$.)

必须指出的是,上面介绍的几种测量电阻的方法大多属于原理性的.在电阻测量的实际操作中,还有几个很重要的环节.

首先,是对于实验器材的选择.电学实验中,器材的选择应该遵循这样的基本原则:① 可行性——能保证实验的顺利进行(如选用的电表需要满足一定的量程要求等);② 有效性——能保证测量数据有一定的准确度,尽量减小测量误差(如对电表分度的要求等);③ 方便性——能便于操作.

此外,还需要正确连接实验电路;对可能出现的故障进行分析;对实验数据的处理(例如,需要画出相关的图像,由图像确定电阻值);以及误差分析等.

因此,实际的电阻测量有一系列步骤.同时,电阻测量的方法也是非常灵活的,除了上述介绍的几种方法外,还可以有其他一些方法.

下面,选取两个问题,它们体现了通常所说的替代法和比较法,作为对电阻测量方法的补充,可以进一步从理论与实践两方面丰富对电阻测量的认识.

练习题

1.(2011 江苏) 某同学利用如图5.144所示的实验电路来测量电阻的阻值.

(1)将电阻箱接入 a、b 之间,闭合开关.适当调节滑动变阻器 R' 后保持其阻值不变.改变电阻箱的阻值 R,得到一组电压表的示数 U 与 R 的数据如表5.4所示.

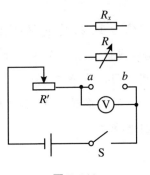

图 5.144

表 5.4

电阻 $R(\Omega)$	5.0	10.0	15.0	25.0	35.0	45.0
电压 $U(V)$	1.00	1.50	1.80	2.14	2.32	2.45

请根据实验数据作出 $U-R$ 关系图像.

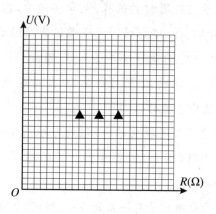

图 5.145

(2) 用待测电阻 R_x 替换电阻箱,读得电压表示数为 2.00 V. 利用(1)中测绘的 $U-R$ 图像可得 $R_x = $ _____ Ω.

(3) 使用较长时间后,电池的电动势可认为不变,但内阻增大. 若仍用本实验装置和(1)中测绘的 $U-R$ 图像测定某一电阻,则测定结果将_____(选填"偏大"或"偏小"). 现将一已知阻值为 10 Ω 的电阻换接在 a、b 之间,你应如何调节滑动变阻器,便仍可利用本实验装置和(1)中测绘的 $U-R$ 图像实现对待测电阻的准确测定?

参考答案 (1) $U-R$ 关系图像如图 5.146 所示. (2) 20(19～21 都算对).

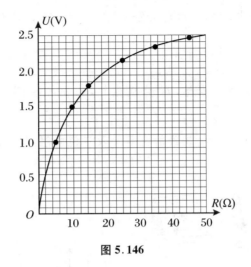

图 5.146

(3) 偏小;改变滑动变阻器阻值,使电压表示数为 1.50 V.

2.(2011 上海) 实际电流表有内阻,可等效为理想电流表与电阻的串联.测量实际电流表 G_1 内阻 r_1 的电路如图 5.147 所示.供选择的仪器如下:

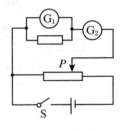

图 5.147

① 待测电流表 G_1(0~5 mA,内阻约 300 Ω);② 电流表 G_2(0~10 mA,内阻约 100 Ω);③ 定值电阻 R_1(300 Ω);④ 定值电阻 R_2(10 Ω);⑤ 滑动变阻器 R_3(0~1000 Ω);⑥ 滑动变阻器 R_4(0~20 Ω);⑦ 干电池(1.5 V);⑧ 电键 S 及导线若干.

(1) 定值电阻应选_____,滑动变阻器应选_____.(在空格内填写序号)

(2) 用连线连接实物图(图 5.148).

(3) 补全实验步骤:

① 按电路图连接电路,_____;

② 闭合电键 S,移动滑动触头至某一位置,记录 G_1,G_2 的读数 I_1,I_2;

③ _____ ;

④ 以 I_2 为纵坐标,I_1 为横坐标,作出相应图线,如图 5.149 所示.

(4) 根据 $I_2 - I_1$ 图线的斜率 k 及定值电阻,写出待测电流表内阻的表达式_____.

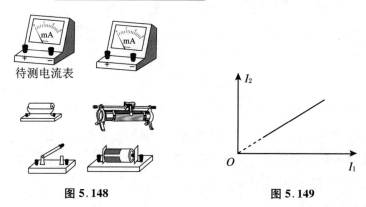

图 5.148　　　　　图 5.149

参考答案　(1) R_1,R_4;(3) ① 将滑动触头移至最左端;③ 多次移动滑动触头,记录相应的 G_1,G_2 的读数 I_1,I_2;(4) $r_1 = \dfrac{U_1}{I_1} = \dfrac{(I_2 - I_1)R}{I_1} = \left(\dfrac{I_2}{I_1} - 1\right)R = (k-1)R_1$.

结 束 语

求异必须有胆有识.

有胆,即勇气也,能敢于质疑权威的观点,跳出习惯的束缚.

有识,即智慧也,提出的见解、理论有科学的依据、实践的基础.

求异的成功也离不开一个良好的氛围.当科学处于黑暗、愚昧、保守思想浓重的环境时,曾有多少科学勇士受到无情打击、迫害,又有多少真知灼见被视为"异端邪说"!

值得庆幸的是,我们今天的年轻人正赶上一个空前的好时代.世界科技的迅猛发展,知识信息的成倍激增,正给年轻人活跃的思维提供了一个无限宽广的求异空间.

通过阅读本书的内容,读者已经看到,求异思维是一种内涵丰富、外延广阔的思维形式.它除了自身所具有的发现性和创造性外,还可对其他思维形式起一种润滑和催化作用.它与其他思维形式的配合能更好地发挥思维的强大力量.

思维科学还是一门发展中的科学.对求异思维的形式和归属还有不少争论.本书中,我们虽然作了一些分类,但绝不希望它们成为禁锢读者思维的桎梏.这不仅是因为我们对求异思维真谛的认识和研究还很肤浅,也是违背求异思维本意的.

本书为新一版,全书由王溢然执笔撰写.书中取用了原版《求异》

(徐达林、王溢然合著)的部分内容,同时根据作者多年来对该课题的思考、积累和开掘,充实和更新了大部分的内容.本书的第5章也取用了施坚老师提供的部分初稿.

求异思维的作用和影响是多方面的.本书的第4章从比较宏观的方面概括了求异思维对学习和运用知识的指导作用.如果阅读本书的读者,能在思维的批判性、思维的灵活性和思维的深刻性等方面都有所提升和发展的话,作者将感到无比欣慰.

王溢然
2014年12月于苏州庆秀斋

参考文献

王梓坤.科学发现纵横谈[M].上海:上海人民出版社,1978.

大沼正则.科学的历史[M].宋孚信,等,译.北京:求实出版社,1983.

张华夏,杨维增.自然科学发展史[M].广州:中山大学出版社,1985.

大森实.物理学史话[M].林子元,译.石家庄:河北人民出版社,1985.

杨建邺,止戈.杰出物理学家的失误[M].武汉:华中师范大学出版社,1986.

王海山.发明的艺术[M].沈阳:辽宁科学技术出版社,1986.

杨沛霆.科学技术史[M].杭州:浙江教育出版社,1986.

谭树杰,王华.物理学上的重大实验[M].北京:科学技术文献出版社,1987.

张维善.原子和原子核物理[M].北京:北京教育出版社,1987.

日本国科学技术厅振兴局.发明史话[M].王志国,等,译.北京:科学普及出版社,1987.

张永声.思维学[M].南京:江苏科学技术出版社,1988.

威尔特 S R,裴利普 M.现代物理学进展[M].魏凤文,等,译.长沙:湖南教育出版社,1990.

张永声.思维方法大全[M].南京:江苏科学技术出版社,1990.

郭奕玲,等.近代物理发展中的著名实验[M].长沙:湖南教育出版社,1990.

袁运开.科学技术社会词典(STS词典)[M].杭州:浙江教育出版社,1991.

杨仲耆.物理学思想史[M].长沙:湖南教育出版社,1993.

王溢然.高中物理实验分析与思考[M].上海:上海科学普及出版社,1993.

赵凯华,罗蔚茵.力学[M].北京:高等教育出版社,1995.

徐达林,王溢然.求异[M].郑州:大象出版社,1996.

束炳如,等.物理学家传[M].长沙:湖南教育出版社,1998.

谢家麟.加速器与科技创新[M].北京:清华大学出版社,2000.

吴翔,等.文明之源:物理学[M].上海:上海科学技术出版社,2001.

束炳如,何润伟.普通高中课程标准实验教科书:物理(1－2)[M].上海:上海科技教育出版社,2005.

林德宏.科学思想史[M].南京:江苏科技出版社,2007.

李艳平,申先甲.物理学史教程[M].北京:科学人文出版社,2007.

别来利曼.趣味力学[M].孙静萱,译.武汉:湖北少年儿童出版社,2009.

欧几里得.没有王者之路:几何原本[M].北京:海豚出版社,2012.

中国科学技术大学出版社中学物理可用书目

高中物理学.1/沈克琦

高中物理学.2/沈克琦

高中物理学.3/沈克琦

高中物理学.4/沈克琦

高中物理学习题详解/黄鹏志　李　弘　蔡子星

加拿大物理奥林匹克/黄　晶　矫　健　孙佳琪

美国物理奥林匹克/黄　晶　孙佳琪　矫　健

中学奥林匹克竞赛物理教程・力学篇(第2版)/程稼夫

中学奥林匹克竞赛物理教程・电磁学篇(第2版)/程稼夫

中学奥林匹克竞赛物理讲座(第2版)/程稼夫

高中物理奥林匹克竞赛标准教材/郑永令

中学物理奥赛辅导：热学・光学・近代物理学/崔宏滨

物理竞赛真题解析：热学・光学・近代物理学/崔宏滨

物理竞赛专题精编/江四喜

物理竞赛解题方法漫谈/江四喜

中学奥林匹克竞赛物理实验讲座/江兴方　郭小建

物理学难题集萃.上册/舒幼生　胡望雨　陈秉乾

物理学难题集萃.下册/舒幼生　胡望雨　陈秉乾

大学物理先修课教材・力学/鲁志祥　黄诗登

大学物理先修课教材·电磁学/鲁志祥　黄诗登

名牌大学学科营与自主招生考试绿卡·物理真题篇(第2版)
　　　/王文涛　黄　晶

重点大学自主招生物理培训讲义/江四喜

高中物理母题与衍生·力学篇/董马云

高中物理母题与衍生·电磁学篇/董马云

高中物理解题方法与技巧/尹雄杰　王文涛

中学物理数学方法讲座/王溢然

中学生物理思维方法丛书

分析与综合/岳燕宁

守恒/王溢然　徐燕翔

猜想与假设/王溢然

图示与图像/王溢然　王　亮

模型/王溢然

等效/王溢然

对称/王溢然　王明秋

分割与积累/王溢然　许洪生

归纳与演绎/岳燕宁

类比/王溢然　张耀久

求异/王溢然　徐达林　施　坚

数学物理方法/王溢然

形象、抽象、直觉/王溢然